本书系国家社会科学基金"十二五"规划教育学青年课题"教师专业道德及其建构的理论与实践研究"（课题批准号：CEA110116）的主要成果

U0573711

# 教师专业道德及其建构

JIAOSHI ZHUANYE DAODE
JIQI JIANGOU

王夫艳■著

北京师范大学出版集团
BEIJING NORMAL UNIVERSITY PUBLISHING GROUP
北京师范大学出版社

**图书在版编目(CIP)数据**

教师专业道德及其建构/王夫艳著. —北京：北京师范大学出版社，2020.3

（京师道德教育论丛）

ISBN 978-7-303-25433-0

Ⅰ.①教… Ⅱ.①王… Ⅲ.①教师－道德修养－研究 Ⅳ.①G451.6

中国版本图书馆 CIP 数据核字（2019）第 297016 号

营 销 中 心 电 话　010-57654738　57654736
北师大出版社高等教育与学术著作分社　http://xueda.bnup.com

JIAOSHI ZHUANYE DAODE JI QI JIANGOU

出版发行：北京师范大学出版社　www.bnup.com
　　　　　北京市西城区新街口外大街 12-3 号
　　　　　邮政编码：100088

印　　刷：北京溢漾印刷有限公司
经　　销：全国新华书店
开　　本：730 mm×980 mm　1/16
印　　张：14
字　　数：258 千字
版　　次：2020 年 3 月第 1 版
印　　次：2020 年 3 月第 1 次印刷
定　　价：48.00 元

策划编辑：郭兴举　鲍红玉　　　　责任编辑：周　鹏
美术编辑：李向昕　　　　　　　　装帧设计：李向昕
责任校对：段立超　王志远　　　　责任印制：马　洁

# 目 录
CONTENTS

导　言　　　　　　　　　　　　　　　　　　　　　　　　1

第一章　教育变革·教师专业发展·教师专业
　　　　道德　　　　　　　　　　　　　　　　　　　6
　第一节　经济全球化背景下的教育变革与教师　　6
　第二节　专业发展视域中的教师专业道德　　　　17

第二章　专业：一个富有历史、文化意蕴的
　　　　概念　　　　　　　　　　　　　　　　　　25
　第一节　专业和教师专业的域外理解　　　　　　25
　第二节　专业和教师专业的本土阐释　　　　　　32

第三章　教师专业道德的三重内涵　　　　　　　41
　第一节　教师专业道德：一种象征性价值　　　　42
　第二节　专业道德：教师专业实践的固有维度　　46
　第三节　实践中的教师专业道德：反思性能动者的
　　　　　道德建构　　　　　　　　　　　　　　57

第四章　教师专业道德的现实图景　　　　　　　62
　第一节　"教师是一个良心活"：教师专业道德的
　　　　　核心隐喻　　　　　　　　　　　　　　63

第二节 "全面发展"与"考好成绩"的博弈：课程
改革中教师的学科依附 77

第三节 问责背景下教师的专业责任观 88

第四节 教师的道德困境与道德选择 109

第五章 教师专业道德建构的理论取向 123

第一节 "我应该如何行动"：规则取向的教师
专业道德建构 124

第二节 "我应该成为什么样的人"：美德取向的
教师专业道德建构 130

第三节 美好的专业生活：教师专业道德建构的
可能出路 134

第六章 教师专业道德建构的现实策略 147

第一节 教师道德能力的培养 147

第二节 教师道德身份的建构 177

参考文献 210

后 记 217

# 导　言

　　教师工作承载着价值，道德问题无可避免。自赫尔巴特将伦理学作为教育的科学基础以来，道德问题就成为教育的重要研究议题。杜威则进一步强调要反思教学的道德目的，考察教学实践的道德维度。20世纪90年代起，随着人们对教学实践的道德本质和教师专业性的认识加深，教师专业的道德属性日益受到重视。

　　专业与道德密切关联，教师专业有其道德基础。长期以来，对教师专业道德维度的分析多从理论出发，持研究中心取向，着眼于教师专业道德的应然指向，力求确定教师的专业道德应该是什么、应该包含哪些要素。学者提出了教师所应遵守的大量专业美德，如关怀、公平、公正、正直、诚实、同情、耐心、责任、尊重、胸襟宽广、一视同仁与差异对待等。政府和各类教师协会也制定了要求教师遵守的各种道德操守。但学者对专业和教师专业持有不同的理论预设，对教师专业道德的内涵和外延并未达成统一、清晰的认识，教师专业道德的具体内容和独特性等尚不明确，有待进一步探讨。所以，教师专业道德迄今仍是一个复杂的、富有争议的、边界不甚清楚的问题。况且，教师遵循实践的逻辑。作为道德能动者，教师的道德知识和道德信念各异，对专业实践的道德维度亦持有不同的理解。理论的假设与实践的逻辑、话语不匹配乃至相互矛盾。[1] 这非但无助于实践问题的解决，反

---

　　[1]　Sanger，M. G.，"Talking to Teachers and Looking at Practice in Understanding the Moral Dimensions of Teaching"，*Journal of Curriculum Studies*，2001 (6).

而有可能阻碍教师对实践的道德维度的深度反思。

在经济全球化竞争的压力下，国家和市场是推动教育变革的两股重要力量工具。教育变革使得教师工作复杂化。学者认识到实践中的道德难题挑战着教师的道德身份和社会责任。不过，当前国家和市场脉络中教师的道德身份、责任感、道德观念抽象、含糊，其具体要素并未得以清楚呈现。学界对教师专业道德建构的困境和出路更是涉及有限，从而也就限制了对社会和教育变革中教师专业道德建构的复杂过程的深入、系统探讨。有关师德的研究虽认识到市场化、社会转型、教师评价机制等因素导致教师道德失范，但并未对其加以系统审视和理论提升，对教师在其中所面临的道德困境、道德建构的过程并未给予充分重视。

基于上述研究现状，本研究开始了对教育变革中教师专业道德及其建构的理论与实践探索，力图拓展理论思考空间，改进教师专业道德建设的实践。本研究在选题上持有明确的实践关切，即立足我国特定的历史和文化脉络，主要从专业视角审视教师道德，理解教育变革中教师的专业生存状态。本研究整合多学科理论，综合运用文献法、质化研究等方法，历史和逻辑相统一，实证调查和理论分析相结合，整体分析与个案研究并重，把教师专业道德及其建构的理论与实践置于教育变革、教师专业发展的大背景下去考察，以全面、立体地审视教师专业道德的多重内涵、教师专业道德建构的多维视景，呈现教师在专业实践中真实的道德感受，揭示当前实践脉络中教师在专业生活中所遭遇的道德难题、教师专业道德建构中的内在矛盾和诸多张力，探索教师专业道德建构的理论路径与现实选择，并从中获取对我国教师教育改革、教师专业发展、师德建设理论与实践的有益启发。

本研究主张：专业道德是教师专业发展的必要维度，在社会转型和教育变革的时代脉络中，从理论和实践层面对其进行系统审视更有其现实必要性；"专业"是一个富有历史、文化意蕴的概念；教师专业有其道德基础，专业视域中的教师道德有其独特的内涵和外延；教师是道德能动者，教师的道德能动性蕴含于教师的道德理解和道德行动中；作为能动者的教师，对专业道德有自己的理解和感知，在结构与能动性的张力相持中，教师专业道德的建构过程包含着诸多矛盾和张力；当前，需明确教师专业道德建构所应秉持的理论立场和实践路径，重新思考和规划教师专业道德建构的基本任务与历史使命。

本研究首先审视教师专业道德建构的现实脉络，揭示教育变革、教师专业发展与教师专业道德的内在逻辑关联；然后，进一步对"专业""教师专业道德"等概念、范畴进行分析、框定，进一步澄清该概念的内涵与表现。在此基础上，深入中小学一线进行实际调研，走进教育实践，倾听教师对专业道德的独特理解以及在建构专业道德中的主观体验和意义感受。此后，通过结合理论与实践，系统而深入地描述和分析教师对专业道德的阐释、教师专业道德建构中的矛盾和张力，从理论与实践两个层面，系统、综合地审视教师专业道德及其建构，揭示教师专业道德建构所蕴含的几种典型矛盾和张力，最终在充分的理论反思和方法论自觉的基础上，探寻教师专业道德建构的出路，探究教师专业道德建构的相关理论基础和价值取向，指出教师专业道德建构的关键实践策略，从而形成较为系统的教师专业道德建构的理论与实践体系。

本研究注重吸收哲学、文化学、伦理学、社会学和教育学等多学科的理论，从理论和实践相结合的角度，探讨中国当前的社会发展、教育变革给教师专业道德及其建构所带来的深刻影响，传递教师自身的深切理解和感受，并据此深入思考教师专业道德建设的理论路径、现实选择与实践策略，具有重大的理论意义和实践价值。从专业的视角审视教师道德，在中国特定的历史和文化叙述中探讨教师专业道德的建构，挖掘我国"专业"和"教师专业道德"的本土内涵，有助于充实我国学术界对教师专业道德的理论研究，丰富和拓展国际学术界对教师专业道德的讨论。直面教师专业生活中的现实道德难题，揭示教师专业道德建构中的矛盾和张力，有助于凸显教师专业的独特性，提升教师的专业实践质量。这也突破了理论思辨式的主导研究范式，有助于增强理论成果对实践的说服力和引导力。

本研究对教育变革、教师专业发展与教师专业道德之间的内在逻辑关联、专业与教师专业的实质、教师专业道德的多重内涵、教师专业道德的核心维度、教师专业道德建构的现实困境与矛盾张力、教师专业道德建构的理论取向、教师专业道德建构的现实出路与实践路径等问题进行了深入、系统的分析与阐释，富有新意，为教师专业道德研究和师德建设提供了诸多启发。

第一，关注教育变革对教师专业道德的影响。教育变革改变了教师的专业生活方式。其所蕴含的新的互动形式和价值观、新的行为与逻辑，转变了教学和学习的过程与内容；重新界定教师、学校的利益和目的，转变了作为教师的意义和受教育的意义，引起了教师的主观存在和社会关系的变化，改变了教师对自己的角色和责任的认识。尤其是教育变革的政策技术挑战着教师的专业道德。在教育问责强化的时代，教师的专业身份和道德认同受到威胁，专业脆弱性体验增强。

第二，教师专业发展要视专业道德为关键内容之一。教师专业有其内在的道德属性，体现在教师的道德责任等诸多方面。道德可谓教师专业知能的核心领域之一。道德知识是教师专业性的基础，决定着教师在道德方面如何以适切的方式行动。提高教师对教学的道德维度和责任的认识，无论是对提升专业性还是对改进专业实践都至为重要。

第三，观照教师所处的特定的历史、文化脉络，把握教师专业道德的多重内涵。"专业"是一个富有历史、文化意蕴的概念。专业视域中的教师道德是多维的。于教师专业而言，专业道德不仅具有一种象征性价值，作为教师专业性的关键维度之一，专业道德还是教师专业实践所固有的要素。教师是反思性的道德能动者，通过反思来探究道德现象、理解道德实践，进而建构专业道德。因此，教师专业道德的界定须考虑其规范性层面与情境性特征。

第四，关注作为能动者的教师对专业道德的理解和感知。随着人们对教师工作复杂性的认识，教师的主体性与个体的专业认知之于教育实践的作用愈益凸显。教师是一个独特的个体，有个人的实践体验、专业认知和价值判断。作为专业者，教师无可避免地要发挥道德能动性。教师的道德能动性蕴含于教师的道德理解和道德行动中，体现在教师日常实践的每一个环节。教师总是在特定的道德框架中理解自我、进行决策，总是遵循特定的规则或美德。这些规则或美德亦非外部植入的、脱离教师工作情境的道德架构，而是基于教师对教育的本质内涵、教师专业实践的道德之维的深刻理解，基于教师的自我理解、道德信念、教育责任感和使命感，以及教师职业的道德意义和专业生活方式。教师从对实践本身的反思中获得专业道德的不同维度的认识，对专业道德的维度有最终的发言权。

第五，把握教师专业道德的建构过程中的诸多矛盾和张力。道德植根于个体的实践情境。教师专业实践并非抽象的，而是处在不同的实践脉络中。教师在不同的情境中学习和工作，如学校、办公室、教室等。多维变化的实践情境既包含了不同的地理位置，也涉及殊异的性质与特征，蕴含着不同的道德问题和道德关系，适用不同的道德规范。而针对不同的服务对象，教师实际上处于一个角色丛中，不同的人对教师的道德期待不同，多重角色之间的张力很容易造成教师的角色冲突。作为实践者的教师需要在具体的情境和关系脉络中进行道德判断和道德决策。不同道德规范、道德体系的冲突无可避免。这将教师专业的道德维度予以具体化、浓缩化，对教师的道德信念、道德思维、道德问题解决能力提出了很高的要求。

第六，全面把握教师专业生活的道德属性，帮助教师实现幸福生活。教师的专业生活具有公共与私人二重性。一方面，教育是一项公共事业，是教师的公共生活领域，作为专业者的教师要对教育的公共性持有承诺。而"蛋篓"型的工作结构、私人化的教学环境使得个人主义教师文化盛行，教师价值观念日益多元。在流动、多元、异质化的公共生活中，规则是保卫教育的公共性与保障教师专业自主及其正当运用的制度设计。规则作为一种公共的规范性标准，为多元生活中教师的道德选择提供了制度环境。另一方面，教育的公共性也为教师的私人生活留下了空间。作为专业者的教师也具有相对自主的实践空间，可展示个体的教育目的、价值观念和道德信念。本真师生关系的内在特征即在于其亲密性和相互性。因此，教师的道德决策往往融合脑与心、规则与意图、行动与品格。"完整的道德生活"实际上揭示了道德的幸福旨归。教师专业道德建构的核心问题在于思考道德实践如何有益于教师的美好生活。

第七，着力培育道德敏感性、道德身份等教师的核心道德素养。道德敏感性在教师理解实践情境的道德性和专业实践的道德意义方面具有重要价值。道德敏感性是个体观察、理解特定情境的道德特征的能力。教师必须对道德事件或情境的道德意义敏感，以便识别道德问题、进行道德推理、做出道德判断，进而采取负责任的道德行动。而道德身份是教师专业身份的核心向度，也是影响教师专业实践和教师专业道德建构的内在要素。道德身份是道德与教师自我的融合，是对教师的道德形象、道德价值观、道德行为及其脚本的认知呈现。道德身份影响教师的道德动机和道德行动，有利于教师持有正确的精神理念，对专业实践保有道德承诺。

# 第一章 教育变革·教师专业发展·教师专业道德

对教师专业道德及其建构的探讨，总是需要植根于特定的理论和实践脉络中。教师专业道德是教师专业发展的重要维度，在社会转型和教育变革中从理论和实践层面对其进行系统审视更有现实必要性。本章拟梳理当前的教育变革、教师专业发展与教师专业道德的内在逻辑关联，以便厘清教师专业道德及其建构的理论和实践语境，把握教师专业道德研究的理论旨趣，揭示教师专业道德建构的时代要求与实践价值。

## 第一节　经济全球化背景下的教育变革与教师

### 一、经济全球化背景下的教育变革

无论是从历史还是从现实来看，国家发展、人才和教育三者之间天然具有内在的逻辑关系，这种关系也随着社会的发展而愈益凸显。而且，不同的政治制度和经济模式也赋予教育以殊异的性质与特征。例如，在近代，教育因应工业革命的人才需要而逐渐普及化、义务化、制度化，主要强调教育的效率。

20世纪后半期以来，人类社会开始步入新的历史转型期。科技和经济的迅猛发展逐渐将人类带入了"地球村"的时代。在这个压缩的时空中，尽管经济全球化等观念不断侵蚀人们的思维空间，但民族国家依然是当今世界舞台上的显赫力量。而且，经济全球化背景下的国家发展有鲜明的时代特色，即主要是"基于一种全球经济的理性思维，增强本国的国际竞争力，借助信息网络的庞大力量，在地球的经济体系和权力结构中争一席位"①。

在信息社会，人才的素质无疑是至关重要的。教育因能提高人才素质而被视为提高国际竞争力的重要手段。教育的公共性与国家竞争力之间的关系日益密切，政治愈益"关心学校"，各国政府不断利用各种资本，加强对教育的干预和控制，从而使得教育场域的自主性降低。② 近年来，随着国际竞争的日益激烈，加上频繁更迭的教学和学习理论的推波助澜，教育变革计划层出不穷，世界各国的教育都经历了快速而规模宏大的变化与革新。在过去20多年中，世界范围内的教育变革此起彼伏，绵延不断。在很多国家，教育已经成为国家政策的一个重要组成部分，教育变革成为各国教育事业的重要工作。可以说，世界各国的教育都经历了持续、快速的变化和革新，教育变革在某种程度上成为一种"流行病"。③

而且，世界教育变革呈现出一种趋同性的"政策范式"，即有共同的构成原则、相同的运作机制和先后效果。④ 一方面，教育变革的话语打上了深刻的国家烙印。教育变革的路径无不反映国家发展的路径，而教育变革的时间表又会反映执行国策的迫切性。⑤ 另一方面，尽管受历史文化传统、教育现实等因素制约，各国教育变革的路径各异，但各具特色的变革也在价值取向和目标追求方面存在诸多趋同：全面提高个体乃至民族的素质。教育政策上追求教育民主和追求教育质量的双重趋向在全世界各个地区都很明显。⑥ 教育变革的需要主要运用经济术语来描述，尤其是根据劳动力的准备和国际竞争的需要来思考，即旨在"为本国培养有竞争力、能有效地适应21世纪信息

---

① 卢乃桂：《信息社会的人才要求》，载《教育研究》，2000(11)。

② Lingard, B., Taylor S. & Rawolle, S., "Globalizing Policy Sociology in Education: Working with Bourdieu", *Journal of Education Policy*, 2005(6).

③ Levin, B., "An Epidemic of Education Policy: What Can We Learn from Each Other?", *Comparative Education*, 1998(2).

④ Ball, S. J., *Educational Reform and the Struggle for the Soul of the Teacher*!, Hong Kong, Hong Kong Institute of Educational Research, Chinese University of Hong Kong, 1999.

⑤ 卢乃桂：《教育改革潮中的教师和教师发展》，载《基础教育学报》，2001(1)。

⑥ 联合国教科文组织：《世界教育报告1998：教师和变革世界中的教学工作》，29页，北京，中国对外翻译出版公司，1998。

社会要求的人才"①。

　　与世界教育改革浪潮相呼应，1985 年以来，我国的基础教育也在进行着从"应试教育"到素质教育的整体变迁。有学者指出，自 1978 年以来，随着政治和经济体制的变化，中国的教育逐渐进行着范式和格局的整体转换，共经历了四次教育改革浪潮。② 第一次浪潮始于 1978 年，以中等教育结构为主要改革内容；第二次浪潮始于 1985 年，重点改革教育体制，"素质"第一次成为中国教育改革的突出视域，素质教育开始酝酿和探索；第三次浪潮始于 1993 年，着力解决教育质量问题，素质教育进入决策和实施阶段，课程改革成为全面推进素质教育的核心问题；第四次浪潮始于 2001 年，高素质的教师队伍被视为扎实推进素质教育的关键，教师教育成为主题，教师专业化则是主要标志。从这一简述中可以发现，1985 年以来，中国基础教育改革与发展的历史轨迹可以用"素质教育"来统率。③ 素质教育是 21 世纪教育教学改革的旗帜和行动指南④，是教育改革与发展的主旋律⑤。在今后一段时间里，基础教育领域的改革深化，仍然是要求全面推进素质教育。⑥ 实施素质教育是我国基础教育领域涉及教育方向、教育思想、教育政策、教育内容和方法等方面的一场重大转变。⑦ 素质教育改革实际上代表了我国基础教育的重大转型，不断出台的相关政策使素质教育形成了一定的舆论氛围和议论框架，并带来了教育实践的深刻变化。无论是基础教育课程改革还是核心素养教育推进，皆以素质为基本价值取向，即与应试教育相对，着眼于受教育者及社会长远发展的需要，以面向全体学生、全面提高学生的基本素质为根本宗旨，以注重

---

　　① 卢乃桂：《信息社会的人才要求》，载《教育研究》，2000(11)。

　　② 王长纯：《1978—2002 年中国教育改革的四次浪潮》，载《首都师范大学学报(社会科学版)》，2002(4)。

　　③ 金一鸣、唐玉光：《中国素质教育政策研究》，前言，济南，山东教育出版社，2004。

　　④ 袁贵仁：《素质教育：21 世纪教育教学改革的旗帜》，载《中国教育学刊》，2001(5)。

　　⑤ 曾天山：《21 世纪中国教育改革与发展的主旋律——"跨世纪素质教育工程"》，载《人民教育》，1999(8)。

　　⑥ 叶澜：《清思 反思 再思——关于"素质教育是什么"的再认识》，载《人民教育》，2007(2)。

　　⑦ 中华人民共和国国家教育委员会：《关于当前积极推进中小学实施素质教育的若干意见》，1997。

培养受教育者的态度、能力，促进他们在德智体等方面生动、活泼、主动地发展为基本特征。①

## 二、教师作为教育变革的关键实施者

教师承担着人才培养这项艰巨的社会职责。教育要回应社会所提出的人才要求。历经变革的洗礼，"教师是教育变革的最重要实施者"已成共识，教师也是教育变革运动的关键因素。二者之间的逻辑关联可简单表述如下：教师是教育变革的最关键决定者②、"核心能动者"（pivotal agent）③或"变革中介"（reform mediator）④。社会对人才素质、对教育变革所提出的要求最终能否实现，很大程度上取决于教师的素质及其实践。"教师决定学校教育变革的成败是不争的事实"，因为教师是教学质量的保证人和学校教育变革的仲裁者与执行者，教师自身的专业素质往往决定变革的成败。⑤离开教师的积极参与和不断提高的专业素质，任何教育变革都很难取得成功。可以说，"教师既是被批评的对象，也是教育改革的希望"⑥。教师不仅是必须被变革的要素，同时也是教育变革和社会进步的动力。⑦教师不但应被视为变革的能动者（agent），还应被视为变革的同盟（ally）和主体（subject）。⑧因此，教育变革中的教师和教师专业发展受到广泛关注，并成为教育变革的策略或途径。

---

①　中华人民共和国国家教育委员会：《关于当前积极推进中小学实施素质教育的若干意见》，1997。

②　Hargreaves，A.，*Changing Teachers，Changing Times：Teachers' Work and Culture in the Postmodern Age*，London，Cassell，1994。

③　Villegas-Reimers，E.，*Teacher Professional Development：An International Review of the Literature*，UNESCO，International Institute for Educational Planning，2003.

④　Lasky，S.，"A Sociocultural Approach to Understanding Teacher Identity，Agency and Professional Vulnerability in A Context of Secondary School Reform"，*Teaching and Teacher Education*，2005(8)．

⑤　卢乃桂：《教学质素及教师专业——对香港一个职业群的反思》，载《教育曙光》，1994(35)。

⑥　荷姆斯小组：《明日的教师》，17页，台北，师大书苑有限公司，1995。

⑦　[加]迈克·富兰：《变革的力量——透视教育改革》，中央教育科学研究所、加拿大多伦多国际学院译，北京，教育科学出版社，2000。

⑧　Torres，R.M.，"From Agents of Reform to Subjects of Change：The Teaching Crossroads in Latin America"，*Prospects*，2000(2)．

从理论上讲，教育变革与教师专业发展之间是一种双向、互惠、共生的关系。20 世纪 90 年代以来，教师专业发展由于既能促进教育政策的推行，又可提高学生的学习成就，亦能提升教学专业的地位，因此被视为教育变革措施有效实施的重要策略与路径，成为教育系统变革的主要焦点和学校改进的根本①、任何较大的教育变革的典型特征②，甚至被视为教育变革的基础③或"万能药"④。而教育变革中的教师专业发展也被赋予了鲜明的时代特色，即与变革密切联系，成为"关注变革的专业发展"⑤。

我国的教育变革对教师的关键作用也予以极大关注。例如，教师被视为教育变革的主体，是理想与现实、理论与实践之间的转化者。⑥ 教师作为教育变革的突破口，是实现素质教育最终目标的关键环节。⑦ 课程即教师，课程改革给教育界带来的最大挑战莫过于"教师专业化"的挑战。⑧ 教师既是课程改革的实施者，也是课程改革的利益关涉者。教师在实际工作中能否因应当前课程改革的目标而在教学上做出适当的调节和配合，是改革成败的关键。⑨ 相关政策也极为重视并积极提高教师的专业素质。专业化成为我国教师政策的主要趋向。国家有关机构频繁发布深化教师教育改革、加强教师队伍建设的意见，以持续提升教师专业素养。可以说，教师专业发展正愈益成为我国教育理论工作者、教育政策制定者和广大教师共同关注的焦点。

---

① Fullan, M., "The Limits and the Potential of Professional Development", In Guskey, T. R., & Huberman, A. M., *Professional Development in Education: New Paradigms and Practices*, New York, Teachers College Press, 1995, pp. 253-268.

② Villegas-Reimers, E., *Teacher Professional Development: An International Review of the Literature*, UNESCO, International Institute for Educational Planning, 2003.

③ Reio Jr, T. G., "Emotions as A Lens to Explore Teacher Identity and Change: A Commentary", *Teaching and Teacher Education*, 2005(5).

④ Scribner, J. P., "Professional Development: Untangling the Influence of Work Context on Teacher Learning", *Educational Administration Quarterly*, 1999(2).

⑤ Sykes, G., "Reform of and as Professional Development", *Phi Delta Kappan*, 1996(7).

⑥ 钟启泉：《课程改革与教师专业化》，载《河南教育》，2003(10)。

⑦ 柳斌：《四谈关于素质教育的思考》，载《人民教育》，1997(6)。

⑧ 钟启泉：《"教师专业化"的误区及其批判》，载《教育发展研究》，2003(4～5)。

⑨ 卢乃桂：《基础教育课程改革对中国内地和香港教师的挑战》，载《教育发展研究》，2002(4)。

《中华人民共和国教师法》明确规定：教师是履行教育教学职责的专业人员。1995年，国家又建立教师资格认证制度，试图通过法规的约束和制度的保障来提高教师群体的专业化水平，进而改善教育质量。沿用近一个世纪的"师范教育"也更名为"教师教育"，实现了教师职前与职后教育的一体化。例如，2001年，《国务院关于基础教育改革与发展的决定》明确指出：建设一支高素质的队伍是扎实推进素质教育的关键，要加强骨干教师队伍建设，实施"跨世纪园丁工程"等教师培训计划。2001年，《基础教育课程改革纲要（试行）》强调："师范院校和其他承担基础教育师资培养和培训任务的高等学校和培训机构应根据基础教育课程改革的目标与内容，调整培养目标、专业设置、课程结构，改革教学方法。"免费师范生教育作为教师教育领域的一项重要革新措施，代表着国家对教师教育的高度重视，成为推动和引领教师教育变革的重要力量。2011年，《教师教育课程标准（试行）》既使我国教师教育在课程形态、概念架构乃至教学方式方面都有所创新，也使教师教育的独特性格及教育价值得以充分体现。2012年，《幼儿园教师专业标准（试行）》《小学教师专业标准（试行）》《中学教师专业标准（试行）》对教师提出了基本专业要求，是教师实施教育教学行为的基本规范，是引领教师专业发展的基本准则，也是教师培养、准入、培训、考核等工作的重要依据。2018年，《中共中央 国务院关于全面深化新时代教师队伍建设改革的意见》和《教师教育振兴行动计划（2018—2022年）》更是指明了我国教师教育的未来发展方向。

## 三、教育变革对教师专业道德的影响

### （一）教育变革改变教师的专业生活方式

教学是一种不断变化的专业，社会和教育变革已经深刻地影响了教师的专业生活。教师的角色转换是整个当代教育改革的核心问题，是教育教学变革的重要内容和必要条件。[1] 一般来说，教育变革中的教师会经历角色的扩展和弥散。[2] 教育变革可谓给教师勾画了崭新的专业生活图景，增加了教师

---

① 石中英：《当代知识的状况与教师角色的转换》，载《高等师范教育研究》，1998(6)。
② Hargreaves, A., "Four Ages of Professionalism and Professional Learning", *Teachers and Teaching：Theory and Practice*，2000(2).

的专业角色，扩展了教师的专业责任。① 无可否认，教育变革给教师提出了一系列新要求，教师角色在课程、教学、与同事及家长的关系、教师自身等方面都发生了巨大的变化。教学的不确定性也明显增加。教师要从工匠型教师转变为专家型教师，教师的素养也要从封闭走向开放。因此，教师的观念、知识、技能的丰富与更新是实施变革的必要条件。教师需要发展出对工作的新理解，重新剪裁教学内容，设计新的教学及评估方法。②

改革可谓一种"创造性的破坏"，是整体的转型性变革。在这种制度变迁中，与其说是教师自身教育素质在发展，还不如说是教师的教育生活方式在改变。这需要教师不断扩充知识、提高技能以因应变革的要求。教育变革对教师专业生活的改变不是局部的、表层的，而是整体的、根本的，挑战着教师的专业观念、工作习惯和专业生存方式。教育变革并不只是技术性、工具性的，它改变了教育的组织结构和管理方式，表明了对教育和教师的资助、管理和评价技术的转变。其所蕴含的新的互动形式和价值观、新的行为与逻辑，也转变了教学、学习的过程和内容，重新界定了教师、学校的利益和目的，转变着教师之为教师的意义和受教育的意义，引起了教师的主观存在和社会关系的变化，改变了教师对自己的角色和责任的认识。教育变革中的教师专业身份也必定经历着某种建构。简言之，真正的变革涉及观念和角色行为的改变。③

可见，教育变革使教师的观念、工作习惯和职业生存方式都受到不同程度的挑战和冲击，需要教师在新的情境中以新的方式来表现自己的专业行为。教育变革所要求的新专业性不只是教师增强专业知识和技能，还假定教师在教育思维、专业态度和行为上有所转变。④ 可以说，变革不仅影响了教师的工作，也影响了教师对其工作的感受和对专业自我的理解，造成了新的教师主体的产生，即人的社会身份。换言之，教育变革深刻地影响了教师的专业

---

① Addi-Raccah, A. & Arviv-Elyashiv, R. , "Parent Empowerment and Teacher Professionalism: Teachers' Perspective", *Urban Education*, 2008(3).

② 卢乃桂、黎万红、许庆豫:《教育改革及香港和中国大陆的教师专业发展》，载《教育研究集刊》，2000(7)。

③ [加]迈克尔·富兰:《教育变革新意义(第3版)》，赵中建、陈霞、李敏译，41页，北京，教育科学出版社，2005。

④ 卢乃桂:《教育改革潮中的教师和教师发展》，载《基础教育学报》，2001(1)。

生活，不仅改变了教育者、研究者等做什么，也改变了人们对"我"是谁的认识。对教师来说，学习如何支持或反对教育变革实际上就是身份建立的过程。当教师根据变革的要求来转变的时候，他们即开始对作为教师的"我"是谁的认识，开始了重构专业身份的过程。实际上，教师也正以新的方式谈论自己和别人，思考关系与行动，进行某种"自我建构"。当教师以不同的方式从事教学实践时，他们也变成了不同的教师，即对其教育角色和师生关系有不同的理解，对教育和专业知识有不同的诠释。因此，我们也需要理解教育变革对其参与者的影响，重视教师在转变中的声音，观照教师专业生活的整体的、实然的存在样态。

## （二）教育变革的政策技术挑战教师的专业道德

西方国家如美国、英国、瑞典、新西兰等，都不同程度地经历了标准运动和相似的对教师的政治与行政控制。20 世纪 90 年代以来的教育变革中，政府部门（不仅是教育部）和商业行业在唱主角。[1] 教育变革的核心要素植根于三个相互联系的政策技术：市场、管理主义和表现性。[2] 各种各样的市场原则和管理规制在改变着教育，并在一定程度上使教育的公共服务内涵遭到破坏。

在这种自上而下的技术理性取向的导引下，教师的工作被表现性文化所笼罩，被问责、效能、表现性和效率等概念紧紧控制。[3] 教师的实践变成技术性的工作，被期望忠实地执行外界强加的、预设的角色，机械性地满足外部制定的专业标准和规范，常规性地传递预先设计好的知识。教师的主体性、能动性和创造性受到了很大的削弱和压制，教师作为课程决策者和变革能动者的角色、教师的目的与教师是什么样的人被忽视。在一定程度上，教师成

---

① ［加］迈克·富兰：《变革的力量——透视教育改革》，中央教育科学研究所、加拿大多伦多国际学院译，10 页，北京，教育科学出版社，2000。

② Ball，S. J.，"The Teacher's Soul and the Terrors of Performativity"，*Journal of Education Policy*，2003(2)。

③ Day，C.，Flores，M. A. & Viana，I.，"Effects of National Policies on Teachers' Sense of Professionalism：Findings from an Empirical Study in Portugal and in England"，*European Journal of Teacher Education*，2007(3)。

为权力和技术控制的受害者、被异化的执行者。① 这种观念主导下的教师专业发展会演变为一种行政和技术控制，日益满足标准制度和政府问责，简单地回应外部的变革要求和表现性的量化评价。变革使教师工作中的不确定性增加，冲击着教师长期坚守的信念和实践范式，导致教师安全感降低。变革给教师提出的新要求和责任，使教师的角色日益分化，影响着教师的自我效能感。问责、标准、目标、表现性、市场等话语体系规控着教师的专业生活，教师的工作日益受到强化，教师被去技能化，专业权威受到削弱，对自认为分内的工作失去了主导权。教师面临着很多压力，教师职业甚至被视为 21 世纪压力最大的职业之一。在受限的专业自主空间中，教师具有强烈的无权感、无助感乃至异化感。在很多教师看来，教师是太阳底下最光辉、最美好的职业，但并不最让人羡慕，"教师的幸福指数很低"，只不过是"看上去很美"罢了。

上述教育变革技术与策略无可避免地作用于教师的专业道德。问责、表现性评价、目标管理和基于结果的学习，使教师很难展示个人的道德信念。自上而下推行的教育变革中，教师在实施自己的道德信念方面受到限制，官僚化、测试和竞争意识都限制了教师对学生的关心。专业专注于知识、技巧、技术和正确的行为，教学作为一个专业的话语充满了问责、外在意志、质量控制、严格和标准。这种对专业的实证、行为主义、管理取向的理解，要求确定性和可测量的结果，分散了对道德实践的探讨和鼓励。② 在教育问责强化的时代，教师的专业身份和道德同一性受到威胁和质疑，对教育过程和分内工作失去了控制，使教师产生了专业脆弱性体验。③ 凯尔克特曼（Kelchtermans）研究了 10 位有经验的小学教师的职业故事，发现两个主题正不断浮现：工作中的稳定性，即需要维持现状、实现目标、达到满意；对同事、校长和校外人士判断的脆弱性，如校长、督导员、媒体报道等。当脆弱

---

① Hargreaves, A. & Fullan, M., "Introduction", In Fullan, M. & Hargreaves, A., *Understanding Teacher Development*, London, Cassell, 1992, pp. 1-19.

② Schwarz, G. E., "Teaching as Vocation: Enabling Ethical Practice", *The Educational Forum*, 1998(1).

③ Kelchtermans, G., "Teachers' Emotions in Educational Reforms: Self-understanding, Vulnerable Commitment and Micropolitical Literacy", *Teaching and Teacher Education*, 2005(8).

性不断增加的时候，教师在教学中就倾向于被动和保守。① 施瓦茨（Schwarz）也发现，当前的问责强调可预见性、服从、实践标准、规则和程序、技术、知识基础、声望和地位，突出公共认可和奖励等，这使教学脱离个人和道德维度。② 面对问责，教师经常忽视其实践的道德向度，转而倾向于关注技术层面的问题。即使有教师意识到其工作的道德维度，也很少有时间和机会来反思这些维度。学者也慨叹："在道德方面做一个好老师为什么如此难。"③

但教师的能动性确实每天都发生着，需要引起我们的注意。教师主体能动性的不同，使教师对变革和政策的反应也不是机械的、被动的、统一的。政策设定的专业角色也可能因为缺乏教师的理解和认可而流于形式，影响到变革的实效。换言之，在学校中，教师既是社会产品，又是社会生产者。作为社会生产者，教师了解与问责相关的政策议论，建构起独特的理解和自我引导的反应。④ 布罗德富特（Broadfoot）等人甚至认为，外部的指令本身并不足以改变教师据以行动的教育价值观。与结构性的要求相比，教师自身对专业的认识从根本上决定了教师做什么，个人的生活经历、信念和期待调节教师如何理解自己的教学经历。⑤ 拉斯基（Lasky）研究发现，在当前重视问责的教育变革氛围中，教师的核心价值观和对身份的认同是教师专业身份的重点。⑥

道德本身又带有文化建构的特征。道德和民族文化之间的关系十分密切。

---

① Kelchtermans, G., "Teacher Vulnerability: Understanding Its Moral and Political Roots", *Cambridge Journal of Education*, 1996(3).

② Schwarz, G. E., "Teaching as Vocation: Enabling Ethical Practice", *The Educational Forum*, 1998(1).

③ Colnerud, G., "Teacher Ethics as A Research Problem: Syntheses Achieved and New Issues", *Teachers and Teaching: Theory and Practice*, 2006 (3).

④ Sloan, K., "Teacher Identity and Agency in School Worlds: Beyond the All-good/All-bad Discourse on Accountability-explicit Curriculum Policies", *Curriculum Inquiry*, 2006(2).

⑤ Broadfoot, P., Osborn, M., Gilly, M. & Paillet, A., "What Professional Responsibility Means to Teachers: National Contexts and Classroom Constants", *British Journal of Sociology of Education*, 1988(3).

⑥ Lasky, S., "A Sociocultural Approach to Understanding Teacher Identity, Agency and Professional Vulnerability in A Context of Secondary School Reform", *Teaching and Teacher Education*, 2005(8).

传统文化在我国教师专业道德建构中的痕迹还是显而易见的。中国文化本身就是一种道德取向的文化，道德标准主宰了人们的生活与认知。教师作为文化的代表者、传承者乃至创造者，自然要具有极高的道德操守。教师所背负的道德期望甚高，且较具标杆性。我国历来重视师德，专门研制、颁布了《中小学教师职业道德规范》。师德是教师的灵魂①，是教师专业素养的重要构成②，是教师教育课程的重要内容③。2018 年，《中共中央　国务院关于全面深化新时代教师队伍建设改革的意见》再次强调教师队伍建设要"突出师德"，全面加强师德师风建设。2018 年 2 月印发的《教师教育振兴行动计划（2018—2022 年）》也明确指出加强师德养成教育，要"从源头上加强教师队伍建设，着力培养造就党和人民满意的师德高尚、业务精湛、结构合理、充满活力的教师队伍"，用"四有好老师"标准和"四个引路人""四个相统一""四个服务"等要求，统领教师成长发展，引导教师以德立身、以德立学、以德施教、以德育德。2018 年 11 月，教育部又印发了《新时代高校教师职业行为十项准则》《新时代中小学教师职业行为十项准则》《新时代幼儿园教师职业行为十项准则》，强调"师德师风是评价教师队伍素质的第一标准"。

但当前，随着社会主义市场经济体制改革的深化，我国的教育也逐渐带有商业化意味，优质教育资源的有限性导致教育竞争日趋激烈。这些都使得家长对教育的消费和问责意识增强。加上媒体的推波助澜，上述对教师的道德期望反而被一些人利用，成为对教师问责的工具、指摘的口实，从而削弱了教师的专业和道德权威，增加了教师的"专业脆弱性体验"。④ 教师面临着来自家长和社会的信任危机，教师的道德身份受到质疑。"如果教育制度的目的完全是工具的目的，则道德对话就会很容易被忽略，因为词汇和理论都是

---

① 教育部：《教育部关于建立健全中小学师德建设长效机制的意见》，2013。

② 教育部于 2012 年颁布的《幼儿园教师专业标准（试行）》《小学教师专业标准（试行）》《中学教师专业标准（试行）》，皆把"师德为先"作为基本理念，并对师德提出了具体要求，如为人师表、关爱、尊重、信任、有责任心等。

③ 教育部于 2011 年颁布的《教师教育课程标准（试行）》，建议将"职业道德与专业发展"作为师范生的基本学习领域之一，并开设"教师职业道德"课程模块。

④ Gao, X., "Teachers' Professional Vulnerability and Cultural Tradition: A Chinese Paradox", *Teaching and Teacher Education*，2008(2).

技术的。"①在此背景下，我国教师专业道德的实践图景尤其值得关注。

# 第二节 专业发展视域中的教师专业道德

## 一、教师专业的道德品性

在探讨何谓"专业"时，道德问题无可回避。教师专业与道德有何内在的逻辑关联，这是在探讨教师专业道德及其建构时首先要回答的问题。有关教师专业的论述中，专业道德也是重要的议题。当前学界对教学的道德维度和对教师日常实践的道德要求日益关注，强调教学是一项道德行为。"教师工作的一些要素是道德的。"②索德(Soder)也指出，如果视教学为专业工作，则最好承认和关注其道德基础。③

对教师专业的道德维度的研究是伴随着教师专业化的进程而展开的。专业社会学关注专门性职业的特质，认为一个职业如能被称为专业，则其成员能为顾客和社会提供实际的服务，且该服务有赖于建立在学术知识和专业经验之上的判断。换言之，服务理念与专业知识是专业必备的关键特质。其中，服务理念专注于顾客的利益和客观需要，蕴含着专业以顾客利益为本的道德承诺和道德意识。这是专业获得社会大众公共信任的必要前提，既表征着专业的社会地位，也助力于专业实践的质量提升。一如苏利万(Sullivan)所言："专业者无可避免的是道德能动者，他们的工作有赖于公众对其成功的信任。"④相反，离开了引导其成员行为的道德操守和符合道德标准的专业精神，专业就不可能存在。既然教学是专业工作，那么就如同其他专业实践，教学工作同时蕴含着做好工作的技术标准和道德标准。对教师专业化的讨论也要

---

① Sockett，H.，"A Moral Epistemology of Practice?"，*Cambridge Journal of Education*，1989(1).

② Boostrom，R.，"What Makes Teaching A Moral Activity?"，*The Educational Forum*，1999(1).

③ Soder，R.，"The Ethics of the Rhetoric of Teacher Professionalization"，*Teaching and Teacher Education*，1991(3).

④ Sullivan，W.，"Preparing Professionals as Moral Agents"，http：//www. Carnegiefoundation. org/perspectives/perspectives2004，2019-05-08.

置于道德话语体系中。尽管上述对专业的社会学理解基于功能主义和基质主义理论追求科学确定性和专业标准的普适性，但也在一定程度上揭示了道德维度之于专业的价值，为教师专业地位的提升和道德品性的探寻提供了可参考的路径。

从道德与教师专业性的角度来看，道德位于教师专业性的核心，任何专业事业都深深地意味着道德关怀和考虑。① 坎贝尔（Campbell）阐述了道德知识与教师专业性的关系。在坎贝尔看来，道德知识是实践中专业道德的形式，与专业性的理想和要求密不可分，是教师专业性的基础和本质，决定着教师如何在道德方面以适切的方式行动，故教师要从公认的道德原则中发展自身的专业性。② 芭芭拉（Barbara）也指出，教学是一个专业，融合技术层面和道德层面，而道德律令位于教学活动的正中心，教学的复杂性和多层嵌套的特征决定了教师要在道德话语中探讨专业化。③ 汉森（Hansen）认为，教学本身即构成了目的，融合了道德和智力的承诺。④ "好的教学不能被简化为技术。好的教学来自教师的身份和正直。"⑤

专业道德概念的引入可提升专业成员的道德意识。教师专业的道德品性首要体现为教师的道德责任，即教师的服务使命。作为专业人员的教师首先要满足服务对象的利益。在此情境下，专业责任被视为教师专业性的核心要素之一，即教师所持的基于专业的道德价值观。对学生发展服务的道德承诺是教师专业的根本道德要求。这一道德要求规控着教师的专业行为，为教师专业建立了公共问责和内部规训机制，维系着教育中的公共关系。

---

① Campbell，E.，"Moral Lessons：The Ethical Role of Teachers"，*Educational Research and Evaluation*，2003(1).

② Campbell，E.，"Teaching Ethically as Moral Condition of Professionalism"，In Nucci，L. & Narvaez，D.，*Handbook of Moral and Character Education*，New York，Routledge，2008，pp. 601-617.

③ 转引自 Stengel，B. S.，"Book Review：The Moral Dimensions of Teaching"，*Educational Studies*，1991(3)。

④ Hansen，D.，"The Moral Is in the Practice"，*Teaching and Teacher Education*，1998(6).

⑤ Schwarz，G. E.，"Teaching as Vocation：Enabling Ethical Practice"，*The Educational Forum*，1998(1).

## 二、专业道德：教师专业发展的重要维度

知识与价值是教学的重要维度，对教师的实践至关重要，理应融入教师的专业生活，成为教师专业发展过程的组成部分。教学是内部关系，由人类道德和文明的联系所构成，因此，教学主要不是专门技术的获得，而是对这些知识、理解、技巧、沟通、人格和道德品格形式的掌握。[1] 一方面，教学的道德目的和道德行为是显而易见的。在教学中，诸如诚实、公正、公平、关心、同情、正直、勇气、尊重和责任等道德原则应该引导教师的专业实践行为和人际关系。另一方面，教学中的道德和教师的道德实践是高度复杂的。为有道德地应对多样的专业实践情境，教师需要理解、运用有关道德原则，因此，教师需要提升道德意识和能力，以进行有效的道德理解、判断和决策，面对复杂的道德问题，应对多样的教育情境，乃至各种挑战和不确定性。在此意义上，教师专业发展不只是知识和技巧的获得。教师在进入专业之前需要发展道德理解，教师资格证的颁发要基于专业的道德基础，而不是特定的技术和知识基础。而道德发展更是教师终身发展的重要内容。

教师的专业知能包括道德和认知两个领域。哈格里夫斯（Hargreaves）指出，除了知识、技能等技术性维度，教师专业发展也应将道德、政治和情感等维度囊括在内。[2] 洛克伍德（Lockwood）尤其关注道德维度，认为在道德层面，教师的美德至关重要。美德是个体可获得的可持续的道德品质。[3] 因为一个很好的人，有直觉的、一般的正误意识，并不意味着其能根据道德和伦理意义来理解课堂、学校生活中多层的琐碎的事情。很多学者也把道德发展视为影响教师专业发展的主观因素。戴等人（Day et al.）则用教师个人的生命史来指代影响教师专业身份建构的主观因素，主要指教师的价值观、信念和思想

---

① Carr，D.，"Personal and Interpersonal Relationships in Education and Teaching：A Virtue Ethical Perspective"，*British Journal of Educational Studies*，2005(3).

② Hargreaves，A.，"Development and Desire：A Postmodern Perspective"，In Guskey，R. & Huberman，M.，*Professional Development in Education：New Paradigms and Practices*，New York，Teachers College Press，1995，pp. 9-34.

③ Lockwood，J. H.，"Book Review：The Moral Base for Teacher Professionalism"，*Educational Studies*，1994(4).

意识。①

因此，提升教师对教学的道德维度和责任的认识、发展教师的道德判断，无论是对教师提升专业性还是改进专业实践都至关重要。教师需要成熟的道德概念去理解教学实践和教育中的社会生活。② 如果作为专业者的教师承诺坚守教育的道德目的，如果教师期望自身的行为受专业标准评判，那么教师专业就需要建立道德知识基础。为了处理日常实践中的复杂性，教师需要丰富道德知识，这是理解教学作为一个独特专业的基础。③

## 三、教师专业发展理论的时代转向对教师专业道德研究的启示

当前，尽管人们对教学是不是专业、教师是不是专业人员仍持异议④，但历经教育变革，教师及其专业发展的重要性渐受认可，并备受理论界的关注。在欧美各国，教师专业发展或教师发展已经成为一个蓬勃发展的研究领域，俨然成为欧美教育界的热点。受不同的认知旨趣所驱动，依循相应的研究进路，即可勾勒出殊异的教师专业发展视景。

### (一)自上而下"补缺"模式的局限

教师专业发展可理解为教师专业性的提升，包含功能性发展和态度性发展。功能性发展是人们的工作表现改进的过程，可由外部强加；态度性发展

---

① Day, C., Kington, A., Stobart, G., Sammons, P.& Kington, A., "Variations in the Work and Lives of Teachers: Relative and Relational Effectiveness", *Teachers and Teaching : Theory and Practice*, 2006(2).

② Sockett, H., "A Moral Epistemology of Practice?", *Cambridge Journal of Education*, 1989(1).

③ Campbell, E., "Ethical Knowledge in Teaching: A Moral Imperative of Professionalism", *Education Canada*, 2006(4).

④ 萨克斯(Sachs, 2001)指出，教师专业性成为各种教育利益群体彼此竞争的场所。一些人认为，不将教学视为一种专业是为了维护政府的利益，以使政府能更好地控制教学。另一些人则认为，鉴于教师所持有的专门的知识基础、教师专业标准的日益提高、教师将自己视为知识工人的需要不断增加，从一般意义上讲，教师已经取得了专业人员的地位。曾荣光(1984)认为，一般教育工作者多视教学工作为一专业，而一般教师训练机构及教师组织亦多认定其工作目标之一是确立教师的专业性及推动教师的专业化，以促使教学工作成为一种专业。

是人们的工作态度转变的过程，这种发展只能靠自主。① 哈格里夫斯和富兰 (Hargreaves & Fullan)则对教师专业发展的不同取向做了较全面而又深刻的评价。② 他们指出，教师专业发展的取向可以分为三种：作为知识和技能的发展取向、自我理解的发展取向和作为生态变化的发展取向。作为知识和技能的发展取向强调知识和技能的掌握对课堂教学实践的重要性，因其简单易行而备受政府青睐，并在实践中广泛应用。这种发展取向采取自上而下、由外而内的方式，忽视了教师自身的实践知识和发展意愿，并使技术专家和官僚控制正当化，是不可取的。不过，自我理解的发展取向认识到教师发展也是个人发展的过程，由不同特点的发展阶段所构成，突出了个体因素在专业发展中的重要性，过于夸大个体的责任，费时费力。而作为生态变化的发展取向强调了促进或阻碍教师专业发展的情境因素。正如"撒在岩石上的种子不会成长；缺少时间和鼓励性的环境，批判性的反思也不会发生；处在长时间孤立文化中的教师，彼此也不能学习到太多的东西"，教师专业发展的这三种取向也是密不可分的，彼此联系，相得益彰。可以说，三者共同构成了完整的专业发展，缺一不可。

当前，政府在提高教师质量中扮演重要角色，现实的专业发展模式也为政府所主导。③ 因此，教师的专业发展及教师教育的方向将不断受制于行政指令和官僚体系。④ 而政府对教师的界定多持不足的话语。由政府发起的教师专业发展模式和计划，主要遵循一种"补缺"的取向，强调教师专业知识的增长和专业技能的提升。其逻辑思路是单向的"挑战与应答"，要求教师适应或满足变革的要求，强调"教师应该如何"这样一个理想性、技术性的问题。

这种针对教师知识的过时或者工作的低效予以改进的"补缺"取向，明显受工具理性主导，体现出预成论的理论假设和"目的—结果"的实践范式。在

---

① Evans, L., "Professionalism, Professionality and the Development of Education Professionals", *British Journal of Educational Studies*, 2008(1).

② Hargreaves, A. & Fullan, M., "Introduction", In Fullan, M. & Hargreaves, A., *Understanding Teacher Development*, London, Cassell, 1992, pp. 1-19.

③ Thomas, S., "Taking Teachers Out of the Equation: Constructions of Teachers in Education Policy Documents over A Ten-year Period", *Australian Educational Researcher*, 2005(3).

④ 卢乃桂、黎万红、许庆豫：《教育改革及香港和中国大陆的教师专业发展》，载《教育研究集刊》，2000(7)。

这种单向度的、外生性的话语中，教师成为政策的执行者和工具，被视为与基础设施、教育技术和教材相等同的教育投入。教师的视角缺失，教师的声音受到压制，教师固有的实践理论也遭到忽视，固有的教学行为和观念受到批判。① 在实践中，教师专业化也不可避免地走进了"工程化""行政化""消闲化""技术化"等误区，作为其基本要素、基本保障条件的专业自主、专业对话、专业伦理不复存在或者被扭曲。②

## (二)教师专业发展理论的时代转向

20 世纪 80 年代以来，教师作为一个人，成为专业发展研究的普遍趋向。教师的主体性与个体的专业认知之于教育实践的重要性逐渐得到肯定。很多研究者指出，自我理解和自我认识是教师专业成长的关键。鲍尔和古德森（Ball & Goodson）对教师专业发展研究的历史梳理后发现：20 世纪 60 年代重视教师的社会地位研究，将教师视为一般职业，理解教学实践的核心概念是"角色"，教师的责任就是机械地回应角色期望。20 世纪 70 年代，研究者将学校教育视为一种社会控制，后期则开始关注教师工作所受到的各种现实控制、教师的生存问题等。20 世纪 80 年代，学者认识到教师工作的复杂性，从而将教师的生活视为一个整体，开始关注教师的生涯发展。③ 曾荣光也发现，对教师专业的研究分为社会学和教育学两个取向，分别对应教师专业化和教师专业发展。④ 社会学取向将教学工作放置在整体社会结构中进行分析，视教师为一个社会阶层，专业化的目标就在于争取专业的地位与权力，力求集体向上流动。而教育学取向则将专业发展的重心转向教师个人，重视教师个人的知识和能力的发展。《世界教育年鉴（1980）：教师专业发展》（*The World Yearbook of Education 1980：Professional Development of Teachers*）明确以

---

① 操太圣：《院校协作过程中的教师专业性：香港与上海的个案比较研究》，博士学位论文，香港中文大学，2003。

② 钟启泉：《"教师专业化"的误区及其批判》，载《教育发展研究》，2003(4~5)。

③ Ball, S. J. & Goodson, I. F., "Understanding Teachers: Concepts and Contexts", In Ball, S. J. & Goodson, I. F., *Teachers' Lives and Careers*, London, Falmer Press, 1985, pp. 1-25.

④ 曾荣光：《教学专业与教师专业化：一个社会学的阐释》，载《教育学报》，1984(1)。

"教师专业发展"为主题。①

当前,教师的主体性及其对教育实践的作用愈益凸显。教师作为有思想的行动者,教师知道什么、怎么知道,决定了教师自我角色建构和相应的角色行为。而教师对变革、对自己及专业生活的看法,以及相应的行为方式直接关系到教育变革的成效。教师也只有改变原先持有的深层认知和假设,才会发生真正的变化。而且,教师的这种自我理解又会反过来影响其对知识和技术的接纳程度。因此,教师专业发展的概念必须重建,过去视教师为实务,现在要视教师为一个人。教师不再是一个不带情感的专业知能储存体,而是一个独特的人,有自己的生命经验和生活情境,有其对教育、教学的认知、情感与价值。② 教师将自己视为谁或什么,与其能做什么一样重要。③ 古德森则更为直接地指出,既然教学是一项个人化的事情,那么我们就需要理解教师是谁,以及在较大的社会环境中他们所处的位置。④ 我们如何看待专业发展是我们如何看待教师角色的直接结果。⑤ 将教师视为一个人,那么在专业发展中,教师不仅是技术学习者,更是社会学习者。认识到教师是社会学习者,我们就不仅要关注教师变革的能力,也要关注他们变革的意愿。⑥

由上可见,教师专业发展从对教师专业标准、专业角色的客观界定,逐渐转变为对教师自我的关注。换言之,教师专业发展的概念已产生了重大转向,由专业角色的客观要求转到关注专业自我的建构;由规约式智能的强调转到个人经验与价值的重视。⑥ 因此,教师专业发展不能仅仅理解为线性的知

---

① Hoyle, E. & Megary, J., *The World Yearbook of Education 1980: Professional Development of Teachers*, London, Evans Bros, 1980.

②⑥ 周淑卿:《课程发展与教师专业化》,175、181 页,台北,高等教育出版社,2004。

③ Nias, J., "Reference Groups in Primary Teaching: Talking, Listening and Identity", In Ball, S. J. & Goodson, I. F., *Teachers' Lives and Careers*, London, Falmer Press, 1985.

④ Goodson, I. & Walker, R., *Biography, Identity, and Schooling: Episodes in Educational Research*, London, New York, Falmer Press, 1991.

⑤ Blackman, C. A., "Issues in Professional Development: The Continuing Agenda", In Holly, M. L. & Mcloughlin, C. S., *Perspectives on Teacher Professional Development*, London, Falmer Press, 1989.

⑥ Hargreaves, A., *Changing Teachers, Changing Times: Teachers' Work and Culture in the Postmodern Age*, London, Cassell, 1994.

识、技能的积累，而是教师个人的整体性发展；这种发展不是依赖外在的技术性知识的灌输而被塑造的，而是一种自我理解的过程，即通过反思性实践变革自我、自主发展的过程。⑦ 理解教师发展不仅指理解教师应该掌握的知识和能力，也包括理解教师是什么样的人及其工作环境。教师研究要关注教师工作重构的方式是怎样与教师的目的、教师是什么样的人和教师工作于其中的环境联系的，就必须首先倾听教师的声音。在此脉络中，教师个人的实践知识受到重视，生命史研究和叙事研究等方法在教师专业发展研究中也得到广泛应用。

那么，在当前教育变革的时代脉络中，作为教育变革关键实施者的教师的道德生存状态是怎样的？教师是如何看待专业实践中的道德要素的？专业道德之于教师究竟意味着什么？教师的道德观点与其专业实践是如何联系的？教师在建构专业道德的过程中所体验到的冲击和挑战主要有哪些？教师又是如何应对的？教师专业道德建构的基本任务与历史使命是什么？教师专业道德建构应秉持何种理论立场和实践路径？诸如此类问题就成为本研究的主要关切点。这些问题具有强烈的现实针对性，对促进教师专业发展、提高教师职业道德建设的实效具有重要的参考意义，可为教师教育的课程与教学改革、教师职业道德建设提供必要的理论依据和实践参照。

---

⑦ 钟启泉：《我国教师教育制度创新的课题》，载《北京大学教育评论》，2008(3)。

# 第二章 专业：一个富有历史、文化意蕴的概念

在对教师专业道德的探讨中，"专业"是一个绕不开的词。"教师专业化""专业发展"等概念充斥着理论研究和政策话语，但教师能否成为一个专业仍备受争议。教师如果是一个专业，则其独特性体现在哪里？教师与医生、律师等职业有何区别？这是探讨教师专业道德的必要前提。威尔金斯（Wilkins）指出，"何谓专业"是在尝试研究教师专业道德时首先要回答的问题。①

我国的教师专业发展研究是在对西方理论和经验的移译与引介中开始起步的。无论是倡导解放教师还是寻求新的专业特性，如同教师专业化的实践来源一样，其思想基础依然是西方教师专业化的研究成果与实践。② 鉴于此，本章拟在对有关文献梳理的基础上，分析中外学者对专业和教师专业的理解。

## 第一节 专业和教师专业的域外理解

教学能否成为专业，教师能否成为专业者，教师正在成为专业者还是已经成为专业者，"教师专业发展就是好的吗"等问题都取决于人们对专业和教师专业做何理解，即从什么

---

① Wilkins, D. B., "Redefining the 'Professional' in Professional Ethics: An interdisciplinary Approach to Teaching", *Law & Contemporary Problems*, 1995(3/4).

② 荀渊：《从政策转变看教师专业化的发展》，载《教师教育研究》，2004(2)。

样的视角来看待专业。① 从学术渊源来看，专业化和专业发展的理论与实践首先是作为一个社会学问题而存在的，并形成了专业社会学这一独立的学术分支。在专业社会学中，专业被视为一个富有历史、文化意蕴的概念。职业因人类社会的分工而出现。能提供专门服务、具有较高知识水平的职业逐渐被称为专业，如医生、律师等。这些被认为是专业的职业，因通常拥有较多的经济资源、较高的社会声望而成为竞相追求的对象。② 在这种背景下，教学也开始了其专业追求。

不过，人们对教学是不是一种专业的理解和界定是很不同的。即使对什么样的人是一个专业人士这一问题，教师自己通常也会从两个不同的方面来回答。③ 一是指专业地行事，主要根据他们所做事情的性质、行为举止和引导标准界定；二是指作为一个专业人士，主要通过别人的眼睛来认识自己，如根据地位、名望、尊重和专业奖励的水平。从当前的研究来看，前者可谓从专业性或专业发展的角度（即提高实践的质量和标准）来界定，而后者则是从专业化的角度（即提高地位和名望）来界定。日本学者今津孝次郎也将国际上围绕专业性职业的议论分成三个问题领域：作为专业性职业的地位问题（教师职业是不是专业性职业）；专业知识技术问题（教师专业性的内容是什么）；对雇主的专业实践问题（教师与学生的关系如何）。④ 这些都表明了"专业"一词的多义性，以及人们对专业和教师专业理解的不同视角。

即使在社会学领域，"专业"也是个很棘手的概念，被视为一个困扰专业社会学界半个世纪的理论问题。⑤ "专业"一词既可被视为一个意识形态范畴，也可被视为一个逻辑范畴。霍尔（Hoyle）分别用 professionalism 和 professionality

---

① Englund, T., "Are Professional Teachers A Good Thing?", In I. Goodson, & A. Hargreaves, *Teachers' Professional Lives*, London & Washington, Falmer Press, 1996, pp. 75-87.

② 曾荣光:《教学专业与教师专业化：一个社会学的阐释》，载《教育学报》，1984(1)。

③ Helsby, G., "Teachers' Construction of Professionalism in England in the 1990s", *Journal of Education for Teaching*, 1995(3).

④ 转引自张贵新、饶从满:《国际新教师专业特性论介评》，载《外国教育研究》，2002(11)。

⑤ Freidson, E., *Professionalism Reborn: Theory, Prophecy and Policy*, Cambridge, Polity Press, 1994.

指代这两个范畴。① 前者指职业成员用以提高其地位、工资和条件的策略和言论，此过程即为专业化。后者则指教师在教学过程中所运用的知识、能力和程序。在随后的研究中，professionalism 逐渐取代 professionality，被用来指"具有专业人士的举止风范"。专业性意味着对最好的实践标准的关注。教师专业性被视为实现教育卓越的决定性因素之一。而且，尽管教师专业化、教师专业发展和教师专业性同根同源，且相互补充，但也内含张力，简单的融合可能会带来更大的思想混乱和实践偏差。尤其是在教育领域中，较强的专业化并不总是意味着较强的专业性。②

当前，西方学者对专业和教师专业问题的争论较为集中地反映在"专业性"（professionalism）这一概念上。因为专业性是对专业所具备的独特性质的总称，但由于不同学派对专业的独特性质有不同的界定，因而又产生种种不同的研究取向。近年来，教师专业性研究更是强调了相关成员如何看待专业的含义，如何透过互动的话语尝试不断关注及讨论工作中的各种两难处境。③而且，判断教育是去专业化还是再专业化，也要考虑不同的专业性理论，而不同的专业性理论又会关注不同的经验资料。④

鉴于相关研究文献庞杂，为便于叙述，本节以逻辑—历史为坐标，关注教师专业研究的理论视角和实践形态的历史嬗变。但这两种视角并非泾渭分明，而是会存在很多交叉与纠缠。

## 一、教师专业性：逻辑的视角

在西方，一般认为，教师专业性包含密切相连的三大组成部分：专业知识、专业自主和专业责任。⑤ 专业知识主要指教学和学习中所运用的知识系

---

① Hoyle，E.，"Professionality，Professionalism and Control in Teaching"，*London Educational Review*，1974(2).

② Hargreaves，A.，"Four Ages of Professionalism and Professional Learning"，*Teachers and Teaching：Theory and Practice*，2000(2).

③ 黎万红、卢乃桂：《沪港两地教育改革下的教师专业性》，香港，沪港发展联合研究所、香港中文大学香港亚太研究所，2005。

④ Seddon，T.，"Education：Deprofessionalised? Or Reregulated，Reorganizd and Reauthorised?"，*Australian Journal of Education*，1997(3).

⑤ Hoyle，E. & John，P.，*Professional Knowledge and Professional Practice*，London，Cassell，1995.

统，包括认知、学科、实践、情境等知识。专业自主指有利于教师的专业实践和学生发展的各种决策自主，即教师拥有规划自己工作的自由。专业责任则指向教师所持的基于专业的价值观，例如，对学生发展及其工作的责任和权威等。相应地，改变这三个向度，必然会转变教师的专业性。但持不同理论假设的学者、不同的利益群体对各构成要素的具体内涵理解不同，从而也就形成了不同的理论研究取向。

## (一)教师专业性作为一个逻辑范畴

从将专业视为一个逻辑范畴的角度来讲，专业性主要指的是专业工作的特质，包括工作的质量、引导行动的标准等。[1] 持这种取向的学者致力于根据传统上被公认的专业职业，归纳出一套突出的特质或标准，作为专业职业的要件，从而将职业两分为专业和非专业。而后，这种两分法让位于一种连续体(continuum)。连续体的一端是一种理想型(ideal type)专业，职业则根据其与理想型的接近程度而被置于连续体的不同位置。因此，职业就有了专业、准专业、半专业等之分。这种研究取向建立在功能主义和基质主义理论之上，追求科学确定性。

在教育中，这种取向体现在关注理想型的教学专业上，即实践自主、较高级的专业训练、资格、进入标准、选择和进行同事控制等。[2] 如以此标准来衡量，则教师职业并不能完全满足专业的标准，至多只能被视为半专业或准专业。尽管这种特质论的专业性受到很多批判，对理解教师专业性的益处不大，但其在政策制定领域尚具一定的影响力。[3]

## (二)教师专业性作为一种意识形态

从意识形态的取向来讲，较早对教师专业性进行研究的学者如拉森

---

① Hargreaves, A., "Reinventing Professionalism: Teacher Education and Teacher Development for A Changing World", Paper Presented at the International Conference on Teacher Education, February 22-24, 1999, Hong Kong.

② Popa, S. & Acedo, C., "Redefining Professionalism: Romanian Secondary Education Teachers and the Private Tutoring System", *International Journal of Educational Development*, 2006(1).

③ Webb, R., Vulliamy, G., Hamalainen, S., Sarja, A., Kimonen, E. & Nevalainen, R., "A Comparative Analysis of Primary Teacher Professionalism in England and Finland", *Comparative Education*, 2004(1).

(Larson)将教师专业性界定为一种意识形态。[①] 如此，专业性可被各种利益群体利用，以控制教师的工作。各种权力之间的较量可使教师去专业化或再专业化。这种取向实际上是将教师专业性视为一种权力话语，凸显的是对教师的控制。[②] 因此，教师专业性可被视为理解教育变革的动因和结果，以及教育者和政府之间关系的复杂性、教师对教育变革的回应与政治对其生活和工作侵蚀的重要工具。[③] 英格伦(Englund)也认为，教师作为专业者这一命题的核心张力在于教师自主和国家赋予其的任务。[④]

可见，在意识形态取向中，教师专业性不是绝对的、理想化的，最好被视为一个社会建构的术语，并且通过教育理论、实践和政策而得以界定和重新界定。[⑤] 这种理解也更能展示结构、文化和能动性之间的互动关系。而如果专业性是社会建构的，则教师是其中的关键建构者，表明他们接受或拒绝外在的控制，坚持或否认自己的自主。因此，尽管结构因素可为不同情境、不同实践取向下教师的相对立场提供部分解释，但也需要详细审视教师自己是如何结构化自己的现实的，他们对各种要求是如何反映的。[⑥] 虽然教师对专业性有自己的理解，这可能不同于政策文本和社会的理解，但是在当前，教师对自己作为专业人士是如何思考的并不关注。教师专业性不是受自主影响的，而是由有效性、表现性等外在规控来界定的。不过，既然去专业化、再专业化是知识、权力和社会组织之间持续斗争的一部分，那么期望中的再

---

① Larson, M. S., *The Rise of Professionalism: A Sociological Analysis*, Berkeley, University of California Press, 1977.

② Hilferty, F., "Theorizing Teacher Professionalism as An Enacted Discourse of Power", *British Journal of Sociology of Education*, 2008(2).

③ Popa, S. & Acedo, C., "Redefining Professionalism: Romanian Secondary Education Teachers and the Private Tutoring System", *International Journal of Educational Development*, 2006(1).

④ Englund, T., "Are Professional Teachers A Good Thing?", In Goodson, I. & Hargreaves, A., *Teachers' Professional Lives*, London & Washington, Falmer Press, 1996, pp. 75-87.

⑤ Johnson, T. J., *Professions and Power*, London, Macmillan, 1972.

⑥ Helsby, G., "Teachers' Construction of Professionalism in England in the 1990s", *Journal of Education for Teaching*, 1995(3).

专业化可通过当前的教育变革过程来实现。①

从这种社会建构的思路出发，涅米（Niemi）讨论了两种持对立取向的教师专业性：对政府指令的无条件服从和教师赋权。② 前者是政策制定者所持有的，认为教师是不可被信任的，强调教师的表现和对教师的问责；后者则试图提高教师的地位，鼓励教师积极地投入教育变革乃至社会变革。

### （三）实践取向下的新专业性

在埃文斯（Evans）看来，上述专业性皆可归入旧专业性的范畴，因为它们都凸显了"控制"一词，无论是外界对教师专业的控制还是教师自己对专业的控制。③ 而新专业性则排除了专业自主和对其工作、角色的控制等概念。新专业性是在专业内部演化出来的，而不是外部强加的。专业性是一种现实，是教师对日常实践的反应，而不是政府或其他人要求他们做的，或错误地想象他们正在做的。个体专业性影响和塑造着集体专业性，而集体专业性又引发或激起了个体专业性。

对于如何纠正官方制定的专业性和真实的实践中的专业性之间的偏差（mismatch），可通过区分三种专业性来解决：要求的专业性（demanded or requested）、规定的专业性（prescribed）和实践中的专业性（enacted）。其中，要求的专业性为对某一职业群体或个体成员的特定服务水准的要求，带有意识形态特征。规定的专业性为分析者所持的意愿性的或推荐性的专业服务，是一种主观愿望。而实践中的专业性则为包括相关职业群体内外的任何观察者所观察和理解的，也包括实践者本人所观察和理解的。只有此种专业性才是对专业性的有意义的理解和现实反映。

## 二、教师专业性：历史的视角

如果说上述三种研究取向是从理论与逻辑的视角对专业及教师专业性进

---

① Seddon，T.，"Education：Deprofessionalised？Or Reregulated，Reorganizd and Reauthorised？"，*Australian Journal of Education*，1997(3).

② Niemi，H.，"Recreating Values"，In Niemi，H.，*Moving Horizons in Education：International Transformations and Challenges of Democracy*，Helsinki，University of Helsinki，Department of Education，1999.

③ Evans，L.，"Professionalism，Professionality and the Development of Education Professionals"，*British Journal of Educational Studies*，2008(1).

行解读，那么哈格里夫斯则立足实践，详尽地阐述了教师专业性的历史递嬗。① 他认为，历时地看，教师专业性呈现出多种意义。在很多国家，教师专业性经历了四个历史阶段：前专业者时代、自主专业者时代、同事专业者时代和后专业者时代或后现代。这四种专业性并非离散的，而是存在相关关系，可能历时也可能共时。而且，在不同的国家，这些专业性出现的顺序都可能是不同的。专业性各阶段的特征概述如下。

前专业者时代——可追溯到早期的公共教育时代，并延续到 20 世纪 60 年代。教学的核心问题是秩序与控制。教师可以一劳永逸地掌握传递式教学的技术。个体通过学徒制成为教师，通过试误来改进教学。好教师致力于技术、忠于教学，通过服务来获得个人的满足感。本能的累积性的提高和专业发展模式被视为限制性专业化模式。②

自主专业者时代——始于 20 世纪 60 年代。在很多国家，教师的地位和声望都获得了极大的提高。专业与自主性越来越不可分割。教师通过专业化的方式获得一种许可性自主（licensed autonomy）。教师的继续专业发展和在职教育依附于学术机构，教师个体自发参与。个人主义、孤立和保密是教学文化的普遍特征，这导致教师不能有效应对外界复杂、剧烈的变化。

同事专业者时代——始于 20 世纪 80 年代中期，至今仍在形成中。随着学校内外变化的增加，教师开始互相学习、互相支持，以有效应对外界的变化和变革，创造承担风险和共同提高的氛围及持续的专业学习文化。合作性的教师文化和专业社群出现。植根于学校生活和工作的教师发展被视为有效的教师专业发展形式。但强加的（forced or imposed）的同事性会招致教师的反抗；代表赋权的平面化的管理结构易僵化为剥削和束缚；校本教师专业学习如完全服膺于学界，则会导致教学的知识基础去专业化。可以说，教师专业性处在十字路口。

后专业者时代或后现代——教师专业领域充斥着去专业化与再专业化的斗争。国际竞争和信息革命使市场原则侵入教育，政府对教育的控制加强。教学技术化，教师自主性受到削弱，教师变得去专业化。教师可运用专业化

---

① Hargreaves, A., "Four Ages of Professionalism and Professional Learning", *Teachers and Teaching : Theory and Practice*, 2000(2).

② Hoyle, E., "Professionality, Professionalism and Control in Teaching", *London Educational Review*, 1974(2).

的策略来提升其专业性。教师也更加重视处理与外界的关系，与各种社群建立多种参与性的关系，从而发展新的专业性。

当前这种后现代专业性受到诸多学者的关注。在国际竞争的压力下，各国纷纷制定教育政策，加强对教育的管理和控制，而市场化也不断以各种形式侵入教育，导致教育不断重构。因此，处于重问责、表现和管理主义氛围中的教师专业性成为一个重要的研究问题。例如，在美国、英国、澳大利亚、新西兰等国家，当前政府的教育政策也发生了重大变化，教育正在进行着新的转型和变革。这导致教师的工作条件和专业期待都发生了很大变化。其中，教育市场化和管理主义的政策议论是显而易见的。有两种明显且针锋相对的话语在塑造着教师专业性：民主主义和管理主义。[1] 相应地，也就存在两种专业性：民主专业性（democratic professionalism）和管理专业性（managerial professionalism）。民主专业性源于专业自身，强调教师和其他教育利益相关者之间的合作；而管理专业性凸显行政权威，通过强调问责和效能的教师专业发展政策来强化、规控教师专业，教学是不是一种专业都受到了质疑。这也使教师专业性成为各种教育利益群体彼此竞争的场所。尤其是管理专业性，被视为一种作为变革工具的新专业性，也导致了教师的去专业化。[2] 这两种话语都明显地影响了教师的自主、知识、责任、实践、自我效能感等，并给教师专业性带来了一系列悖论。例如，对教师专业性呼吁的同时，教师被去技能化，工作受到规制；教学专业一方面被不断劝诫要自主，另一方面又面临政府和社会问责的压力等。[3]

## 第二节　专业和教师专业的本土阐释

从我国教育发展的历史变化看，教师角色经历了三次变化：第一次是道德本位阶段，教师是一种教化的形象；第二次是知识本位阶段，教师是一种

---

① ③　Sachs, J., "Teacher Professional Identity: Competing Discourses, Competing Outcomes", *Journal of Education Policy*, 2001(2).

②　Evans, L., "Professionalism, Professionality and the Development of Education Professionals", *British Journal of Educational Studies*, 2008(1).

教书匠的形象;第三次是现在,正进入人本发展阶段,教师是专家形象。①
亦即教师职业从"半职业""半专业"走向专业化,教师形象也相应地从圣职形
象、艺匠形象向专业形象发展。② 钟启泉认为,包括我国在内的东亚国家"理
想的教师职业形象"也经历了从"圣职化"("教师圣职论")到"工匠化"("教师劳
动者论")再到"专业化"("教师专业论")三个发展历程的演进。③ 教师工作是
一种专业、一种学习的专业、一种终身学习的专业,成为编制教师教育课程
标准的纲领性思想。④ 也有学者认为,从我国教师的生存境遇来看,教学实
际上并没有步入成熟专业的行列,其准专业、半专业的地位并没有改观,却
可能出现进一步弱化教学专业性的后果。⑤

这种现象在一定程度上表明,我国学者对专业和教师专业持有不同的理
论预设,也仍无统一、清晰的认识。"专业"一词的外部植入性,使其从一开
始就存在本土适应性问题。中国各个层次的教师对专业化的概念及途径的认
识、接受程度不一,对专业技能、自主权和责任感这些概念的理解也不一。⑥
尽管冠以"教师专业化""教师专业发展"之名的研究成果甚众,但鲜有将"专
业"和"教师专业"这两个概念问题化,对于何为专业的思考和论证是较为缺乏
的。实际上,正是这些差异导致了我国的教师专业化面临着目的、知识、权
力、制度和伦理等现实困境。⑦

## 一、内涵理解

### (一)区别于学科专业

回答何谓教师的"专业性",直接关系到对教师角色的理解。在我国,如
何看待和界定这种专业性,一直是教师专业研究的原点问题。学者普遍主张,

---

① 谈松华:《教师专业化与教师教育的制度建设》,载《中国高等教育》,2004
(15~16)。

② 阮成武:《教师专业形象的价值取向与现实建构》,载《高等师范教育研究》,2002(6)。

③ 钟启泉:《我国教师教育制度创新的课题》,载《北京大学教育评论》,2008(3)。

④ 钟启泉、王艳玲:《从"师范教育"走向"教师教育"》,载《大学(研究与评价)》,
2007(9)。

⑤ 操太圣、卢乃桂:《论教学专业化的理论挑战与现实困境》,载《教育研究》,
2005(9)。

⑥ 卢乃桂:《教师专业化与教师应对教育改革的能力》,载《教书育人》,2007(31)。

⑦ 邻江波:《教师专业化的困境与希望》,载《教育理论与实践·B》,2007(9)。

"专业"是"专业型教师"的核心限定词，整个专业型教师的命题就是对这个限定词的阐释和建构。

就对专业的有限论述来看，几乎所有研究者都认为：职业(vocation)是专业(profession)的前身和起点，职业与专业之间存在一个"化"的过程。① 因此，教师专业发展领域所探讨的教师专业，主要是就社会学意义而言的，不能局限于个体教师所教学科或研究领域，而应包含整体意义上以教育工作者身份从事的教书育人的专门职业。② 教师专业化包括两个维度：地位的改善与实践的改进。前者是满足一个专业性职业的制度，后者是通过改善实践者的知识和能力来改进所提供服务的质量的过程。③ 易言之，教师专业(profession)要与学科专业(major)相区分，此"专业"非彼"专业"。④

因此，一种职业能否被称为专业，并不能仅以学历或业务为标准，而是由与职业性质相关的综合性要求决定的。作为专业的职业至少有三个方面的规定：第一，实践必须有专业理论知识为依据，有专门的技能做保证；第二，承担着重要的社会责任；第三，在本行业内具有专业性的自主权。⑤ 刘捷则对这一标准进行了更为详细的划分。他认为，教师专业标准涉及六个方面，即专业知能、专业道德、专业训练、专业发展、专业自主和专业组织，具体内容涉及教师的专业理论与实践、专业情感与服务、专业形成与发展等方面。⑥ 朱小蔓从更为抽象的层面概括出教师专业化成长的完整内涵包括三个系统：观念系统、知识系统、伦理与心理人格系统。⑦ 卢乃桂也指出，尽管随着时代的发展，教师专业化和教师专业发展的重点有所变化，但"专业技能""自主权"和"责任感"等概念一直是不变的指导原则。⑧ 而教师的专业自主

① 龙宝新：《对专业型教师教育问题的综述研究》，载《湖南师范大学教育科学学报》，2006(6)。

② 刘万海：《教师专业发展：内涵、问题与趋向》，载《教育探索》，2003(12)。

③ 荀渊：《从政策转变看教师专业化的发展》，载《教师教育研究》，2004(2)。

④ 卢乃桂、王晓莉：《析教师专业发展理论之"专业"维度》，载《教师教育研究》，2008(6)。

⑤ 叶澜：《新世纪教师专业素养初探》，载《教育研究与实验》，1998(1)。

⑥ 刘捷：《专业化：挑战21世纪的教师》，北京，教育科学出版社，2002。

⑦ 朱小蔓：《谈谈"教师专业化成长"》，载《南通师范学院学报(哲学社会科学版)》，2001(1)。

⑧ 卢乃桂：《教师专业化与教师应对教育改革的能力》，载《教书育人》，2007(31)。

权更被视为教师专业性的重要标志，并可分为形式性专业自主权和实质性专业自主权。不过，在中国的语脉中，这些名词的具体指涉可能与西方的理解大相径庭。总体来看，对于中国教师来说，专业技能是指拥有丰富的学科专业知识和特殊的技能，并且能将两者有机融合；自主权通常仅限于教学，即教师可以在一定程度上决定教学的内容和采用的方法；责任感是指教师要在学业和道德上对学生负责。①

### （二）我国的历史与文化语脉

对教师专业和学科专业的辨析，是探讨我国教师专业绕不开的一个独特话题和矛盾。在我国，人们对学科专业和教师专业的理解往往是不分彼此的。对我国学界来说，无论是此专业还是彼专业，都是外生的。在我国的教育和教师语脉中，自秦汉以来，教师从来都没有作为一个独立的社会阶层而存在，而是道依附于势，政教合一、官师合一。长期主宰人们思维的是"学高为师"的文化惯性，而该学问是没有所谓专业划分的。

因此，在中国的教师专业发展语境中，社会学视角和学科视角并存共立。"教师专业发展"通常有两种解释，一种是"教师专业的发展"，另一种是"教师的专业发展"。②前者把教师职业本身视为专业，因此也就可以把"教师专业"作为一个独立的术语来解释，指"教师职业专业"。后者的意思就相对宽泛，它不仅指教师职业专业，而且包括教师所学所教的学科专业。后者在我国的影响更大。这种现象在教师资格的审核与认定中体现得尤为明显，突出体现在学科知识所占比重甚大。这也恰恰说明了中国的教师专业实际上仍未确立。

更有学者认为教师职业具有"双专业性"，即教师专业包括学科专业和教育专业。③ 因此，教师既是学科方面的专家，又是教育方面的专家。这种双专业性是教师专业化的基础，也是教师教育并行不悖的两个重要方面。在我国的师范教育中，长期存在学术性和师范性之争，即将教师培养成学科专家还是教育专家的问题，实际上就是对专业的不同理解在教师教育领域的反映。

---

① 卢乃桂：《教师专业化与教师应对教育改革的能力》，载《教书育人》，2007(31)。
② 杨启亮：《教师专业发展的几个基础性问题》，载《教育发展研究》，2008(12)。
③ 王建磐：《教师专业化与教师教育政策的选择》，载《高等师范教育研究》，2001(5)。

而解决师范性和学术性之间的矛盾的途径是建立新的教师教育专业。① 在西方，学术学科和教育学科之间的争论同样存在，体现了教育方法和教育内容之间孰轻孰重的冲突。这种冲突既表现了教师的专业性是由什么知识赋予的问题，更表现了教师教育中哪种知识更为重要、各学科专业地位、各专业背景者的就业和收入问题的争论。②

此外，中国传统文化在理解"专业"一词中的重要过滤作用还表现在取"专业"的"单一"义项，用"专门化"取代"专业化"；中国人特有的反求诸己的习惯心理，使得研究关注促进教师的内在修为，而忽视了教师专业化这一外在维度，而且在用词上将"教师专业化"与"教师专业发展"这两个层面彼此等同、合二为一。③

综上分析，对国外教师专业发展理论的借鉴无论如何也绕不开对我国教育历史和文化的传承研究。在借鉴和吸收西方的教育理论时，要重视在中国文化语境下教师专业发展应有的特色，即借外国教师专业发展理论来反观中国教师专业发展的实际，然后从中国的实际出发来改进中国的教师专业发展。④

## 二、理论研究取向

国际教育界关于教师"专业化"的探索，实际上面临着现代主义与后现代主义思潮的冲撞。以这两种思想为背景，分别形成了两种被普遍接受的专业化模式，即技能熟练模式和反思性实践模式。⑤ 前者主张教师职业同其他专业一样，认为教师的专业能力受学科内容的专业知识、教育学、心理学的科学原理与技术所制约。这可以说是以现代主义的专业化为思想背景展开的。知识是专业的根基，权力是专业的关键。其对教师专业化的制约主要表现在：通过科学知识型对教育科学和教师职业缄默知识的贬抑，使教师专业化陷入

---

① 朱旭东：《我国教师教育制度重建的再思考》，载《教师教育研究》，2006(3)。
② 朱家存、辛治洋：《美国教师教育发展的问题之争及其启示》，载《比较教育研究》，2008(11)。
③ 卢乃桂、王晓莉：《析教师专业发展理论之"专业"维度》，载《教师教育研究》，2008(6)。
④ 杨启亮：《教师专业发展的几个基础性问题》，载《教育发展研究》，2008(12)。
⑤ 钟启泉：《教师"专业化"：理念、制度、课题》，载《教育研究》，2001(12)。

知识困境；通过科层制对教师专业自主权的约束，使教师专业化陷入权力困境；通过工具理性、规范伦理对德行伦理的边缘化，使教师专业化陷入伦理困境。① 后者则认为教学实践是一种囊括了政治、经济、伦理、文化、社会的实践活动，这种模式中的教师的专业程度是凭借实践性知识来加以保障的。此可谓以后现代主义的专业化为思想背景形成的。这些思潮碰撞也明显体现在我国教师专业研究的理论取向中，具体可归纳为如下四种。

## （一）比附取向

比附取向将教师看作与律师、医生具有同样性质的专门职业，将教师专业与其专业标准加以比较，视其吻合程度而将教师专业视为半专业或准专业。因此，教师的不断专业化也就成为教师专业的前进方向。例如，罗祖兵认为，一方面，教师是一个特殊的专门职业，从事教师这项职业，也像医生和律师一样，并不是谁想干就干得了的；另一方面，教师也不完全具有医生那样的专业性，特别是在专业知识与专业技能上。② 而且，教师专业发展要借鉴医学专业实践的启示。③ 宋吉缮从专业知识和技能、职业道德、长期的专门培养、进修制度、自主权、组织权六个方面比较了教师职业与一般专门职业的共同点，并以此来阐述教师职业是不是一种专门职业。④

如以此观之，当前，教师职业受外部的干预和监控，未取得广泛、高度民主的自主权；在教育期限上，从业人员接受专门培训的时间较短；教师职业向社会提供的服务具有公共性，但不具有鲜明的独特性，也未赢得崇高的社会经济地位；教师教育制度尚未真正落实教师的专业性界定；现实的教师不是作为专家而是作为公仆存在。因此，教师还不能称为一个专业，而仅能称为"准专业"或"半专业"。⑤

## （二）理智化取向

与比附取向相关，理智化取向强调教师知识的更新和技能的掌握。这一

① 朱新卓：《教师专业化的现代性困境》，载《高等教育研究》，2005(1)。

② 罗祖兵：《教师职业应是"准专业"》，载《教育文汇》，2004(1)。

③ 王少非、李昌茂：《教师专业发展：来自医学专业实践的启示》，载《教师教育研究》，2006(2)。

④ 宋吉缮：《论教师职业的专业化》，载《清华大学教育研究》，2003(1)。

⑤ 瞿葆奎：《中国教育研究新进展(2000)》，346 页，上海，华东师范大学出版，2001。

取向假设"学者即良师"，优秀的专业教师应是学科专家，需要掌握专门、精深的学科知识，并经过规范化的教育教学技能训练。因此，在此取向中，教师专业发展就是向专家学习某一学科的知识和教育知识。①

但教师专业的理智化取向容易使教育实践技术化、工具化，教师即教书匠，教师专业反而去专业化。② 在鲜活的教育实践中，教师只是被动地执行外界所预设的标准和规范，其"赖以存在的身份也就只能是为他人设计的课程作适当注脚的技术人员了"。③ 这种取向在历史上的影响一直很大，国家的正规培训大多因循这种取向。

### (三)人学—生命关怀取向

上述两种取向虽各有道理，但在本质上仍是一种基于理性主义的模式，追求专业的普遍化和外铄式的专业发展形式。这种实体思维不仅预设了教师发展所应具备的客观知识，而且将教师主体及其教育实践活动排除在外。④ 实际上，无论是比附取向还是理智化取向，都只是为了解决教育的问题。教师成为实现教育变革目标的工具，这限制了教师的生命成长和专业自主。

人学—生命关怀取向下的教师不再只是"育人"的工具，教师"育己"的生命价值维度也得以彰显，教师在生存方式上也从被动的执行者转变为具有自我意识的主动发展者、教育变革的创造者。⑤ 教师专业发展首先是具体的个人的发展，是生命的存在与发展，教师的生命发展是教师专业发展的根本。⑥ 在此意义上，教师专业化不再是一种静态的指标结构或高高的"门槛"，而是教师主体不断奋争和努力的专业成长过程，是教师寻找自身生命意义、实现主体价值的过程。⑦

人学—生命关怀取向虽然着力凸显了教师在专业发展中的自主性、能动

① 吴秋芬：《教师专业性向与教师专业发展》，载《教育研究》，2008(5)。

② 杨启亮：《教师专业发展的几个基础性问题》，载《教育发展研究》，2008(12)。

③ 操太圣、卢乃桂：《伙伴协作与教师赋权：教师专业发展新视角》，27页，北京，教育科学出版社，2007。

④ 姜勇：《从实体思维到实践思维：国外教师专业发展新取向》，载《外国教育研究》，2005(3)。

⑤ 张向众：《教师专业发展与教师专业地位的建构》，载《现代教育论丛》，2006(6)。

⑥ 袁利平、陈时见：《人学视野下的教师专业发展》，载《高等教育研究》，2007(12)。

⑦ 阮成武：《教师专业形象的价值取向与现实建构》，载《高等师范教育研究》，2002(6)。

性，强调教师专业发展对教师个人的意义维度，但专业的要素之一和教师专业发展的目的"服务"被遮蔽了。实际上，教师专业发展的最终目的是通过改变教师的行为和实践以提高学生的成绩，帮助教师深化和转变其教学。

### （四）教师职业的内在特性取向

近年来，研究者对教师职业的专业化日趋达成共识，即教师职业有其自身的特点和不可替代性，而不能简单模仿其他专业的套路。教师专业的不可替代性主要体现在其专业精神和专业能力上。教师专业的基点应是"'如何教'的知识和能力"[1]，应以追求对教师职业的胜任为目标，而不只是学科知识的增加。[2] 从此种角度来讲，教师是一种专门职业。教师的专业性由它的职业对象、职业目的、职业内容和职业手段决定，教师教育的专业性在于其师范性。[3] 操太圣、卢乃桂针对教师专业化理论中的理智化取向指出，教育活动以意义世界的建构为旨趣。[4] 教师工作固然需要一定的技能，但起决定作用的是对人性、人生和教育内涵的理解，且具有情境性、创造性等特点。构成教师专业实践的理论基础主要是教师个人的专业实践理论。[5]

因此，与其说教师职业是一种技术型职业，还不如说教师职业是一种理念型职业，应建构起理念型专业观和相应的教师专业化范式。这就意味着，教师专业应该解决的不是专业知识的科学基础问题，而是其人文精神和实践理性的支撑问题。[6] 实际上，正是教育和教师专业的这些特性决定了教师永远达不到工具理性和实证主义取向的专业标准。而如果专业性被视为教师在其日常教学、生活过程中自我建构而成的，那么教师对教学专业的认同感将

---

① 孙阳春：《教师专业化：以何为基点》，载《教育发展研究》，2003(1)。

② 杨启亮：《教师专业发展的几个基础性问题》，载《教育发展研究》，2008(12)。

③ 朱旭东：《教师作为一个专业何以可能？——评顾明远教授的教师教育思想》，载《教师教育研究》，2008(5)。

④ 操太圣、卢乃桂：《论教学专业化的理论挑战与现实困境》，载《教育研究》，2005(9)。

⑤ 随着知识观的转型，本土知识和缄默性知识渐受重视。石中英认为，本土知识可理解为本土人民在自己长期的生活和发展过程中所自主生产、享用和传递的知识体系，是一种地方性的、整体性的、被压迫的和授权的知识。参见石中英：《本土知识与教育改革》，载《教育研究》，2001(8)。

⑥ 操太圣、卢乃桂：《伙伴协作与教师赋权：教师专业发展新视角》，51页，北京，教育科学出版社，2007。

是教师专业性的重要体现。①

　　综上所述，我国学者对专业和教师专业的探讨，实际上体现了他们对教师专业性的理解逐步从特质模式、技术理性模式回归到教师专业本身，着力寻求教师的专业能力和教师专业本身的独特性、教师专业发展不可替代的路径。无论是准专业还是专业，都说明教师职业具有专业性质和专业诉求。所以，也许用"正在发展中的专业人员""教师应该是专业"来阐述该问题更为稳妥。换言之，教师专业不应作为实体，而应作为一个过程。② 因此，要通过确立理性的教师形象、创新教师教育制度、创造与发展教育科学③，凸显教师职业的特性，追求其特有的发展道路。

---

　　① 江峰：《教师专业性问题与思考》，载《高等师范教育研究》，2003(1)。
　　② 张贵新：《对教师专业化的理念、现实与未来的探讨》，载《外国教育研究》，2002(2)。
　　③ 钟启泉：《教师"专业化"：理念、制度、课题》，载《教育研究》，2001(12)。

# 第三章 教师专业道德的三重内涵

　　道德问题位于教师专业实践的核心。一般地说，教师专业道德关注教师如何在学校里有道德地处理其工作这一专业问题，关注教师的意图和行为、教师道德知识的实践表现，而不是教师对学生成长所产生的影响、美德是否可教这些哲学问题。① 也就是说，教师专业道德指教师专业实践的性质与方式。② 而道德教育则是一种结果论的观点，即教师应教给学生什么道德（如公民心、文化敏感性等），应该如何塑造有道德品质的学生。③

　　梳理历史可以发现，对教师专业道德的理论思考是伴随着教师专业化进程而展开的。自教师职业开始追求专业化以来，专业道德就被赋予一种象征性价值，即道德是教师专业的符号标志。很多学者认为，教师专业道德仅是象征性的。那么，就教师专业而言，道德仅具有象征性意义吗？这一问题不仅直接关涉教师专业道德的性质认定、呈现形态，也关乎其内容构成和建构路径。实际上，专业道德不仅仅具有一种象征性价值。教学道德维度的存在取决于教学情境，以及

---

① Campbell，E.，"Teaching Ethically as A Moral Condition of Professionalism"，In Nucci，L. & Narvaez，D.，*Handbook of Moral and Character Education*，New York，Routledge，2008.

② Bergem，T.，"The Teacher as Moral Agent"，*Journal of Moral Education*，1990(2).

③ Hansen，D.，"The Moral Is in the Practice"，*Teaching and Teacher Education*，1998(6).

理解这种经验的视角。① 因此，教师专业道德的界定须考虑其规范的层面与情境性特征。

如同"专业"这一棘手的概念，"专业道德"包含多种个性特征鲜明但亦彼此关联的内涵。威尔金斯认为，专业道德有三层含义：公认专业的职业道德；特定专业的规范性特征；对专业道德的描述性和工具性看法，不问专业者应共享什么规范，而问专业者实际展示了什么道德。② 这些都表明了"专业道德"一词的多义性，反映了"专业"概念的内在矛盾。对专业的理解不同，导致人们对教师专业道德的界定、阐释形成了不同的视域和取向。不同视域中的教师专业道德价值各异，相互补充但也内含张力，简单的融合会带来思想混乱和实践偏差。

本章拟在对教师专业道德象征性价值评判的基础上，揭示教师专业道德的三重内涵，进一步阐明专业道德与教师专业实践的内在关联，以及实践中教师专业道德的建构特性，从而充实教师专业道德的内涵，拓宽教师专业道德的建构视域，确立教师专业道德的认识论基础。

# 第一节  教师专业道德：一种象征性价值

近来对教师专业道德的探讨受专业化过程启发。③ 如前所述，在专业社会学这一学术分支中，专业被视为一个富有历史、文化意蕴的概念。职业因人类社会分工而出现，而各职业在地位上存在高低之分。能提供专门服务、具有较高知识水平的职业如医生、律师等逐渐被称为专业。这些被认可为专业的职业因拥有较多的经济资源、较高的社会声望而成为各行业竞相追求的对象。在此背景下，教师职业也开始了其专业化追求。

① Boostrom, R., "What Makes Teaching A Moral Activity?", *The Educational Forum*, 1999(1).

② Wilkins, D. B., "Redefining the 'Professional' in Professional Ethics: An Interdisciplinary Approach to Teaching", *Law & Contemporary Problems*, 1995(3/4).

③ Colnerud, G., "Teacher Ethics as A Research Problem: Syntheses Achieved and New Issues", *Teachers and Teaching : Theory and Practice*, 2006(3).

## 一、专业道德作为专业的符号标志

"专业道德"最一般层面的理解是专业职业的道德，即专业共享的道德。道德是教师专业辩论的基础。从专业社会学的角度来研究教师专业道德是一个必然逻辑。专业化的话语主导着教师专业的讨论与建构。专业化取向假定存在一套能将专业与职业相区别的稳定特质。考察公认的理想型专业如医生、律师等，归纳出专业的标准、要件，据此职业就有了专业、半专业、准专业、非专业之分。其中，专业道德被视为专业的要件和关键特征之一，是专业赖以存在的规范性基础，集中体现为不偏不倚地服务于顾客的服务理想和道德义务。"当一个人接受了专业成员的身份时，其就不是自由的个体，成为一个专业者的行动使个体要承诺遵守专业社群的伦理原则和成员标准，以及承诺服务质量。"①医生、律师、牧师等较为成熟的专业皆有其道德操守，教师职业只有发展起公认的、专业所共享的规范性承诺和道德精神，才可跻身于专业行列。

专业的道德特质多以正式化的守则形式呈现，例如，用道德操守来陈述专业成员的道德实践、规控成员的专业行为。这既标志着专业的成熟，使其跻身于较高地位的专业行列，也使专业可回应公共服务的道德要求。在此意义上，专业道德是教师群体进行专业自治和公共问责的基础，其首要目的和最明显的功能在于为约束和规训专业成员提供制度框架，使专业能够公开宣称其是负责的。②尽管道德守则可能不是提升教师道德意识的最终途径，但它也应该能够广泛地、积极地促进教师对教学中的道德问题的深入理解，或者说，道德操守可能没有帮助，不过它也不能伤害专业。③

不难发现，用专业化的言辞来探讨教师专业道德，处理的是教师职业的专业地位问题，即教师职业是不是专业性职业。在此论域中，"专业"一词隶属意识形态范畴。专业化理论中的教师专业道德是专业的标志，对专业而言，多具象征性意义。专业道德被视为专业的符号标志，成为教师提高其地位、名望、工资和改善工作条件的策略和言论。建立教师专业道德的过程即教师专业化的过程。这可谓社会学取向的教师专业道德建构，即将教师置于整体

---

①②③　Campbell，E.，"Professional Ethics in Teaching：Towards the Development of A Code of Practice"，*Cambridge Journal of Education*，2000(2).

社会结构中进行分析，视教师为一个社会阶层。专业化的目标在于争取专业的地位与权力，力求集体向上流动。专业化的理论根基在于结构功能主义和基质主义。结构功能主义的论述将专业道德与专业在社会中发挥的独特功能相联系，即根据教师专业在社会中的地位来确定教师应该遵循哪些道德价值。基质主义则关注理想型的专业，追求教师专业道德的客观性、普遍性和确定性。

既然教师专业是一种社会建构的专业，教师专业地位是社会竞争的结果，那么教师不是从教学实践本身来探寻专业的道德意义，而是从实践之外寻求专业的道德资源。教师专业道德也并非以改进实践为旨归，而是指向专业利益的维护、辩护。教师的公共服务理念不可谓不重要。对社会负责，是对专业实践者的根本要求，也代表了教师对自身的道德期望，可为教师的专业理念和道德行为提供向导，提升教师的道德意识，有助于教师以道德的话语来思考教学、以道德的方式来从事教学实践，引导教师应对日常实践中的道德问题和两难问题，为教师的道德决策提供基础，从而有助于教师专业的整体发展，提升教师的专业性，促进教师的专业成熟。不过，相比专业地位的获得，专业性的提升仅仅是专业道德建构的附属目的。

## 二、教师专业道德的象征性价值批判

作为后发型的专业，教师专业固然需与其他专业相比较，以明确发展方向，但以成熟专业作为教师专业的榜样也要慎重。就教师专业而言，专业社会学有其局限性。通过类比来寻找与成熟专业的相似性，将教师专业与其他专业直接加以比较，简单符应理想型专业的所谓特质，忽视了教师工作的独特性和内在特征，掏空了教师专业实践的核心意蕴。教师专业道德建构随之也面临着风险，即失去对专业实践内在道德维度的发掘。教师想当然地视教学为道德实践，也用道德的话语来思考专业实践。但不难发现，这种教师专业道德是自我中心取向的，关注专业自治，维护专业的政治、社会和经济地位，相对轻视服务对象的利益。专业地位是社会斗争的结果，专业道德是专业者的工具，用以摆脱政府控制和市场限制。① 洛瓦特(Lovat)指出：行为操

---

① Wilkins，D. B.，"Redefining the 'Professional' in Professional Ethics：An Interdisciplinary Approach to Teaching"，*Law & Contemporary Problems*，1995(3-4).

守，以及整个的专业道德现象，都是对专业的保护。发展教师专业道德是必要的，无论是正规的操守还是非正规的操守，这种公共问责和认可对专业是必要的人工制品。① 汉森也从这一角度指出了将教学视为专业的危险：专业倾向于自我取向，而不是关注其所服务的个人；专业的成员倾向于关注保持自主，维护政治、社会和经济资源。②

　　这就说明，特质论的专业道德只是规控教育活动的外部因素，没有考虑到教师的任务区别于其他专业的具体特征，对理解教师专业性的益处不大，也不可能从根本上提升教师的道德认识和道德行为。换言之，道德操守自身并非培养和发展道德专业者的充分资源，并不能确保教师专业行为本身的道德性，较强的专业化并不总是意味着较强的专业性。坎贝尔指出，教学中的公共问责是必要的，教师应该对学生、家长和社会负责，但这不仅仅是证明专业地位的人工制品，还是对道德实践者的根本要求。③ 芬斯特马赫（Fenstermaher）也认为，教师专业不能在每一方面都与其他专业相比较，尤其是在处理专业者和顾客之间的关系方面，对教师专业道德的探讨只能部分地将其他专业所表达的道德义务作为出发点。④芭芭拉也特别提醒，过于强调"真正的专业"的假设有害于教学实践的道德要求，过于倚重正式的道德操守和规范可能导致对顾客的较差的乃至非人化的对待，因此不要用任何专业作为教师专业的示范标准，教师要放弃专业化的梦想，将教学视为志业。⑤ 鉴于"专业道德"概念对教师行为的危害，汉森主张，教师的工作既不是职业，

---

① Lovat，T. J.，"Ethics and Ethics Education：Professional and Curricular Best Practice"，*Curricular Perspectives*，1998(1).

② 转引自 Colnerud，G.，"Moral Dimensions of Teaching：An Essay Review of Exploring the Moral Heart of Teaching"，*Teaching and Teacher Education*，2003(5).

③ Campbell，E.，"Professional Ethics in Teaching：Towards the Development of A Code of Practice"，*Cambridge Journal of Education*，2000(2).

④ Fenstermaher，G. D.，"Philosophy of Research on Teaching：Three Aspects"，In Wittrock，M. C.，*Handbook of Research on Teaching*，New York，Macmillan，1986，pp. 37-49.

⑤ 转引自 Stengel，B. S.，"Book Review：The Moral Dimensions of Teaching"，*Educational Studies*，1991(3).

也不是工作或专业，与专业的理念相反，教学是道德和个人承诺。① 施瓦茨亦持有相同意见："要将教学视为道德实践，必须将教学视为志业而非专业。"②

实际上，特质论的教师专业道德存在的可能性本身就颇受质疑。例如，社会学者认为，不可能识别出一套稳定的、客观的道德标准以将专业区别于职业；哲学家则批判角色分殊道德的存在，质疑在社会中居于特定地位的群体是否可免于作为普通公民的道德责任。③ 尽管共同的道德规范是任何专业道德的最终检验标准，但它并未界定专业者的规范立场。在界定专业义务时，要考虑专业者的独特责任。这就要求在理解教师专业道德时，要将规范维度与教师专业的特殊实践相结合，凸显教师专业实践的个性化特征。

# 第二节　专业道德：教师专业实践的固有维度

教师专业实践有其道德维度。道德是教师的一项专业品质，是教师专业性的重要特征。也就是说，教师专业有其独特的道德要素，教师有其专属的道德专长。这是专业道德与教师专业实践之间的内在关联，是教师的行为在道德上可辩护的最终判据。作为专业性一维的专业道德回归教师专业实践，强调教师专业特有的道德责任，契合了教师专业的内在道德品格。

## 一、道德作为教师专业实践的内在构成

教师专业道德的存在与教师工作的道德性质密不可分。教学本质上是一项道德活动。"教学本身涉及道德行为，教师是道德能动者。教育作为一个整体，尤其是课堂互动，在本质上也无可避免是道德的。"④教育的很多问题和

---

① Colnerud, G., "Moral Dimensions of Teaching: An Essay Review of Exploring the Moral Heart of Teaching", *Teaching and Teacher Education*, 2003(5).

② Schwarz, G. E., "Teaching as Vocation: Enabling Ethical Practice", *The Educational Forum*, 1998(1).

③ Wilkins, D. B., "Redefining the 'Professional' in Professional Ethics: An Interdisciplinary Approach to Teaching", *Law & Contemporary Problems*, 1995(3-4).

④ Bullough Jr, R. V., "Ethical and Moral Matters in Teaching and Teacher Education", *Teaching and Teacher Education*, 2011(1).

竞争性的要求如不诉诸道德原则，就不可能被解决。课堂实践、管理、资源和学生的需要对教师提出了很多道德问题。① 教育的道德要素可从三个途径进行识别：实现目的的道德愿望；关注教育过程中的特定问题，这些问题解决的策略包含道德的选择而不是技术的审慎；通过专业道德操守对专业行为进行规控。② 这些都确证了教师专业实践的道德性。因此，教师专业实践的道德不可与教学工作本身的道德性质相分离。教学的道德维度不是强加的。教学不是一项道德中立的实践，"坏教学的坏是道德意义上的，好教学的好也是道德意义上的"③。

## (一)教师专业道德的独特基础

在证立教学工作的道德维度时，很多学者尝试从教学作为一项人文活动的角度来阐述。在这些学者看来，既然教育是一项人与人之间的活动，那么教育活动中的所有内容都要遵从道德的约束。因此，教育问题的解决不能基于技术的立场，多少需要道德的审慎。"教学是一项道德活动，核心在于与他人互动中的人类行动。因此，所谓公平、正确、公正和美德总是会浮现的。无论在何时、无论以何种方式，教师的行为总是关乎道德的。"④教学涉及人际互动，因此是一项道德活动；涉及公平、公正、正确和美德；教师需要关心、关注学生，并与学生建立合适的有意义的关系。⑤ 这些论述尽管指出了教师专业不可脱离道德而存在，但仍是边缘的、外围的论证，并非基于教育的立场，并未触及教育活动的本质特征、未指出教育活动具体的道德性质，或者说并未指出教师专业不同于医生或律师专业的独特道德层面。

对教师专业道德属性的最大争论点仍是围绕教师和学生之间的关系。区别于医生、心理咨询师等一般性的帮助关系，师生关系的典型特征在于其是一种教育帮助。即与其他专业相比较，教师的社会使命不同于其他专业者。

---

① Schwarz, G. E., "Teaching as Vocation: Enabling Ethical Practice", *The Educational Forum*, 1998(1).

② Bárcena, F., Gil, F. & Jover, G., "The Ethical Dimension of Teaching: A Review and A Proposal", *Journal of Moral Education*, 1993(3).

③⑤ Gorrell, J., "Book Review: The Moral Dimensions of Teaching", *Journal of Teacher Education*, 1991(4).

④ Fallona, C., "Manner in Teaching: A Study in Observing and Interpreting Teachers' Moral Virtues", *Teaching and Teacher Education*, 2000(7).

教师作为学校教育的代理人，以社会赋予的合法权利为教育对象的成长提供必要的教育资源支持。在这种制度化的教育氛围中，教师和学生是一种基于帮助的关系，在角色、知识和权力等方面存在明显的不对等。这就使教师有可能以非道德的方式对学生实施非恰当的影响，包括身体或心理暴力。① 故师生关系需要道德地解决。"因为儿童是被迫的，防御性差、地位低，因此，教学有其道德义务，在道德上应值得称赞。"②这实际上指出了教师专业道德的独特基础。

芬斯特马赫指出，教师专业道德有三个独特条件：知识的非神秘化、社会距离小和努力的相互性。③ 具体表现在三个方面：第一，师生知识关系的平等性。对很多专业来说，传授知识予服务对象是专业者的角色责任之一。但与医生等专业对专业知识的垄断、封闭不同，教师既不需要将知识神秘化以维持师生间的知识差距，也不需要借助"圈内的知识"来维持自身的专业地位。相反，教师具有较强的教育意图，希望将所知尽可能地传授给学生。第二，师生关系的亲密性。与其他专业的客观中立态度、与顾客的疏离关系不同，教师需要与学生建立密切的、支持性的人际关系，以便理解和帮助学生，对学生的认知、社会、情感和道德发展予以协助。教师将自我、个人情感和所信奉的道德价值投入工作，教室和学校成为教师自尊和自我满足感的实现场所。第三，教学实践的双边性。与其他专业成员的单方服务承诺不同，教学的有效性取决于师生双方的投入。教师不能够独自施教，教师的努力有赖于学生的配合。

基于此，教师不但要对自身的道德行为负责，还要对学生的道德成长和发展负责。教师对学生有特定的关系和道德责任，教师的道德责任与教育的道德目的彼此交织，专业道德理性与教学理性相互融合。坎贝尔指出，教师的道德能动性包含两个不同但密切关联的承诺：一是教师作为一个道德人和

---

① Bárcena，F.，Gil，F. & Jover，G.，"The Ethical Dimension of Teaching：A Review and A Proposal"，*Journal of Moral Education*，1993(3).

② Gorrell，J.，"Book Review：The Moral Dimensions of Teaching"，*Journal of Teacher Education*，1991(4).

③ Fenstermaher，G. D.，"Philosophy of Research on Teaching：Three Aspects"，In Wittrock，M. C.，*Handbook of Research on Teaching*，New York，Macmillan，1986，p. 41.

道德的专业者所应持守的伦理原则和美德；二是教师作为道德教育者，通过榜样和审慎的教学来促进学生的道德发展。① 换言之，教师的道德行动有双重理由。一方面是基于专业的共性，教师对师生关系负有道德责任，要确保其服务建立在高水平专业知识的基础上；另一方面则是出于教育的理由，教师要保证学生学到有价值的知识，培育学生的行为规范意识和道德价值观念，激发学生的道德行为。对此，教师也深有体会。

> "我们现在教小学，小学生有很多事情。每天不仅要教他们学习知识，还要教他们卫生习惯、劳动习惯，还教他们道德品质……教师是一个综合职业者。像其他那些工作，虽然说每天也比较累，但是面对的都是死的东西——'文件'或'机器'。他们可能身体上累，也可能精神上累。但我觉得比起教师来，他们的心情比较轻松。"②

## (二)教师专业实践的道德目的

与一般专业相比，教师专业有着独特的道德责任和义务。"教学不能由实践者的技术性技巧来决定，而是由其所承担工作的教育意图和道德目的来决定。"③教育目的有其道德性质，即好的或值得的意图。教学的道德性质在于教师对学生的良好意图。④ 这主要体现在教师专业实践的内在道德目的，即促进学生发展、培养有德之人的良好意图。"教学本质上是一项道德的事情，因为教育目的不能与个人的道德发展的考虑和理想分开。"⑤这些都说明教学是独特的专业，教学的教育使命本身也是道德的。教育是一项"成人"的事业，

---

① Campbell，E.，"Professional Ethics in Teaching：Towards the Development of A Code of Practice"，*Cambridge Journal of Education*，2000(2).

② 除特别说明外，本书中所涉及的教师实例、直接引用的教师话语(多用楷体标出)，皆出自笔者对一线中小学教师的访谈。

③ Gorrell，J.，"Book Review：The Moral Dimensions of Teaching"，*Journal of Teacher Education*，1991(4).

④ Bárcena，F.，Gil，F.& Jover，G.，"The Ethical Dimension of Teaching：A Review and A Proposal"，*Journal of Moral Education*，1993(3).

⑤ Pantic，N.& Wubbles，T.，"Teachers' Moral Values and Their Interpersonal Relationships with Students and Cultural Competence"，*Teaching and Teacher Education*，2012(3).

要引导学生求真、向善、崇美。

关于教师专业实践的道德目的，中外学者多有论述，以揭示教育目的的道德性和教育的道德使命。例如，教育是一项"提升人的生命价值和创造人的精神生命"①的事业。"理想的教育是：培养真正的人，让每一个从自己手里培养出来的人都能幸福地度过一生。这就是教育应追求的恒久性、终极性价值。"②"教育的主要目的在于使学生获得幸福，不能为任何不相干的利益而牺牲这种幸福，这一点当然是毋庸置疑的。"③"教学的道德核心融合了教师对学生的真诚兴趣、对关系和学习内容及成长中的人的意象的责任。"④教育是一种道德活动，因为教育力求使人成为好人，教学意味着智力和道德成长，智力的成长和道德的成长是密切相连的，因此，教师创造了道德的世界。⑤ 教学作为教育活动，无可避免地具有道德维度，因为界定教育活动的标准来自教育目的。教育目的要服从特定的道德标准或价值，即教育目的必须对学生具有道德价值，必须有助于其人文发展。⑥ 教育的道德目的不仅在于个人的成长和发展，更在于其所担负的历史使命和社会责任。教学专业要发展儿童最大的潜能，而所有的教育活动都涉及个人和社会的道德价值。或者说，教育的目的不仅仅是尊重、发展学生，更根本的在于促进人类发展。在自由社会，教育要致力于帮助所有公民实现其美好生活，这也是教师的道德责任和对公共利益的道德承诺。⑦ 总之，受过教育的成长中的人的形象和社会公益应该引导着教师的道德使命。

---

① 本刊记者：《为"生命·实践教育学派"的创建而努力——叶澜教授访谈录》，载《教育研究》，2004(2)。

② [苏联]苏霍姆林斯基：《怎样培养真正的人》，杜殿坤译，5页，北京，教育科学出版社，1992。

③ [苏联]乌申斯基：《乌申斯基教育文选》，郑文樾选编，213页，北京，人民教育出版社，1997。

④ Colnerud, G., "Moral Dimensions of Teaching: An Essay Review of Exploring the Moral Heart of Teaching", *Teaching and Teacher Education*, 2003(5).

⑤ Boostrom, R., "What Makes Teaching A Moral Activity?", *The Educational Forum*, 1999(1).

⑥ Bárcena, F., Gil, F. & Jover, G., "The Ethical Dimension of Teaching: A Review and A Proposal", *Journal of Moral Education*, 1993(3).

⑦ Gorrell, J., "Book Review: The Moral Dimensions of Teaching", *Journal of Teacher Education*, 1991(4).

这就意味着教师不但要确保其服务建立在高水平的知识和能力的基础之上，更要有助于学生发展。学生本身即目的，而非服务于教师的目的。这种出于教育的理由说明教师不是技术人员，也不仅仅是知识的传递者。在传递知识的同时，教师更要认识到自身亦是促进善的重要力量，帮助学生拓宽认知和道德视野，丰盈心灵，涵养人性。不仅如此，教学是重要的善行，通过培养学生成为独立的、负责的能贡献社会福利的成人来服务于社会的利益。①教学的目的必须符合道德意图。对学生的发展承诺是教师的道德责任，为赢得尊重，教师需要理解教育的本质及其目的。相反，如果教师不具备道德目标，就会迷失方向，在其向美德迈进之时，会让粗鄙与危害乘虚而入。② 在此意义上，教师对实践的反思是一种道德反思，作为反思性实践者的教师需运用其道德想象。③

## (三)教师专业实践的道德影响

就影响而言，教师的专业实践亦是道德实践。与其他专业性职业不同，教师是学生的道德楷模，是学生的角色榜样。教师总是将教学实践建立在特定道德价值之上，基于不同的道德框架来表达道德立场。教师的任何实践行动无不传递出道德信息，表达着道德意义，进而影响学生的道德发展，或隐或显地形塑着学生的道德价值观、道德思维方式、道德表达能力和道德行为取向。教师对教学的热爱、尊重和投入，教学内容的选择、课堂组织形式、管理纪律与行为要求、评价学生的方式，甚或与学生不经意的交流，所蕴含的道德观念都会被学生自然获取。可以说，"以正确的方式传授知识和技能，本身就已经是一种对整个人的精神教育"④。学校教育的关键是教师作为道德

---

① De Ruyter, D. & Jos Kole, J., "Our Teachers Want to Be the Best: On the Necessity of Intra-professional Reflection About Moral Ideals of Teaching", *Teachers and Teaching: Theory and Practice*, 2010 (2).

② [美]加里·D. 芬斯特马赫:《关于教学作为专业化职业的道德思考》，见[美]约翰·I. 古德莱德、罗杰·索德、肯尼思·A. 斯罗特尼克:《提升教师的教育境界:教学的道德尺度》，汪菊译，112 页，北京，教育科学出版社，2012.

③ Sockett, H. & LePage, P., "The Missing Language of the Classroom", *Teaching and Teacher Education*, 2002(2).

④ [德]雅斯贝尔斯:《什么是教育》，邹进译，149 页，北京，生活·读书·新知三联书店，1991。

能动者和道德榜样的角色，与此密切相关的则是教师作为道德教育者的能力。① 教师是道德能动者，对其教学角色富有责任，其品格影响学生。② 这种道德影响是广泛、多样的，且具有弥散性、隐蔽性特征，如教师的言行举止、行为风格、在课堂中运用规则的方式等。很多教师将道德考虑置于工作的核心，关注自我的道德行动的同时，希望学生也能接纳这些道德规范和价值观。这本身就表明了教师承担专业责任的独特方式，也是教师道德意识和道德能力的重要体现。

这些都表明，教师教学与其说是通过言教，不如说是通过身教。教师所运用的教学手段、方式皆具有教育意义。尽管教师的道德品格和学生的道德发展之间的关系是模棱两可的，教师的道德影响是否可被证实也是值得怀疑的，但历来教师就被期待成为道德榜样。教师所做的每件事情并不必然具有道德重要性，但教师所采取的任何行动都有道德意义，传递出道德信息。换言之，相较于教育目的，教师的身教不是实现某种目的的手段，教育过程不只具有工具性价值，相反，教育中运用的所有手段本身就内蕴着所寻求的目的。尽管教学的道德维度不等同于道德教育，因为这一维度必须体现在任何教育活动中，但它具有通过正式教学来进行道德教育的可能性。③ 因此，为达成教育目的，教师必须理解和示范道德行为，重视自己的道德榜样角色。

教师的道德模范作用或者说教师影响学生的方式主要有两种：教师的风格、在课堂中运用规则的方式。在这方面，法罗纳（Fallona）特别研究了教师的风格，关注教师如何表现其道德美德、发展风格，以更好地成为学生的行为榜样。④ 风格是心灵的道德，教学风格反映了教师的专业道德，包括创造性地组织教学材料、学科内容、课堂时间、学生的需要和期望。⑤ 法罗纳认为，方式是教师行为的重要内容，是教师个人品格的特征。教师通过个人品

---

① Campbell，E.，"Teaching Ethically as A Moral Condition of Professionalism"，In Nucci，L. & Narvaez，D.，*Handbook of Moral and Character Education*，Routledge，2008.

② Sanger，M. G.，"Talking to Teachers and Looking at Practice in Understanding the Moral Dimensions of Teaching"，*Journal of Curriculum Studies*，2001(6).

③ Hansen，D.，"The Moral Is in the Practice"，*Teaching and Teacher Education*，1998 (6).

④⑤ Fallona，C.，"Manner in Teaching：A Study in Observing and Interpreting Teachers' Moral Virtues"，*Teaching and Teacher Education*，2000(7).

格展示风格，这些个人品格是道德的，因为它们是学生的行为榜样。说到某人是诚实的或欺骗的、勇敢的或懦弱的、慷慨的或小气的等，主要是根据其所具有的相对稳定的特征，这些品格即构成了个人的方式。因此，教师要关注自身行为方式的重要性和潜在影响，重新审视自己作为教育者的角色。教师要意识到其行为的所有方面，如师生互动的质量，以及对学生进行的规范性教育，包含了学生态度、价值观、技巧的变化，而不只是知识、信息或行为与实践的认知标准的变化。

以上论述皆说明，教师专业的道德品格不是强加的，也不是体现于教师工作的某一个方面或教育过程的特定时刻，而是教师专业实践所固有的，是指向实践、为了实践的，体现在任何教育活动中，贯穿于教育全过程。教师不需要从实践之外寻找其工作的道德属性。道德内嵌于实践之中，教学工作的道德意义源自实践本身。① 教师专业道德不是从实践之外输入的外部规控因素，也不是理论或哲学的假设，而是植根于教师的专业实践，是实践的构成维度。实践本身的道德是属于教师的，正如教师属于它们。这些源自教学实践本身的原则，如信任、诚实、正直、公正和关心等构成了专业问责的根本价值标准。② 教学的道德维度亦非对技术范式的取代。教学的道德层面无法与技术层面相脱离，也不是外在于教育的核心任务，道德要素是教学效能的内在要素。教育的人文理念不是相应的技术行动的条件，相反，它是对这些目标应被如何达到的道德描述，是对教育教学活动的基本道德要求，是如何提高教学效能的价值指引。在此意义上，"道德"和"教师专业"等同。汉森认为，教学有其典型的责任和义务，但教学的道德意义不需要从实践之外输入，教师不是去选择这些责任和义务，不是去选择道德的维度，而是在思考和参与工作的过程中发掘，教师会发现耐心、专注、公正等道德品质是植入教学的。③ 在专业实践中，教师要考虑如何"有道德地教"，即探讨教学活动本身的合道德性，力求以一种符合什么是"好"和"正确"的方式去教学。④ 这些

①③ Hansen, D., "The Moral Is in the Practice", *Teaching and Teacher Education*, 1998(6).

② Campbell, E., "Professional Ethics in Teaching: Towards the Development of A Code of Practice", *Cambridge Journal of Education*, 2000(2).

④ Fenstermacher, G. D., Osguthorpe, R. D. & Sanger, M. N., "Teaching Morally and Teaching Morality", *Teacher Education Quarterly*, 2009(3).

道德责任、规范要求是无条件的，尽管外界的因素可以影响教师如何理解、践履工作中的道德义务。

　　道德是教学过程的基础，专业道德是教师工作的关键要素。承认教师专业实践的道德维度，那么对教师专业道德的探讨就要回归教师专业实践本身，发掘教师专业的内在道德品质。教师专业道德建构要视教师为独特专业，尝试探索其特色化的规范性特征。作为教师专业性的关键维度之一，教师专业道德集中反映了在选择和重构内容时的认识价值、教师的行动或考虑所反映出来的道德价值。① 教师必须意识到专业实践的道德维度和专业行为背后的价值系统，要在与学生、家长、同事等的互动过程中识别道德要求、展示道德能力，考虑如何以道德上可接受的方式对特定道德要求进行回应，评估教学内容与方法的道德适切性，从而确保教师的专业实践在富有道德的氛围中开展，进而提高专业实践质量，实现教育卓越。也就是说，教师要建构起自己的道德框架。② 道德框架与教师的道德认知、道德实践密切相连，可引导教师采取一种道德的视角来审视周围的现实，提升道德知觉，理解专业决策的道德意义，以道德的标准来评判行为结果。

## 二、教师专业道德标准的实践意义与限度

### (一)教师专业道德标准的实践意义

　　教育为道德事业，道德成为教师专业知能的核心领域和教学效能的内在要素，引导着教师的道德行为，塑造着教师的道德专业性。教师在专业关系中与人打交道，其在教室中的行动和行为至少都要基于道德标准进行判断，要受制于道德规范。③ 一方面是理论分析者所推荐的带有主观意愿性的专业

---

　　① Fenstermaher，G. D.，"Philosophy of Research on Teaching: Three Aspects"，In Wittrock，M. C.，*Handbook of Research on Teaching*，New York，Macmillan，1986，p. 41.

　　② Bárcena，F.，Gil，F. & Jover，G.，"The Ethical Dimension of Teaching: A Review and A Proposal"，*Journal of Moral Education*，1993(3).

　　③ Sockett，H. & LePage，P.，"The Missing Language of the Classroom"，*Teaching and Teacher Education*，2002(2).

道德内容，例如，公正与关心之于教师专业实践、学生幸福的关键意义。①公正、关怀与真诚是教师专业道德的三个维度②；在对待学科内容、学生、同事时，诚实、真理和公正是专业实践的核心美德③。另一方面则是国家制定的具有指令性的教师专业道德标准。这些标准设定了教师专业实践的道德原则和服务水准，为教师专业判断和道德决策提供了重要参照。

　　无可否认，教师需要运用一些道德向导和资源来帮助他们探究道德问题，尤其是在道德关系错综复杂、实践路径不甚明朗的挑战性情境中。道德标准设定了专业实践的价值取向和道德原则，引导着教师的专业承诺和道德信念。这些标准为教师的专业实践提供了可借鉴的道德资源，是规范教师专业实践的道德工具，亦是教师专业行为合理与否的判断依据。比如，据统计，2001—2009 年，美国约有 450 万学生报告 K-12 学校教育中教师的不端行为，故全美 50 个专业标准委员会中有 25 个已经制定了道德行为守则，以提高对教师的标准要求，旨在提高教师的道德决策。事实证明，道德守则有效地减少了教师的不端行为，提升了教师的专业性。

## (二)教师专业道德标准的限度

　　教师专业道德标准可谓从工具和技术的立场来理解教师专业道德。这些标准承认了教育实践的道德维度，但只是将其作为外界的控制要素，不能解释教学知识或教育实践的道德性质。

　　第一，标准化、制度化的专业道德是划一的、"无人"的，教师处于"失语"状态。教师专业道德标准对教师的界定多持不足的话语，体现出典型的"补缺性"倾向，即针对教师专业道德知识、道德技能的过时或低效予以改进。尤其是在效率、效能的理念主导下，制度化的专业道德标准成为对教师的问责工具，明显受自上而下的工具理性所主导，遵循"目的—结果"的实践范式，强调教师应该如何的理想性问题。专业道德标准提高了对教师公共问责的要求，增强了政府的管治力量。在这种单向度的、外生性的话语体系中，教师

---

① Colnerud, G., "Teacher Ethics as A Research Problem: Syntheses Achieved and New Issues", *Teachers and Teaching : Theory and Practice*, 2006(3).

② Oser, F. & Althof, W., "Trust in Advance: On the Professional Morality of Teachers", *Journal of Moral Education*, 1993(3).

③ Soltis, J. F., "Teaching Professional Ethics", *Journal of Teacher Education*, 1986(3).

是不可被信任的。教师被期望忠实地执行外界预设的道德角色，满足外部制定的专业标准和道德规范。教师的主体性、能动性和创造性受到了很大的削弱和压制，教师对专业道德是如何思考的则不受关注；教师的道德观念和实践性知识也遭到忽视，专业自主、专业对话等教师专业发展的基本要素、基本保障条件面临挑战。吕泰尔（Ruyter）等学者也发现，外界标准成为好教学的主导标准时，会消减教师的专业道德，削弱教师的专业性，弱化教师的专业自主和自我规控。① 标准亦成为多种利益群体如官僚机构、教师工会和教师自己斗争的工具。② 这些都说明，道德并非被视为教师专业实践的构成维度和教学效能的内在标准，而是被理解为规控教师行为的外部因素。

第二，教师专业道德标准趋于一般、整体，往往与教师的真实专业实践情境相去甚远，并没有提供具体的指导。公式化的伦理操守脱离教师实际，不是有助于解决难题的工具。专业道德标准不能涵盖教师专业实践中具体、复杂的道德情境，因而不能解决所有的道德问题，尤其是道德两难和道德争议。抽象、单一的理想性标准很难处理所有的道德问题和争议，亦无助于教师道德意识的提升和对道德问题的深入理解。在复杂的道德实践情境中，教师很难有程式化的反应。面对混乱的、不精确的实践问题，教师很容易摒弃一般性的道德原则。有经验的教师知道并没有蓝图或道德操守能告诉他们在具体的情境中做什么，学生和教育情境差异很大，没有单一的或最好的处理方式。③ 因此，教师专业道德标准并非公式或药方，不能规定在每一种可能的场合应该如何行动，并非有效地促进教师专业性提升的工具。离开了对教师工作道德复杂性的充分、持续的审视，道德操守就是不充分的、官僚化的、法律性的，或者老生常谈、敷衍了事。④ 索尔蒂斯（Soltis）就指出，如果在实践中原则发生了冲突，或者个人的行动理由需要辩护，只知道一种操守知识

① De Ruyter，D. & Jos Kole，J.，"Our Teachers Want to Be the Best：On the Necessity of Intra-professional Reflection About Moral Ideals of Teaching"，*Teachers and Teaching：Theory and Practice*，2010(2).

② Sachs，J.，"Teacher Professional Standards：A Policy Strategy to Control，Regulate or Enhance the Teaching Profession"，In Bascia，N. et al.，*International Handbook of Educational Policy*，Springer，2005，pp. 579-592.

③④ Campbell，E.，"Professional Ethics in Teaching：Towards the Development of A Code of Practice"，*Cambridge Journal of Education*，2000(2).

的教育者就不能很好地处理这种情形。①

　　因此，理论分析者的推荐和国家对教师专业责任的建构都是必要的，但都是不充分的。国家的角色限于界定最低的道德规则和义务，教师也有责任建构专业道德。专业道德的建构不可忽视教师的参与，亦无法否认教师的道德承诺与道德理解。实际上，作为能动者的教师对专业道德有自己的理解，这可能不同于外界要求或期望的专业道德。而且，这些实践中的道德也更难用道德守则的形式呈现出来。可以说，教师对专业道德的维度有最终的发言权。教师专业承担责任，表明了教师的专业自主。教师专业道德的建构要鼓励教师的参与和表达。

## 第三节　实践中的教师专业道德：反思性能动者的道德建构

### 一、教师作为反思性道德能动者

　　随着人们对教师工作复杂性的认识，教师的主体性与个体的专业认知之于教育实践的作用日益凸显。教师是一个独特的个体，有个人的实践体验、专业认知和价值判断。自我理解和自我认识是教师专业成长的关键。因此，教师专业发展不能仅仅理解为线性的知识、技能的积累，而是教师个人的整体性发展；这种发展不是依赖外在的技术性知识的灌输而被塑造的，而是一种自我理解的过程，即通过反思性实践变革自我、自主发展的过程。② 换言之，教师专业发展内涵已重构，由专业角色的客观要求转为关注专业自我的建构；由规约式智能的强调转为个人经验与价值的重视。③ 作为反思性实践者的教师也无可避免地要发挥道德能动性，通过反思来探究道德现象、理解道德实践，在反思中并通过反思来建构专业道德和道德身份。

　　教师的道德能动性蕴含于教师的道德理解和道德行动中。道德能动性表现在教师的认识中，例如，在对、错方面，想要学生达到什么目标、内化什

---

① Soltis，J. F.，"Teaching Professional Ethics"，*Journal of Teacher Education*，1986(3).

② 钟启泉：《我国教师教育制度创新的课题》，载《北京大学教育评论》，2008(3)。

③ 周淑卿：《课程发展与教师专业化》，181页，台北，高等教育出版社，2004。

么、学习什么，如何帮助学生辨别对错，在专业实践中什么是重要的。① 而且，教师生活所依据的原则与希望学生发展的原则是一致的："我如果这样去要求自己，我就这样去要求孩子。"换言之，教师的道德能动性既包含了对学生道德发展的期望，也涉及教师专业实践中的道德决策、师生互动等。坎贝尔明确指出，道德能动性包含两个承诺：一是教师作为一个道德人和道德的专业者所应持守的伦理原则和美德；二是教师作为道德教育者，通过榜样和审慎的教学来促进学生的道德发展。当教师行动、表明态度或说出他们希望教会学生的美德时，道德能动性的这两个方面是显而易见的。②

尽管很多研究者认为教师缺乏明晰的道德语言，在理解道德情境的能力方面存在盲点，但教师的道德能动性几乎体现在教师日常实践的每一个环节。作为道德能动者，教师总是在特定的道德框架中理解自我、进行决策，总是遵循特定的规则或美德。这些规则和美德亦非外部植入的、脱离教师工作情境的道德架构，而是基于教师对教育的本质内涵、教师专业实践的道德之维的深刻理解，基于教师的自我理解与道德使命感，以及其赋予职业的道德意义和所承诺的专业生活方式。甚至哪些内容与专业道德相关，也取决于教师的道德信念及其采用的问题解决策略。

归根结蒂，教师的道德能动性本质上是教师生活哲学的拓展。教师践行并教授这些原则。教师作为道德能动者不只是一个比喻，同时也代表了不同的伦理取向。每一位教师都有其教育态度，表明了教师对专业道德的思考从直觉到有意识地发展。教师从对实践本身的反思中获得专业道德的不同维度。况且，给予专业道德以内容，为自我规控提供形式，这本身就是专业者的积极义务。③

实践中的专业道德凸显了教师专业的反思性实践本质，彰显了教师的道德能动性，揭示了教师专业道德的实践样态，有助于教师的道德理解和道德

① Campbell，E.，"Ethical Bases of Moral Agency in Teaching"，*Teachers and Teaching：Theory and Practice*，2004(4).

② Campbell，E.，"Ethical Knowledge in Teaching：A Moral Imperative of Professionalism"，*Education Canada*，2006(4).

③ De Ruyter，D. & Jos Kole，J.，"Our Teachers Want to Be the Best：On the Necessity of Intra-professional Reflection About Moral Ideals of Teaching"，*Teachers and Teaching：Theory and Practice*，2010(2).

身份的建构。教师是专业道德的关键建构者。当前，提升教师的道德意识和道德反思能力，重视教师的个人道德实践知识，通过生命史研究和叙事研究等质性研究方法探究教师专业道德及其建构的真实图景，以传递出教师在专业道德建构中的声音，不失为教师专业道德研究的可选路径。

## 二、实践中的教师专业道德建构特性

在道德反思和理解的脉络中，对教师专业道德的探讨，不追问教师专业共享的道德价值，无论是在一般专业层面还是教师专业层面，而是追问作为专业者的教师实际展示出什么道德，即关注教师真实的道德实践，理解教师专业实践中的道德细节。实践中的教师专业道德自专业内部和日常实践演化而来，并非离散的道德标准、有待运用的公共知识，而是植根于教师的生活，深蕴着个体教师的道德和价值信念、专业态度和专业理解。教学专业的实践标准反映了教师的核心价值和信念，以及当前社会对教师所持的价值观。①也唯有此种专业道德，才是对教师专业实践的有意义理解和现实反映。这是一种对教师专业道德的描述性理解和现象学审视，它也在重新界定着教师的专业性。

### （一）教师专业道德建构的情境性

教师的道德实践总是发生在复杂的现实情境中，不可避免地受其所在环境的制约。课堂和学校生活高度复杂、琐碎。不同的实践情境蕴含着殊异的道德关系，适用不同的道德原则，教师的道德责任和道德使命也迥异。于教师而言，这些特殊的、充满不确定的道德情境如同灰色地带，没有理想蓝图或者好的道德准则告诉他们在特定的情境中该如何行动。在某种程度上，教师的专业实践如同道德探险。

作为能动者的教师需要反思既有的道德原则，分析具体的道德情境和道德问题，在与道德情境进行持续的、动态的对话中，对道德情境做出有意义的道德阐释，进而生成新的道德知识。道德知识作为教师的实践性知识，并不是对一般化的教师专业道德标准的简单运用和技术性操作，而是融合了教师对独特情境的理解和判断，以及对既有实践经验的审视、选择与重构，展

---

① Campbell，E.，"Professional Ethics in Teaching：Towards the Development of A Code of Practice"，*Cambridge Journal of Education*，2000(2).

现了教师的实践智慧。这就表明，教师专业道德并非同一、僵化、不变的，而是随情境而动态变化的。

## (二)教师专业道德建构的主观性

教师的角色总脱离不了社会期望、结构化的组织规范，凸显了教师所应肩负的道德责任。但如果我们以角色期望要求一个人，这个角色就掩盖了人的真实自我。①"教师应当如何"的规范性道德话语和价值预设相对忽视了教师的主体存在。实际上，教师专业实践是个人性的，需要个体的投入和承诺。建构专业道德也是教师理解专业生活意义的过程，是基于个人的实践经验和价值选择的，离不开教师的主体参与，无可避免地受教师个人道德信念和思想意识所调节。也就是说，教师专业道德的建构不只是对外界道德要求或规定的专业标准的接纳、占有，更是教师对这些标准意义的积极协商。

教师基于个体的专业哲学和职业理想，在对"我是谁""我想成为什么样的教师"等本体问题思考和追问的过程中，积极参与、选择或创造专业实践关系，理解个人的道德价值观和道德实践经验，从而不断建构专业道德的内涵。无可否认，社会结构的限制无可规避，但教师并非完全被动地受外界制度所束缚。外界所指派的道德脚本未必为教师所认同、践行，教师对专业实践的道德和意义有自己的界定，对不同的专业道德赋予不同的价值。在这一个体化的建构过程中，教师的主体性、自觉性、创造性也得以彰显。这一维度生成的美德是教师认为重要的，表达着其专业理想。在此意义上，教师专业道德是带有内隐性特征的缄默知识。

## (三)教师专业道德建构的张力性

教师专业道德总是指向教师的实践决策，具有较强的实践意味。在考量其行为对学生的道德影响、解决课堂内外人际冲突的行动过程中，教师被期待着做出道德决策并加以践履。复杂的道德选择深嵌于教师的专业生活中，甚至道德冲突和两难本身就是教师日常实践的特征，将教师的道德行为具体化，挑战着教师的专业自主，也考验着教师的专业道德。有研究表明，教师

---

① Kleinman, S., "Making Professionals into 'Persons': Discrepancies in Traditional and Humanistic Expectations of Professional Identity", *Sociology of Work and Occupation*, 1981(1).

所遭遇的 70％的实践难题都与道德有关。① 教师经常发现自己被多种善所撕裂，因为多种行动都可以在道德上得以辩护。② 例如，忠诚于评价制度的要求还是学生发展的需要、忠诚于同事还是学生等，这些问题的解决有赖于道德选择而不是技术的审慎。

为了处理日常实践中的道德难题，教师需要理解道德情境的复杂性和决策的道德意蕴，培育道德知识和道德敏感性，在多重道德角力中进行道德思考和道德对话，从而持续提升道德感知、道德判断、道德移情和道德选择能力，并在此基础上生成道德智慧。依据公正、平等、自由、关心等道德和价值原则来批判性地审视教育的价值与目的、知识与教学的性质、师生关系、不同实践的道德影响，进而在多样的行动过程中进行选择，这本身就是教师在专业实践时应持有的价值理念、道德意识和精神境界。

① Lyon, N., "Dilemmas of Knowing: Ethical and Epistemological Dimensions of Teachers Work and Development", *Harvard Educational Review*, 1991(2).
② Colnerud, G., "Teacher Ethics as A Research Problem: Syntheses Achieved and New Issues", *Teachers and Teaching: Theory and Practice*, 2006(3).

# 第四章 教师专业道德的现实图景

　　教师专业道德是教师在选择和重构内容时的认识价值，是教师的行动或考虑所反映出来的道德价值。专业道德体现在教师行动的各个方面，通过专业教师的态度、意图、语言和行动等细节表现出来。了解教师专业道德实践的诸多侧面，有助于更好地帮助教师建构专业生活。但教师的专业实践复杂、多元，道德问题可产生自教育活动的任何领域。而且，教师的道德立场和实践行为是一种社会现象，一方面受制于教育场域中外在的客观结构和各类利益相关者的互动；另一方面受制于教师的道德信念和价值观，教师的道德信念影响教师的道德实践行为。也就是说，教师是专业道德的关键建构者。在不同的实践情境中，不同的教师对专业道德的感知和理解各异。那么，在多样的实践情境中，拥有多元信念的、作为能动者的教师对专业道德有何感知和理解，如何识别殊异的道德要求，进而以道德上可接受的方式进行回应？

　　本章回归教师的道德实践内容，探究教师专业道德及其建构的现实图景。研究主要基于教师专业实践的不同场景，围绕教师专业实践中的关键事件，通过经验的方式来确定、分析在专业实践场域中教师如何看待道德、感知专业道德，探究道德问题是如何被教师界定、处理的，揭示教师对自己的道德能动性和道德角色的理解，呈现教师的个人道德实践知识，描述教师自己的道德理论架构和语言体系，传递出教师在专业道德建构中的真实声音。

# 第一节　"教师是一个良心活"：教师专业道德的核心隐喻

本研究发现，不管教师的价值观念和道德理念如何，几乎所有的教师都认可：教学是一项道德活动，教学实践有其道德维度。教师深刻地体会到，教学工作与道德在实践中很难分离。而且，对教师专业实践的道德规定高度复杂，道德问题可产生于教育教学的任何环节、任何领域。道德教学是教学的必要的、融合性的一部分，作用于师生间道德关系的形成、学校作为一个道德社群的形成、学校教育道德生态的培育。因此，作为专业者的教师所坚持的道德哲学观点可以有差异，但必须意识到专业行为背后的价值系统。这就意味着，评判教师的专业行为不能只根据功能和能力，更要根据道德和价值的可靠性。

已有很多研究探讨了教师需具备的道德品质，例如，对差异的承诺或关心他人，对他人的尊敬，对互惠的承诺，关怀意识。[1] 诚实、勇气、关怀、公正和实践智慧是美德的要素。[2] 与道德相关的是关怀、承诺、同情、公正、尊重、责任、服务、信任、诚实等。[3] 本研究对此亦有回应。本研究发现，具体的道德范畴因人、因地而异，与教师自我的道德意象、道德立场、道德理想、所处的人际关系脉络和实践情境等因素相关。也就是说，在不同的实践情境中，不同的教师对专业道德的感知和理解各异。但受访教师无一例外地谈到，品德是教师必要的素质，如认真负责、公平、尊重、爱心、投入、正直、友善、信任、诚实等；是"无须多言"的，"师德第一"。很多教师坦言：

"道德上首先自己得是个好人……选老师不能单单考他的专业成绩。"

"道德非常重要，有时候这个老师哪怕教不好知识，都没有缺乏道德

① Piquemal，N.，"Teachers' Ethical Responsibilities in A Diverse Society"，*Canadian Journal of Educational Administration and Policy*，2004(32).

② Morrison，H. B.，"Reflections on the Moral Content of the Professional Community vs. Moral Demands of the Community"，Paper Presented at the Annual Meeting of the American Educational Studies Conference，Chapel Hill，Nov. 11，1994.

③ Campbell，E.，"Professional Ethics in Teaching：Towards the Development of A Code of Practice"，*Cambridge Journal of Education*，2000(2).

那么严重。"

"作为一个老师，道德不健全的话，就不配做老师。"

"你要时时刻刻注意维护自己的形象。作为一个老师，你要想着自己是个老师。"

"作为一个老师，道德是最基本的，如果连道德都不具备，怎么能去教育下一代？老师本身就要首先具备这样的素质。"

专业道德的要素会通过教师的态度、意图、语言和行动等细节表现出来。道德存在于人际关系中。从上面的教师有关"教不好知识""教育下一代"等表述中也不难感受到，师生关系是教师最为重视的专业实践层面，是要求教师"立德"的一个关键情境。可以说，学生对教师工作的影响是显而易见的，是影响教师道德建构和身份体验的一个基本要素。以学生作为参照群体，通过与学生的不断对话，教师不断理解自己、体悟道德，从而形成了自己的道德知识架构和专业实践规范，进而塑造其"作为一个老师"的道德形象和身份认同。

## 一、师生互动：教师专业行为的核心

教师是一种"顾客"中心的职业，而学生是教师最直接的"顾客"。教学过程中与学生的互动是教师工作的核心领域。霍尔早就明确指出，教师专业行为的核心在于其与学生的交流。[①] 学生的态度和行为会对教师的自我概念产生深刻的影响，良好的师生关系也是新教师成长为成熟教师的前提条件。师生之间的关系质量是最有意义的。学生的课堂表现影响教师的工作热情和满意度。为获得学生的认可与喜欢而不断自我学习与进步，教师甚至要努力和学生建立一种朋友式的关系。克莱门特和凡登伯格（Clement & Vandenberghe)的研究发现，学生在专业发展过程中备受关注。教师将师生关系置于专业的核心，根据学生来理解专业发展的目的。教师的工作满意度高，主要表现为两个方面：学生表现好和师生关系好。[②] 例如，一位教师谈道：

① Hoyle, E., "Professionality, Professionalism and Control in Teaching", *London Educational Review*, 1974(2).

② Clement, M. & Vandenberghe, R., "Teachers' Professional Development: A Solitary or Collegial(ad)Venture?", *Teaching and Teacher Education*, 2000(1).

"其实我们出来学习不是为了自己的成长，而是为了更多孩子的成长。我们是带着这个任务出来的。我们每个人背后还有一群孩子在等着我们。我们的一点点进步，就是更多孩子更大的进步；我们的一点点收获，可能将来就会在孩子们身上展现出更多的硕果。"

师生关系是教师重要的社会关系。而众多研究者也指出学生在塑造教师专业行为和态度中的重要作用。斯克里布纳（Scribner）将学生视为教师工作的核心情境之一。[①] 作为影响教师专业态度、价值观和实践行为的重要力量，学生可谓教师专业身份建构的重要参照群体。而且，学生以非常具体的方式来界定教师的角色，证实教师的努力。因为教师与学生在一起的时间要比与同事在一起的时间多，课堂过程仅限于其参与者，学生很自然地就成为影响教师价值观和行动的重要力量。[②] 学生的态度和行为会对教师的自我概念产生深刻影响。教师常常根据与学生的关系来理解自己。阿萨夫（Assaf）甚至直接将教师身份理解为教师与学生不断对话的结果。[③] 詹姆斯-威尔逊（James-Wilson）也认为，教师形成其专业身份的方式被其对自己的感觉及对学生的感觉共同影响。[④] 这种专业身份帮助他们更好地根据学生来定位自己，并在自己的实践、信念、与学生的关系中进行适当的、有效的调整。实际上，教师也将师生关系置于专业的核心，常根据与学生的关系来理解自我和专业发展的目的。[⑤] 以学生为参照群体，依据关心学生所建立的专业身份，也是教师

---

① Scribner, J. P., "Professional Development: Untangling the Influence of Work Context on Teacher Learning", *Educational Administration Quarterly*, 1999(2).

② Nias, J., "Teaching and the Self", In Holly, M. L. & Mcloughlin, C. S, *Perspectives on Teacher Professional Development*, London, Falmer Press, 1989, pp. 155-171.

③ Assaf, L. C., "Professional Identity of A Reading Teacher: Responding to High-stakes Testing Pressures", *Teachers and Teaching: Theory and Practice*, 2008(3).

④ James-Wilson, S., "The Influence of Ethnocultural Identity on Emotions and Teaching", Paper Presented at the Annual Meeting of the American Educational Research Association, April, 2001, New Orleans.

⑤ Clement, M. & Vandenberghe, R., "Teachers' Professional Development: A Solitary or Collegial(ad)Venture?", *Teaching and Teacher Education*, 2000(1).

所"偏爱的身份"(preferred identity)。①

在日常工作中，教师也非常明确地认识到学生对其工作的影响与"触动"，是其工作中需要处理的重要关系之一。尽管有的教师认为学生对其"有影响但不大"，但更多的教师将学生视为"对自己工作影响较大乃至首要"的因素。比如，就课堂教学而言：

> "我觉得对我影响最大的实际上是学生的反应……不是说你让我们工作，我们就工作。比方说这一节课，自己感觉上得比较出色，学生反映也很好的话，那自己感觉工作劲头就很大。"

学生的评价、学生的成长进步也影响教师满足感的获得，从而影响教师的专业行为。例如，为了从学生那里获得好的评价，"给学生留下美好的印象"，教师坚守职业道德。学生也是教师工作的重要压力源，影响教师的工作投入，如"工作劲头"。而在班级管理中，学生的表现则会影响教师的情绪。学生的认可与评价、学生的成长进步是教师获得工作满足感的重要来源，并进而影响教师对工作的投入方式。简言之，学生通过自己的表现、成长进步、认可与评价(学生的喜欢与讨厌)带给教师内在的工作意义，作用于教师的体验(满足与挫败感)，从而影响教师的工作态度和行为。此即学生影响教师的内在机理。

## 二、师生关系：教师道德价值观的最有力体现

在专业责任方面，教师亦对学生持有较强的道德责任感，甚至视对学生的责任为首要责任。② 教师对学生的发展有较强的道德承诺。教师对学生的责任源于教育实践本身，反映了教师在专业实践中所秉持的最内在的道德承诺。这主要表现为基于对教育目的与本质的认识，教师关心、照顾学生的个体发展，满足学生的个别需要，关注学生的幸福。这蕴含于教师的教学风格、课堂教学中的师生互动、教师所教授的教学内容等。

---

① Convery, A., "Listening to Teachers' Stories: Are We Sitting Too Comfortably?", *International Journal of Qualitative Studies in Education*, 1999(2).

② Goodlad, J. I., Soder, R. & Sirotnik, K. A., *The Moral Dimensions of Teaching*, San Francisco, Jossey-Bass, 1990.

## （一）道德责任：教师对学生的道德承诺

学生是教师责任的核心。教师道德价值观最有力地体现于师生关系方面。教师专业道德的根本在于对学生的真诚关怀、对成长中的人的责任。关怀、同情等道德立场主导着师生关系，建立关怀、同情的关系是教师道德角色的关键内容。① 对学生的道德承诺是教师专业道德的基本要素，反映了教师专业的独特道德品格，表明了教师的道德认知和价值态度，集中体现着教师的道德能动性。教师的道德能动性不只体现于希望发展学生的何种品德，也包括如何以一种道德上可接受的方式来展示专业行动、进行学生互动。有较高的道德专业性的教师对帮助学生学习有很强的义务。有这种义务感的教师通常通过如下方式表现出其道德专业性：有规律地按时上班；知晓学生事务；带着关怀的心理来备课、上课；经常检视和更新教学实践；有必要的话，与学业不良的学生家长会面、合作；与同事合作，遵守学校的规章制度，以使整个机构有效运作；有技巧地、坚定地批判学校中不让人满意的政策，并提出建设性的改进意见。

教师对学生的道德责任有清晰的认识，即"育人"。

"说教师育人，他首先培养的是一个人。"

"其他的工作是面对纸质的文件或者死的机器，只有教师是面对活的人。他需要每天和小学生或者初中生、高中生打交道。他是跟一个人的心或者一个人的精神打交道，教他们其实是跟他们的心互动。所以说教师这个活儿是激励性的。"

"我经常给我们班上小孩说人必须有梦想，有梦想才有动力，想得大才能做得大。我经常跟他们说：'你的梦想有多大，你的舞台就有多大。'我鼓励他们有梦想。虽然多数人实现不了自己的梦想。比如，他们说他们想当科学家，我也会鼓励他们。到了高年级，他们就会知道他们的梦想有的不现实，但是我不会打击他们的梦想，我鼓励他们有自己的梦想。"

---

① Pantic，N. & Wubbles，T.，"Teachers' Moral Values and Their Interpersonal Relationships with Students and Cultural Competence"，*Teaching and Teacher Education*，2012(3).

"当老师，首先你得爱孩子，关心他，对他们要有责任心。不能因为他学习不好就放弃他，要表扬他、鼓励他，不能上课结束后就不管了。我们面对的是活生生的人，是小孩，是成长中的小孩，而不是大人。尤其小学生在打基础的时候，老师给他一种从小的熏陶，对他影响真的很大。对他的培养不光是传授知识，还有性格的养成，一点一滴，都可能影响他。"

"老师承担着对孩子的综合影响责任，不光是知识，还有思想文化上的影响，甚至外在穿着上的影响。老师引导着孩子。"

学生也是教师道德成长的指引方向。

"我觉得爱岗敬业、热爱学生、热爱教育事业，就必须使老师的这些爱好、这些知识、这些思想动态，全都围绕着孩子来。"

## (二)"给学生做示范"：教师道德能动性的双重状态

道德能动性是一种双重状态，包含了教师作为一个道德能动者参与专业行动、作为道德教育者教授学生时力图维持的核心美德和原则。[1] 当教师通过行动和语言在课堂中呈现出适当的行为时，这两个不同的目的不可避免地重合在一起。在此意义上，教师遵从学生期望形成的原则。[2] 例如，一位教师深刻地谈到"给学生做示范""以身施教"的道德意义。

"我觉得我是个老师。老师跟其他人不一样，要往好的方向影响学生一辈子，首先老师自己得是个有道德的、有修养的人。老师可以有自己的业余生活，但老师的思想、修养、文化必须是正方向的。老师也可以有别的爱好，如唱歌、跳舞。例如，我喜欢结识新朋友，我喜欢漂亮衣

---

[1] Campbell，E.，"Teaching Ethically as Moral Condition of Professionalism"，In Nucci，L. & Narvaez，D.，*Handbook of Moral and Character Education*，New York，Routledge，2008，pp.601-617.

[2] Campbell，E. & Thiessen，D.，"Perspectives on the Ethical Bases of Moral Agency in Teaching"，Paper Presented at the Meeting of the American Educational Research Association，Seattle，April 10-14，2001.

服，那得有个度，但最关键的是什么，自己要吃准。我就觉得我自己是个老师，不是别的，要给学生做示范。所有的老师担负着国家下一代人往好的方向发展的重任。如果老师都邋邋遢遢的，那带出来的孩子就更不行了。老师可以漂亮，可以时尚，可以美，但是一定要得体、干净、整洁，而不能花哨。不然的话，像老师吗?"

"跟孩子说要保护环境或者要养成良好习惯的时候，老师会经常跟孩子举例看见纸要怎么样。上课的时候，看见孩子们在等着我上课，我看见地上有纸，不是先说上课，而是自觉地弯下腰捡起来。实际上，孩子看见老师主动捡起来，他也会潜移默化地受影响。可能第一次他不会捡，但如果我捡得多了，他可能就会觉得'老师这样做了，我也要像老师这样'。再比如说诚信，我在我们班只要答应孩子的，即使再困难，我也会履行自己的诺言，给孩子树立一个好榜样，不能说话不算话啊! ……老师树立一个好榜样，孩子就会跟着老师去学习、模仿……尊敬他人是最基本的，给自己的长辈、自己的老师递东西的时候，应是尊敬的，而不是说把这个东西扔给对方，或一只手递给对方。年终的时候发奖品、发奖状，老师是双手递的，学生是双手接的，表示自己对他人的尊重。再就是让学生讲自己的例子，孝敬父母方面，我是怎么做的，老师是怎么做的，然后他可能会模仿老师去做……其实就应该以身施教……有时候老师说了一万句，说得太多，还不如亲自去做一次。"

## (三)课堂互动中的道德

教室是教师在学校的基本活动场所，也是教师工作的主要情境。① 课堂教学是教师最基本的专业活动形式。哈格里夫斯指出，教师的工作就是课堂工作，课堂教学是界定教学是什么的关键。② 卢乃桂也认为，对大多数教师来说，课堂教学是他们所发挥的最重要功能。只有在课堂教学中，教师才能在一定程度上理解知识内容，引导学生学习，激发学生求知的心向，帮助学

---

① Lortie, D. C., *Schoolteacher*: *A Sociological Study*, Chicago, University of Chicago Press, 1975.

② Hargreaves, A., *Changing Teachers*, *Changing Times*: *Teachers' Work and Culture in the Postmodern Age*, London, Cassell, 1994.

生解决学习困难，享受工作成果。①

课堂也是教师专业学习的最主要情境。乔德尔（Jordell）从教师社会化的角度发现，受制度和社会层面影响的课堂对教师的影响是最重要的。② 教师主要在自己的课堂内工作，这也是导致教师之间相互孤立的重要原因。不过，课堂教学并不是一种单一的活动，而是由多种活动构成的复合体，涉及教学目标的制定、课程实施、讲授、处理师生关系等众多维度，充满了不确定性和模糊性，其典型特征是"即时行动"（hot action）③，即需要教师在短时间内运用大量的个人实践知识迅速决策。因此，教师实际上是处在"行动"（doing）而非"认识"（knowing）的环境中，更依赖于程序性的知识，受个人实践知识和缄默理论的引导。这些活动也涉及教师在课堂中确定自己的权利和责任，即教师发展、协商和控制自己的行为方式。而这对教师的专业性来讲，是至关重要的。可见，教师的课堂生活与其专业成长密切相关。因此，教师专业道德也必定反映在课堂教学中，并影响教师的课堂教学实践，而且这种影响较具弥散性。

> "（这个职业）对老师的道德要求其实比较多，有时会有一种无形的影响。我们在实际工作中生气了，应该用什么样的语气，把自己的情绪和权威显示出来……要保护孩子，老师生气的时候不能想说什么就说什么，不能在大庭广众之下骂学生，不能说伤害他自尊的话，一定要注意自己的措辞。"

故课堂中的变革不只涉及习得新技能，也意味着改变了教师的道德态度、价值信念和个人理论等。有教师谈到对课堂教学中特殊学生的处理，他试图公正地对待某类群体。

---

① Lo，L. N. K.，"Educational Reform and Teacher Development in Hong Kong and on the Chinese Mainland"，*Prospects：Quarterly Review of Comparative Education*，2000(2).

② Jordell，K. O.，"Structural and Personal Influences in the Socialization of Beginning Teachers"，*Teaching and Teacher Education*，1987(3).

③ Eraut，M.，*Developing Professional Knowledge and Competence*，London，Falmer，1994.

"对那些学习慢速度的，我觉得应该打心眼里关心他。他能学多少就学多少，不要光抓成绩。把学习不好的孩子或者那种特别调皮的孩子揪到办公室，介绍给所有老师，说这是我们班谁，他怎么样，然后在办公室里即便不侮辱他，但是老师们会调侃他，这是最不好的。我会怀疑这个老师的师德。"

## (四)以所教内容来培养学生的价值观

教师意识到，教师固然需要把"所学的倾囊教给学生"，并为此"要不停地补充知识"，更要对所教内容负道德责任，要持有一颗关怀和道德敏感的心来选择教学材料，发掘教学内容的道德意义。

"通过这个课本，我们学到了什么道理、什么品质，我们在教课的时候是以这个为最主要的目标的……不光是让孩子掌握基本能力，更多的是要具备思想道德价值观……例如，平日里，有的孩子上网，就可以通过这样的课文给孩子分析上网的危害、上网的好处。"

教师认为，在对学生进行情感价值观教育以促进学生全面发展方面，课堂教学可以做得更多。某教师详细描述了他是如何在课堂教学中对学生进行情感价值观教育的。

"我感受最深的就是我在八年级上了一节活动课，叫'侵略与反抗'……自己动手收集一些资料，列强的侵华、中国人民的抗争，体会近代中国这段屈辱的历史，同时也要体会民族英雄的不屈精神。在讲课时要告诉学生，虽然学生不能像民族英雄那样去奋勇杀敌，但是应该知道怎么爱国，以什么样的形式爱国，要具体到学生的现实生活中。"

"我经常跟孩子们说，我希望你们将来长大成为一个正直的人。我觉得最重要的是善良地与别人相处。做人要有一颗善良的心，要用自己的善良获得别人的尊重。记住自己能帮助别人，要尽最大努力帮助别人。我们前段时间学过一篇课文，叫《高尔基和他的儿子》，就是高尔基10岁的儿子跑到意大利的一个小岛上去看他，他儿子不顾路途的疲劳，在小岛上拿起和自己一样高的锹子在那儿挖地、种花。后来他儿子走了，高尔基给他的儿子写了一封信，说儿子种的花全开了，一朵朵花像他儿子红扑扑的脸庞。高尔基又说：'你回去了，可是你栽的花留了下来。我望着它们，心里想：我的儿子在岛上留下了美好的东西——鲜花。要是你无论在什么时候，什么地方，留给人们的都是美好的东西，那你的生活该会多么愉快呀！那时候，你会感到所有的人都需要你。你要知道，"给"，永远比"拿"愉快'……当时就有孩子问：'老师，这就是一篇文章里说的"赠人玫瑰，手留余香"吗？'我说，'对，记住，"给"，永远比"拿"好。'我这样教育孩子要善良，要善于帮助别人。"

## 三、"教师是一个良心活"的道德隐喻

### (一)"良心"：支配教师工作的内在动机

在谈到处理与学生的关系时，"良心"与"责任"是访谈中出现频率较高的词语。例如，很多教师将"教好学生带好班"视为自己的责任，把当教师视为"良心活"。教师"凭着良心干活"，"重要的是对得起自己的良心"，"要么就不要去做，要做就要对得起自己，要诠释好教师的角色"。这种良心直接决定着教师能否做好工作，影响着教师对工作的投入和表现。

"大家都说老师是个良心活。虽然有道德标准卡着，但如果一个老师不想教好的话，外界用这些道德标准卡着他，他也不会好好教，他也不会犯大错误。老师一般不会被开除，它是个良心活。例如，有的老师不备课就去上课，有的老师精心备课才去上课，这两者的差别非常大，这就取决于老师的良心。虽然现在有一些书面备课，每个学期都要写一大摞。在写的过程中有抄的、胡乱写的，也有用心写的，差别很大。这也是良心活。"

"我就写了一句话：'当老师并不累，做一个有责任心的老师特别累。'可能这是源于责任心的，老师想让孩子学好，就必然付出很多，会觉得特别累。一方面是身体上的，会感觉特别累；另一方面是心理上的。爱心光说没用，爱就是让学生喜欢上课、喜欢我的课堂、喜欢上我，这也是责任心的体现……我感觉自己很有责任心，也挺有实力……工作的动力受到师德的影响，例如，我是主动地去参与这节课还是被动地去上

这节课。"

"教师是一个良心活……社会地位不高，待遇也不高，担子还那么重。有些老师感冒了，抬不起头来，一到课堂上就精神很好，这很感人、很敬业。总体来说，这个职业应该是一个良心职业，受人尊敬的职业……大多数老师是很敬业的。他想把小孩教好，不能误人子弟。"

在很多教师看来，与外界的各种影响相比，对学生的责任心和良心是决定教师工作的最根本的、第一位因素。

"这些方方面面对你的影响，归根到底还是一个责任心的问题。当老师就是一个良心活，有的时候不管别人对老师怎么样，看着一帮活蹦乱跳的孩子，看着家长那殷切的目光，我们真是不忍心就毁了这些孩子的前途……如果评不上职称或者心里不高兴就不上课，也不管他们，那我做不到……人的责任心、良心，还是占第一位的。"

"虽然说师生之间是一种工作关系，是一种职责关系，但是人毕竟是感情动物，和孩子们待的时间长了就有感情。所以说当老师，说到底是个良心活。自上而下的要求的确让我们有压力，但我们可以干也可以不干，可以干好也可以干不好。拍拍良心，还是应该干好。"

可见，正是教师的良心，使教师能面对各方的压力，干好自己的工作。工作与职责关系更多地让位于良心与责任。

"我觉得应该思考自己怎么干才能对得起学生，因为教师本身就是个良心活，要对学生负责任……有个班特别乱……成绩由原来在区里排前几名到后来数不着了……自从我接过来以后，我觉得不是为了自己要争得什么荣誉，要得到领导的好评，而是应该对学生负责，我一看情况不对就要纠正他们，就要教育他们，就要去说服、引导他们……我觉得不管怎么样，只要问心无愧了，别人怎么评价我，都不是很重要。"

该教师在对待学生时追求的也是"问心无愧"，将心理的满足感置于外界评价之上。教师更是将这种良心做了进一步的阐述："绝不能让想学习的学生失望，绝不能耽误学生的前程，绝不能马马虎虎地工作。"这种责任心实际上也是真正的"好教师"所面临的最大压力，需要教师投入更多的时间和精力，比如，做事的节奏、平时的效率、对学生的关注等。鉴于教师责任感的重要性，有教师建议，在进行师德建设时尤其要注重启发教师的责任感："要想办法让教师做到，启发他的责任感，而不是天天喊为人师表。"

## (二)"好教师"的道德身份

教师作为一个"良心活"，教师的责任心也主要是针对学生而言的。通过关心学生所建立的专业身份也是教师更偏爱的身份①，这种关心学生的角色也是教师专业身份的至关重要的组成部分。② 这实际上凸显了教师专业身份的道德维度。在具体内容上，很多教师认为关心学生的角色是其身份的重要部分。③ 通过选择关心学生，教师能够建立和维持一种对专业身份的认识，这与其对教师角色的哲学或人文信念一致。韦伯等人(Webb et al.)也发现，教师以学生学习来理解自己的专业性。④ 对学生及其学习的关心是教师专业性最核心的部分。当教师发现变革有助于学生的学习过程时，他们就感到了专业性的提升。当政策阻碍了学生的学习时，教师就感到了专业性受阻。

循此脉络，"良心"与"责任"明显影响着教师对学生的处理方式，"关怀者""善良的人""有责任心的人"也是很多教师对自己的定位，甚至这样的教师被视为"好教师"。对学生的良心与责任心已经被教师内化，成为教师在处理学生关系时的职业道德底线。因此，很多教师根据这种责任心和良心来定位自己。这种身份带有明显的价值理性意味。

"我感觉教师首先得是一个善良的人。"

"我经常要我的学生说我善良。我对他们说：'老师教了十几年书了，最大的特点是什么呀?'学生说'善良'，然后我就数数'1，2，3……善良'。"

---

① Convery, A., " Listening to Teachers' Stories：Are We Sitting Too Comfortably?", *International Journal of Qualitative Studies in Education*，1999(2).

②③ O'Connor, K. E., " ' You Choose to Care '：Teachers, Emotions and Professional Identity", *Teaching and Teacher Education*，2008(1).

④ Webb, R., Vulliamy, G., Hamalainen, S., Sarja, A., Kimonen, E. & Nevalainen, R., "A Comparative Analysis of Primary Teacher Professionalism in England and Finland", *Comparative Education*，2004(1).

　　"其实制度只是一个方面……一个有责任心的老师在没有制度时也会这么做……我真是一个比较有责任心的人。"

　　"良心"与"责任"也影响着教师对学生的处理方式、对外界变革的感受。当前，表现性的要求减少了教师与学生联系、关心与照顾学生的个别需要，降低了教师的效能感和身份感。① 戴的研究发现，国家和市场的侵入，使教师面对各种问责，要满足外界日益增强的要求，伦理专业身份（ethical-professional identity）正被企业竞争身份（entrepreneurial-competitive identity）取代。②

　　正是对学生一贯的尽职尽责，使下面这位教师感到素质教育改革对其工作影响不大。但在素质教育改革过程中，教师也往往因为外界的压力而不能凭良心处理师生之间的关系。

　　"素质教育不能是光给孩子提供了什么样的空间，更重要的是给老师提供一个空间，给老师一个宽松的环境，不是靠压制。总是说老师这个职业是闪光的，是良心活……素质教育不允许给学生成绩排队，但是暗地里的这种比较还是存在的，所以给老师的压力特别大。老师可能就会去压制学生，这样就很难使老师真正地从良心上去教育他。"

　　可见，尽管素质教育改革力求给学生提供发展的空间，但由于重视成绩的评价机制尚需完善，校际之间的竞争也异常激烈，这就限制了教师良心发挥的空间。尽管该教师对良心付出与收获学生的爱心、尊重深有体会，但感觉蜡烛、园丁等皆为"溢美之词"。这可能部分是由于"没有真正地读懂这个职业"，更重要的是因为面对大的政策环境无奈，有一种生存的压力。

## （三）我国教师道德身份的独特内涵

　　雷克斯和纳尔逊（Rex & Nelson）认为教师的个人伦理观和外界的考试压

---

①② 　　Day, C., "School Reform and Transitions in Teacher Professionalism and Identity", *International Journal of Educational Research*，2002(8).

力是对立的两端，是一种服从与否的关系。① 而在戴那里，这种良心与责任是直接源于教育实践本身的，是教师最内在、最本真的，而没有任何外在的强加。关注学生的成绩或可测量的能力是排除在教师道德之外的，是属于后专业性的，而且追求成绩本身就是对教师道德的威胁和侵蚀。②

在本研究中，笔者发现，一方面，教师对素质教育的理解是基于学生立场的。教师期望能够全面发展学生、帮助学生长远发展，这也是教师对学生的一种责任。另一方面，帮助学生考上理想的高中、大学也是教师的一种责任，对考试成绩的主动追求也是迫于对学生的责任心、良心。但着眼于学生的长远发展的责任是更为根本与现实的。

对学生的"压制"和抓成绩、帮助学生考好成绩，"让学生考试分数高一点"也是教师良心的一种表现，"让其前途更光明一些"。

"我们感觉最后冲刺的时候还是要抓成绩，因为这牵扯到孩子将来的发展，这是孩子的第一个转折点……心里的矛盾是肯定有的，但是作为老师，我也要站在孩子的角度，得为孩子考虑。比如说中考，就是一个很现实的问题，它很残酷，孩子成绩上去了，就被选拔上了，上不去呢，就选拔不上。"

站在学生的角度考虑，为了学生的一生发展而"抓成绩"，本身就是对学生的一种负责态度。尽管教师看到素质教育改革反而加重了学生的课业负担，并对此无能为力，但更为学生过不了等级考试而担忧。而"让孩子在起点上就输了"则是一种不负责任的表现。因此，"排在最后一名"也必然会"跟自己的良心过不去"。

由此可见，我国教师眼中的良心与负责实际上是一个矛盾复合体，同时内含了人本与工具的张力。一方面，教师要为学生的全面发展负责；另一方面却又不得不受制于好成绩的压力。这也在一定程度上说明，教师的企业竞

---

① Rex，L. A. & Nelson，M. C.，"How Teachers' Professional Identities Position High-stakes Test Preparation in Their Classrooms"，*Teachers College Record*，2004(6).

② Day，C.，"School Reform and Transitions in Teacher Professionalism and Identity"，*International Journal of Educational Research*，2002(8).

争身份实际上也包含了道德维度，亦可以认为，教师的伦理专业身份服从并服务于企业竞争身份，或者说，教师的这种伦理专业身份已不再本真，而是内含了企业与行动者，并更多地偏向于企业方。也只有从这个复合体的角度才能够解释得通，为什么有的教师认为良心是第一位的，是工作的最根本决定因素。这种貌似基于良心和道德的自主实际上已经是被规限过了的，甚至是建立在学生成绩很好的基础之上，成绩的好坏是教师能否发挥良心的前提。

简言之，在中国教师的专业身份中，抓成绩和道德是并行不悖的。这是中国教师身份较为突出的特点，凸显了中国文化的独特语脉。责任心是考试文化和教师传统道德的集中反映。"教好学生"本身即充满悖论。基于责任的道德身份是教师专业身份建构的重要向度，"有责任心的人"是很多教师对自己的身份定位。为学生考试负责的信念使教师服膺于高风险的表现性评价制度，尽管这意味着以降低教师专业自主为代价。[1]

## 第二节　"全面发展"与"考好成绩"的博弈：课程改革中教师的学科依附

课程改革是教师专业生活中的"关键事件"。从本质而言，课程改革不只意味着教育制度的深层变革，更代表了新的价值追求与教育理想。这固然要求教师在观念、知识和行为上进行更新，但对教师的专业化期待和赋权予教师的制度旨趣更在客观上为教师提供了反思专业实践、改进专业生活的时代际遇和可能空间。课程改革赋权予教师的制度旨趣拓展了教师专业自主的空间，但专业赋权与政治控制的张力相持，增加了教师的不安全感。学科是教师专业生活的重要组织者，影响教师的专业理解和体验，以及对外界政策的反应。[2] 面对课程改革所提供的自由空间，教师亦表现出明显的学科依附。

---

[1]　王夫艳、卢乃桂：《自由与束缚——课程改革中教师的学科依附》，载《教育研究》，2012(9)。

[2]　Grossman，P. L. & Stodolsky，S. S.，"Considerations of Content and the Circumstances of Secondary School Teaching"，In Darling-Hammond，L.，*Review of Research in Education*，Washington，DC，American Educational Research Association，1994，pp. 179-221.

学科是教师所熟悉的"舒适地带",面对改革中的风险和不确定性,教师往往诉诸学科的庇护,归依于惯常的学科教学,并在其中积极找寻工作的意义,在专业生活的叙事中不断建构着学科依附的自我身份模式。透视自由境遇中教师学科依附的实践样态,探寻其逻辑必然,可有效管窥课程改革中教师的专业生存状态,探究教师专业性的实质,并启迪相关政策与实践。

## 一、课程改革与教师自由

亚里士多德将理性的自我引导视为自由的实质,认为自由即为引导自我达致理性目的的能力。① 显然,自由内蕴着理性、选择、权利等诸多理念。这些理念成为后世学者分析"自由"概念的重要逻辑基点。例如,分析哲学家彼得斯(Peters)基于实践理性,认为个体需依循理性的要求而审慎决定,并且有做理性事情的权力,自由即对个体所做事情没有束缚和限制。② 在"专业"的学术脉络中,自由是专业自主的内在逻辑。"专业自主"是"专业"概念的关键要素和教师专业性的必要维度,是教师发挥专业责任和获得自身专业成长的必要前提。"教师作为专业者"这一命题的核心张力即存在于教师自主和国家所赋予的任务之间。③ 一般认为,专业自主表明了专业实践中教师所拥有的各种制定和执行决策的相对自由。④

在经济全球性竞争的国际背景下,教育变革始终被视为一项未竟的工程。教师因在教育变革中所扮演的关键实施者角色而被寄予极高的专业化期望,教师专业一直被鼓励要自主。尤其是自 20 世纪 80 年代以来,受新自由主义理念驱动,为合理分散权威、提高服务质量和资源利用效率,教育分权成为世界各国教育变革政策的重要价值取向,被视为"现代化的必要组成部分而非

---

① Long,R. T.,"Aristotle's Conception of Freedom",*The Review of Metaphysics*,1996(4).

② Peters,R. S.,*Ethics and Education*,London,George Allen and Unwin Ltd.,1966,pp. 179-207.

③ Goodson,I. & Hargreaves,A.,*Teachers' Professional Lives*,London & Washington,Falmer Press,1996,p. 75.

④ Hoyle,E. & John,P.,*Professional Knowledge and Professional Practice*,London,Cassell,1995,p. 78.

技术性工具"①。不管是分散(deconcentration)管理、委派(delegation)管理还是授权(devolution)管理,本质上都意味着权力中心的转移,即决策权威、责任和任务从较高层级的组织转移到较低层级的组织或者在平行组织之间转移。② 赋权予教师是教育分权改革的重要内容,因其假定通过赋予教师这一"最接近顾客"、最能站在学生立场上来决策和行动的群体以专业自主,可有效激发教师参与变革的积极性,增强教师实施变革的能量。实践中也发现,赋权予教师有助于提高教师的工作满意度,激发教师的工作动机,发展教师的专业知识和能力,提升学生的学习动机和学业成就等。

　　1985 年后,教育分权也一直是我国教育改革的一条重要脉络,历经宏观的财政制度改革、中观的学校管理体制改革而深入微观的课程改革。课程领域的分权改革颇为敏感,"学校教育内容通常是中央权力机构最不愿进行分权的领域"③。课程改革中也不乏提升教师专业自主的政策陈述。教师专业赋权是一个过程,表现在为教师创设支持与鼓励性的制度氛围,提供多样的资源支撑、选择与决策的机会,提升教师的专业权威;但更是一个结果,意味着教师专业自主能力的发展。亦即真正的赋权不仅包括拥有专业生活中的决策权威,同时也需要提升权威的专业知识和实践能力基础。④ 一方面,三级课程管理模式、学生中心的价值取向、日益多元的课程设置,以及鼓励教师创设教育环境、开发课程资源、开设校本课程、积极探索与实验以形成不同的教学风格等,皆为教师提供了参与决策和共担责任的机会,表明了教师专业自主空间的拓展,有助于增强教师的创造性、灵活性和专业实践的个性化。另一方面,课程改革通过持续的师资培训计划以帮助教师获得专业实践所需的各种知识和技巧,提升教师专业决策的能力。从理论上讲,课程改革是旨在解放教师的,自由空间的拓展为教师的专业实践提供了多种选择可能,也需要教师在一定程度上摒弃传统的行为方式和所践履的角色而重新思考、抉

　　① Dyer, C. & Rose, P., "Decentralisation for Educational Development? An Editorial Introduction", *Compare*, 2005(2).

　　②③ Bjork, C., *Educational Decentralization: Asian Experiences and Conceptual Contributions*, Springer, 2006, p. 10, 35.

　　④ Erawan, P., "Teacher Empowerment and Developing A Curricular Management System in Municipal Schools Using Cooperation Between University and Municipality in Thailand", *Asia Pacific Journal of Education*, 2008(2).

择专业生活。但自由具有很强的情境性特征，需要和限制的多样性决定了个体对自由的理解殊异，使得自由具有了形式与实际之分，或者说客观现实中的自由区别于教师主观现实中的自由。面对课程变革带来的广泛而强烈的变迁，在多样性的选择情境中，作为能动者的教师对改革的自由空间有自己的主观建构。

## 二、教师对自由的追寻：课程改革中教师的学科赋权

追寻自由是课程改革中教师对自由的一种理解和处理方式。在教育变革中，教师通常期待提升其在课程与教学中的权威。[①] 无论视课程改革为学习的机会还是挑战，教师往往都会表现出积极接纳的态度。对自由的追寻意味着作为专业者的教师视政策环境的变化和改革要求为专业发展的新际遇，能够不断思考工作的新意义、积极重构自己的专业生活、探索未来的工作路径，表现为转变工作态度或理念、拓展专业知识与技能、重新选择工作方向和可能等。通过赋权和再技能化，教师期望对专业生活进行更好的控制。这可谓一种积极的自由观[②]，源于教师个人想要成为自己主人的期望，指向教师个体的自我实现，凸显了教师个人的理性和能力。

对课程改革本质的理解直接影响着教师对专业自主变化的认识。大多数教师将课程等同于教材，课程改革即教材和课堂教学模式的变化，教学内容与方法的改革对教师的冲击也最大。因此，教师对学科教学更关注，教师的赋权也明显集中于此。教师可从多方面表现出赋权意识和行为，如专业成长、自我效能感的增强、专业地位的提升、从专业实践中获得积极的情绪和情感体验、专业决策意识和能力的展现等。从解放的立场来理解教育政策，则被赋权的教师往往表现出专业自信、专业理解和专业意念。[③] 首先，专业自信是教师在专业决策中对自身权威和能力的信念。教师专业自信的提升得益于课程改革对教师自主空间和内在"教育力"的解放。这使教师能够发挥已有的

---

① Osei，G. M. & Brock，C.，"Decentralisation in Education，Institutional Culture and Teacher Autonomy in Ghana"，*Journal of Education Policy*，2006(4).

② Berlin，I.，*Four Essays On Liberty*，London，Oxford University，1969.

③ Proudford，C.，"Implementing Educational Policy Changes：Implications for Teacher Professionalism and Professional Empowerment"，*Asia-Pacific Journal of Teacher Education*，1998(2).

知识储备和教学能力，更加自主地反思和决定如何选择教学资源、如何设计课堂教学模式，以提高教学质量和课堂效率。而各种形式的培训也有助于教师转变观念、更新知识与技能、开阔眼界，让教师体验到"心灵上的洗涤"，从而有效提升教师参与变革的能力，帮助教师不断寻找工作的新意义和专业发展的广阔空间，获得延续职业生涯的动力。其次，教师也表现出一定的专业理解能力，即以专业者的姿态理解课程改革的目标，对课程改革政策进行批判性分析和诠释，对改革期待和要求进行积极调适而非被动、机械地符应。学科是教师理解课程改革的重要基点，国家课程被理解的方式在某种程度上依赖于既存的学科范式和学科亚文化。[1]　这种对学科内在特点的理解进而影响着教师对新观念的接纳程度和行为转变程度。例如，语文教师视多媒体、小组合作等为对语文教学的一种冲击，对新模式的采用只是为了应付检查或上公开课；数学教师则认为数学是一门"动脑子"的课而拒绝采用较为活泼的上课形式。教师基于学科对政策进行了"作者式"而非"读者式"反应。在此意义上，与其说教师是政策实施者，不如说是政策经纪人。最后，教师也表现出一定的专业意念，即能够对上述专业自信和专业理解做进一步的反思和追问，例如，是否有益于学科教学、是否有助于学科成绩的提升等。

教师的学科赋权意识和行为在一定程度上表明，教师的专业实践与课程改革对教师的专业化期望之间存在落差。教师的专业自主意识仍较为狭隘，局限于实施外界制订的课程计划时自由运用学科和教学知识。实际上，教师的学科赋权本身即蕴含着教师对待自由的另一种处理方式，即对自由的逃避。

## 三、教师对自由的逃避：制度与文化的束缚

教师对课程改革的态度较为积极，但在行使专业自主权的过程中表现出明显的保守心态，例如，挣扎、犹豫不决、等待观望乃至抗拒，放弃改革所带来的自由空间，继续遵循着习惯性行为模式，扮演着熟悉的角色，归依传统的学科教学。"当教师对变革持一种积极态度时，其实践仍可能是传统

---

① 　Ball，S. J. & Bowe，R.，"Subject Departments and the 'Implementation' of National Curriculum Policy：An Overview of the Issues"，*Journal of Curriculum Studies*，1992(2).

的。"①此即吉登斯(Giddens)所言的运用先前固有的信仰及熟悉的活动方式来寻求对自由的逃避。多种因素都影响着教师的变革态度和行为，如制度和文化信念、社群和地方压力、学生的学业成就等。② 对我国教师而言，教师对学科教学的依附有其制度和文化根源。

### (一)制度的羁绊

赋权并非中立的，控制与赋权共生，教育分权过程总是伴随着再集权的概念。国家在放权的同时也在利用各种资本加强对教育的干预和控制，从而削弱了教育场域的自主性。表现性问责是分权背景下国家规控教育的重要机制和政策技术。

当前，学生的考试成绩是衡量教师表现的重要指标，对学生的评价也是对教师的结果控制。这种目标导向的评价可谓是高风险性的，直接关系到教师个人的实际利益和发展前途，因此具有极大的规约性和较强的制裁力。在我国素质教育改革背景下，考试是重要的问责机制，因此，对教师来说，问责实际上是教师在考试成绩这一运行机制下，所持有的责任感及如何处理期待。考试成绩对教师有风险性影响。

第一，教师的城乡、校际交流。在笔者所调研的某市，为促进城乡教育的协调均衡发展，缩小城乡、校际之间的教师队伍差距，在义务教育阶段实行了教师的城乡、校际交流制度。尽管制度并没有明确规定成绩指标，但在教师看来，实际上往往是因为教学成绩不好而被交流到别的学校。

> "如果你成绩不好的话，可能下学期就不让你在这个学校教书了，把你交流到别的学校……每到学年末就想着，哎呀，坏了！又到了交流的时候了，不踏实，不知道今年谁会被交流走。"

易言之，正是考试成绩的好坏决定了教师是否被交流。因此，这项制度规定必然会给教师带来很大的压力，导致教师心里"不踏实"。

第二，职称评定与教师聘任方面。在现行的工资制度下，教师的工资待遇与职称是密切联系在一起的，和教师的切身利益最相关。因此，职称评定

---

①② Lamic，J. M.，*Evaluating Changes in English Language Teaching*，London，Palgrave Macmillan，2005.

也是教师所面对的一大压力，对教师的工作影响比较大。但当前的职称评定又特别难，名额特别少，需要过层层关卡，必要条件之一即学生的考试成绩。

> "你说评优评先评职称，如果你带一个差班，这些都没你的事了。这也容易造成一个恶性循环，评选优秀班集体时，成绩差，就评不上，即使其他方面的工作，自己也去做了。"

而且，教师聘任制的改革使教师职业不再是"铁饭碗""金饭碗""终身制"。即使评上职称，如不聘任也不兑现待遇，而聘任与否的标准也是看教师的该轮成绩，这也使得教师时刻不能放松。

仅就上述两方面看，考试成绩的高风险性及其给教师所带来的沉重压力是不言而喻的。教师工作中的创新和自身的发展皆指向成绩的最大提升，例如，对课程资源的寻求、为打开学生的视野而创设新情境等，即使有时对此有消极的情绪体验，感到很"很尴尬""很别扭"。在满足外界的表现性要求的过程中，自视为"套子里的人"的教师失去自主性和能动性，由于成绩评价及由此带来的各种相关利益的规限，具有强烈的无权感和无助感，面临知道要改、想改而又不敢改的无奈，往往在有"向前冲的劲头"却没有力量支撑的困局中等待、静观其变。

可见，在面对规限教师自主决策的表现性问责制度时，教师在行使专业自主权的过程中表现出明显的矛盾和挣扎。课程改革中，教师往往会产生这样的困惑："我的课让学生在课堂上真正掌握了知识，明白了些道理，可是考试考不出成绩来怎么办？""怎么办"反映了高风险情境中教师在践履新理念过程中的压力和重重忧虑，表明教师缺乏足够的心理支持。反之，如不将考试成绩与教师的表现、奖惩挂钩，则教师会表现出较强的赋权意识。

穆斯塔法等人（Mustafa et al.）对课程改革的研究也发现，大量的因素导致教师放弃运用新教学方法，转而回归传统，必要技巧的缺乏固然是重要原因，但最根本的来自强制性的核心学科所带来的威胁和压力，严重压缩了教师尝试和运用新方法的自由空间。[1] 而长期以来对国家评价的依赖，使教师

---

① Mustafa，M. & Cullingford，C.，"Teacher Autonomy and Centralised Control：The Case of Textbooks"，*International Journal of Educational Development*，2008(1).

在一定程度上也丧失了主动追求自主与自由的意愿。教师不愿意独立，反而将自己主动异化，期待着来自上级的指令。"只要对教师的评价一日不改，教师就不知道该做什么。"从依赖到自主，对教师角色是一个很大的挑战，教师在课程改革初期的迷茫和彷徨根源即在于不知"考什么、怎么考"。由此可见，凸显表现性的政治氛围，使教师自由探索的空间受到极大压缩。为考试而教，极大地限制了教师的专业自由，窄化了教师的角色和视野，导致教师的行为标准化、齐一化，教师的工作程式化、形式化，教师也逐渐丧失其本真。"当学习结果成为核心目标时，受影响的群体将改变其行为以将结果最大化，即使这意味着教育功能的失调。"①

## （二）传统文化的束缚

教师常根据自身经验和历史积淀来理解和践履改革政策，教师个体和集体的文化记忆成为影响教师专业实践的深层文化和意识形态结构。"教师承担着将政策转变为实践的责任，但是教师对所能达到目标的认识受制于其在现代制度中的经历。"②"教师对学校教育的理解很大程度上建基于自身受教育的经验。"③

一方面，教师自身受教育的经历和专业社会化的方式使教师深受学科亚文化的影响。我国长期分科教学的历史和重视分科教学的教师教育传统，使教师有较高的学科承诺和强烈的学科边界意识，学科身份成为教师专业身份的一个重要侧面，很多教师视自己为学科教师。④ 另一方面，文化中的诸多积淀成为民族的制度记忆，进而成为教师专业行动的重要参照。在道德取向的文化传统语脉中，"传道者"的角色要求教师具有极高的道德操守。如同"每

① Jasen，J. D.，"Autonomy and Accountability in the Regulation of the Teaching Profession：A South African Case Study"，*Research Papers in Education*，2004(1).

② Osei，G. M. & Brock，C.，"Decentralisation in Education，Institutional Culture and Teacher Autonomy in Ghana"，*Journal of Education Policy*，2006(4).

③ Porter，A.，Archbald，D. A.& Tyree，Jr. A. K.，"Reforming the Curriculum：Will Empowerment Policies Replace Control?"，*Politics of Education Association Yearbook*，1990.

④ 卢乃桂、王夫艳：《当代中国教师教育改革与教师专业身份之重建》，载《教育研究》，2009(4)。

一个在道德上有价值的人，都要有所承担"①，责任亦是教师职业道德的重要维度之一。

"良心活"是支配教师工作的重要认知图式，渗透于教师的日常思维和工作实践中，深蕴着教师的价值和人文信念，集中体现了教师对学生的责任观。"有责任心的人"的教师自我定位凸显了中国传统道德文化脉络对教师价值信念影响的根深蒂固。考试成绩作为衡量学生学业成就的重要表现性指标，对学生而言也是高风险性的，直接关系到学生的升学和发展，也意味着其将来生活的机会。因此，教师责任也包含了帮助学生考好成绩、通过升学考试。教师信念影响着教师对权力的行使，为学生的发展负责的道德信念降低了教师的专业自主，更加强化了教师对学科教学的依赖。

## 四、道德意义的建构：教师的学科依附

无论是对自由的追寻还是逃避，都深刻表明了教师对制度性赋权的主观建构。教师赋予改革的主观意义影响着教师的专业实践，作用于教育变革从启动到实施直至制度化的全过程。因此，意义问题可谓理解教育变革的核心。②

从表面看，教师被寄予专业化的期望，并不断获得自主权，面临专业发展的新机遇。在离开熟悉的专业实践情境和行为模式的过程中，教师有可能重建自己的生活世界，建构起新的专业身份。不过，课程改革政策也明显存在专业赋权与政治控制的张力相持。国家在赋权予教师的同时，也通过标准、结果等表现性问责工具来规控教师。来自制度世界的强大问责压力严重束缚了教师的自主性，表现出"自主反而担负着风险"。简言之，教育改革政策中对教师的官僚化期望和专业化期望之间的张力使教师缺乏安全感。③ 这就导致教师对赋权性政策的态度模棱两可，甚至对自由空间持一定的防卫性态度。

---

① ［德］伊曼努尔·康德：《道德形而上学原理》，苗力田译，代序，上海，上海人民出版社，2002。

② ［加］迈克尔·富兰：《教育变革新意义（第3版）》，赵中建、陈霞、李敏译，8页，北京，教育科学出版社，2005。

③ Van den Berg，R. & Ros，A.，"The Permanent Importance of the Subjective Reality of Teachers During Educational Innovation: A Concerns-based Approach"，*American Educational Research Journal*，1999(4)．

为寻求本体安全感，教师往往屈从于制度世界的压力，退回到长期以来能很好地服务于他们的实践模式，因为"在前途不明朗的环境中，抛弃过去能提供利益的行为和态度是一种风险性行为"①。在我国的传统文化脉络中，学科是教师所熟悉的"舒适地带"，面对课程改革所带来的风险和不确定，教师往往诉诸学科的庇护，归依于惯常的学科教学。亦即在变化的情境脉络中，学科为教师提供了应对风险的保护地带。当不确定性成为教学的背景时，由课本、教学、考试和测验所组成的常规就成了多数教师的避风港。②

不难发现，教师的生活世界是很脆弱的，不断被制度世界侵蚀，教师在一定程度上丧失了生机和活力。但在学科教学这一被压缩的有限时空中，教师也在不断建构着专业生活的意义。学科是教师专业生活的依托，是教师专业自主权的重要来源。在学科教学中，较高的考试成绩是教师在工作中所获得的"最大的满足感"、成就感，给予教师专业自信和自我效能感，尤其是为教师提供了在制度中生存的本体性安全感。这些积极的情感体验皆为教师从学科教学中获得的深层意义和价值，并进而影响到教师对该工作的继续投入，是教师自我提升与发展的重要动力，尽管这在一定程度上是以对自由空间的摒弃为代价的。而追求成绩这一颇具功利性和工具理性的行为，也被教师赋予了崭新而深刻的道德意义，即对学生负责，体现出教师在问责压力中寻找工作意义的能动性。以此为基础，教师在专业生活的叙事中不断建构着学科依附的自我身份模式，即通过反思性理解，个体赋予自己具有内在一致性和连续性的叙事。③"我是教某某（学科）的教师"常出现在教师对自己的描述和理解中。教师的文化和制度的记忆又强化了自身对学科的依附意识。教师在建构专业身份的过程中也面临诸多矛盾和冲突，而基于成绩的工作意义本身即内含悖论，即当其成为教师所追求的至关重要的工作意义时，这种内在的价值和体验本身就被工具化，表现为价值理性对工具理性的简单服膺，但学科身份仍是教师竭力维持的。

① Osei，G. M. & Brock，C.，"Decentralisation in Education，Institutional Culture and Teacher Autonomy in Ghana"，*Journal of Education Policy*，2006(4).

② Lo，L. N. K.，"Educational Reform and Teacher Development in Hong Kong and on the Chinese Mainland"，*Prospects*，2000(2).

③ ［英］安东尼·吉登斯：《现代性与自我身份：现代晚期的自我与社会》，赵旭东、方文译，北京，生活·读书·新知三联书店，1998。

## 五、小结

课程改革赋权教师的制度理念拓展了教师专业自主的空间，但分权与再集权之间的矛盾导致教师依归学科，在学科教学中进行着专业意义的建构。客观自由与主观自由之间的落差，凸显了不确定性及多样选择的情形下教师在建构专业身份过程中所遭遇的结构与能动性的独特张力。这对教育变革和教师教育有重要启发意义。

第一，教育改革需关注教师赋予改革的主观意义和教师的专业生存样态。教师的能动性使其对改革的理解和应对颇为复杂、多样，并充满着张力，直接关涉改革的实效。忽视变革现象学即人们实际上是如何经历变革的，是很多社会变革失败的关键。[1] 而任何试图改变教师角色的变革政策，都需要同时提供确保教师角色转变和专业发展的支持性措施。故教育改革要重视倾听教师的声音，通过多种渠道了解教师参与变革的能力和意愿，把握教师对变革的深层认知和假设，确认教师的知识和能力结构，为教师在重新界定专业思维和行为模式时及时提供必要的外界支持。

第二，课程实施需重视学科情境。教师是从自己学科的视角来看世界的，学科亚文化是教师身份和意义的来源。[2] 学科作为教师专业生活的依托，影响着教师对改革的识读与应对，是课程实施中不可忽视的重要中介情境。因此，课程改革视学科为重要的政策实施层面，而尽可能地释放教师的学科自主空间是帮助教师重建专业身份的重要切入点。

第三，开阔教师的眼界，帮助教师克服传统文化的束缚。面对教育变革的不确定性，教师的学科依附有其必然性，但这并不意味着其就是合理的。它在一定程度上窄化了教师的视野，阻碍了教师的改变，导致制度性授权所发挥作用的表面化。教师教育需重视如何开阔教师的眼界，帮助教师克服传统文化的束缚。与此同时，在建构专业身份的过程中，教师的能动性至关重要。这也就提示我们，教师教育中知识、技能的传授固然重要，但如何培养教师的自我赋权意识和能力也颇值得考虑。

---

[1]　Proudford，C.，"Implementing Educational Policy Changes：Implications for Teacher Professionalism and Professional Empowerment"，*Asia-Pacific Journal of Teacher Education*，1998(2)．

[2]　Hargreaves，A.，*Changing Teachers，Changing Times：Teachers' Work and Culture in the Postmodern Age*，London，Cassell，1994，p. 214．

## 第三节　问责背景下教师的专业责任观

专业以服务为取向，教师的专业实践有其内在的道德目的，教师需持有一定的道德操守，甚至道德承诺位于教师专业性的核心。[①] 责任是专业的必要之维和教师专业道德的基本要素，承载着教师的道德承诺。而对顾客的责任是专业概念的必要构成[②]和教师专业道德的基本要素[③]。基于责任的身份是教师专业身份建构的重要向度。当前，国际竞争压力使得各国政府不断加强对教育的规控，注重表现性的教育问责作为一种新型管理方式被广泛运用，也无可避免地挑战着教师的专业责任。教育问责是教师无可逃避的现实工作情境，影响着教师的价值理念和道德信念，挑战着教师的专业责任。但作为能动者的教师并非制度指令的被动接受者，在变化了的政策脉络中，他也对专业责任进行着主观建构。

解读教师专业责任的内涵，在国际视野和本土视景中审视教育问责背景下教师专业责任的蕴含和指涉，探求教师专业责任建构的路径，有助于揭示问责背景下教师的专业生存境遇、所遭遇的道德难题，对教师专业道德建设、教师教育的课程与教学设计亦具有重要的启迪。

### 一、责任：教师专业的必要之维

#### （一）教师专业责任的必然性

20 世纪 90 年代以来，随着人们对教师专业实践的道德本质和教师专业性认识的加深，责任被视为教师专业的必要维度，成为理解教师工作的重要视角。作为伦理学的核心范畴之一，责任以自由为基础，亦是自由的逻辑必然。专业责任建基于教师自主，是教师在专业实践中所信守并践履的基于专业的

---

①　Sockett，H.，*The Moral Base for Teacher Professionalism*，New York，Teacher College Press，1993.

②　Hoyle，E. & John，P.，*Professional Knowledge and Professional Practice*，London，Cassell，1995.

③　Tirri，K. & Husu，J.，"Care and Responsibility in 'the Best Interest of the Child'：Relational Voices of Ethical Dilemmas in Teaching"，*Teachers and Teaching：Theory and Practice*，2002(1).

价值观。"实践者必须负责任地行使其自由。这就意味着实践者的行动最终必然为一系列重视顾客利益的价值观所引导。"①

可见，教师专业责任深具道德意味，蕴含了何谓好工作的价值理念，体现着教师的道德信念和价值追求。负责任的行为是一项道德行为。教师的专业责任以道德价值为基础。专业性要求教师考虑这些事情，并可被视为对个体实践反思过程的一部分，或者是专业合作过程的一部分。②

## (二)教师专业责任与问责的区别

教育的偶然性、不确定性需要教师以道德能动者的身份在多元、多变的情境中灵活决策，在复杂、矛盾的境地中决定如何更好地满足顾客的利益和需要。在此意义上，教师专业责任不可预制。责任的道德性、能动性特征意味着其区别于问责。

问责包含四个基本原则：个体必须能够为其行动辩护；个体必须能够证明其决策和实践有效；教师必须负责，因其依赖于他人的经济支持；表现需能够被测量和提升。③ 显然，问责实为一种凸显程序、规则和标准的规训技术，往往体现为普遍的、自外而内的契约、视导、测试等规控机制，倾向于忽视本土声音，故多适用于相对稳定、常规化的教育实践情境。简言之，问责是一种聚合性政策原则，而责任是发散性的道德和价值原则。④

所谓高风险是与"问责"这一概念密切相关的。学校的问责观念包含三个要素：个体的问责意识，即责任；家长、教师、管理者和学生的集体问责意识，即期待；构成正式问责制度的组织规则、激励和实施机制。问责机制即代表了个体对其行为的解释方式。问责机制的影响即为风险。学校对问责问题的解决体现在教师、管理者、学生、家长等对教育根本问题的处理上。⑤

---

①② Hoyle, E. & John, P. , *Professional Knowledge and Professional Practice*, London, Cassell, 1995, p.126.

③ Thomas, D. , "Accountability in the Teaching Profession", *The South Pacific Journal of Teacher Education*, 1979(1/2).

④ Hoyle, E. & John, P. , *Professional Knowledge and Professional Practice*, London, Cassell, 1995.

⑤ Rhoten, D. , Carnoy, M. , Chabran, M. & Elmore, R. , "The Conditions and Characteristics of Assessment and Accountability: The Case of Four States", In Carnoy, M. , Elmore, R. & Siskin, L.S. , *The New Accountability*: *High Schools and High-stakes Testing*, New York & London, Routledge Falmer, 2003, pp.13-53.

### （三）教师专业责任的历史、文化属性

作为一个道德概念，教师专业责任必然有其社会向度，情境依赖性决定了其具有很强的历史和文化属性，受特定的政治制度、文化叙述和意识形态的塑造。同样是对学生负责，其具体指涉不尽相同。例如，对英国、法国教师专业责任的比较研究发现，尽管两国教师都将对学生的责任置于最高地位，但无论是对责任的理解还是践行责任的方式都存在很大差异。① 英国教师自视为自主的专业者，对责任的理解较为宽泛，重视促进学生在社会、个人和学术等方面的全面发展。法国教师将教学视为志业（vocation），但主要依据国家指令来看待其专业责任即契约性责任，且将责任狭隘化为课堂中传授知识、发展学生的学术潜力。

### （四）不同理论视域中的教师专业责任

依循不同的认知旨趣，人们对教师专业责任内涵的理解亦各异。结构功能主义和互动论是研究教师专业责任的两大理论。在结构功能主义的理论视域中，教师的角色是功能性的，教师专业责任由外界指派和赋予，"社会有欲实现的目的，这些目的通过角色分配来达成"②。关注教师应该承担何种责任的观念带有浓厚的决定论色彩，降低了教师的专业自主和自信，从而极大地化约了教师专业责任。而从互动论的视角看，教师专业实践充满了主体与情境之间的交互作用与张力。正是不同的社会情境对个体的能动性、社会责任和道德定位提出了不同的要求，自我得以建构。③ 而作为专业者的教师是能动者，在对外界的规范和要求有所承诺的同时也积极诠释着其专业责任。既然教师是道德能动者，教师的自我描述位于其道德判断的核心④，那么对教

① Broadfoot，P.，Osborn，M.，Gilly，M. & Palillet，A.，"Teachers' Conceptions of Their Professional Responsibility：Some International Comparisons"，*Comparative Education*，1987(3).

② Wyatt，J. F.，"The Task of the Teacher and the Notion of Responsibility：A Moral and Sociological Issue"，*Journal of Moral Education*，1978(2).

③ Agee，J.，"Negotiating A Teaching Identity：An African American Teacher's Struggle to Teach in Test-driven Contexts"，*Teachers College Record*，2004(4).

④ Turner，C. E.，"Professionalism and High-stakes Tests：Teachers' Perspectives When Dealing with Educational Change Introduced Through Provincial Exams"，*Test Canada Journal*，2006(2).

师专业责任的研究应从实然而非应然的角度，关注教师是如何看待其工作的，对专业责任有何种识读和理解，即教师的专业责任观。

## 二、问责背景下教师专业责任观的类型

世界教育变革在理论依据、策略、后果等方面皆呈现出趋同性态势。而"问责"可谓教育变革的关键词语之一。表现色彩浓厚的问责文化弥漫于教育领域，"绩效""效率""效能"等概念充斥于教师的专业生活。其中，统一的标准化考试仍是规控教师专业实践的重要问责工具。教育问责是教师无可逃避的现实工作情境，甚至如何处理外界的表现性评价成为很多教师的一种生活方式。① 例如，对多数教师而言，考试成绩可谓其所面临的最大压力，"成绩的压力永远伴随"；课程改革中，教师的观念和行为不能不变，但很大程度上仍是被迫地、强制性地变，蕴含着明显的问责和表现性意味，"考试在变，那我必须跟着变"。

教育问责在压缩教育自主空间的同时，也在转变着教育的意义和目的，不断重新塑造着教师的生活世界，影响着教师的价值理念和道德信念，以及专业责任的实现。阿萨夫的研究发现，考试压力不仅影响教师的教育决策和教学实践，而且影响教师应为学生做什么、需要做何种教师的责任感和道德意识。② 整体而言，在传统文化信念支配下，责任心已为我国教师所内化，教育就是"对学生负责任"。这种源自教师职业本身的"良心的压力"反映了教师在专业实践中所秉持的道德信念，饱含价值理性，表征着教师的职业身份感。基于责任的道德身份亦成为教师专业身份建构的重要向度，例如，"我真是一个比较有责任心的人"。教育问责背景下，责任也是教师所坚守的职业道德底线："自上而下的要求的确让我们有压力，但我们可以干也可以不干，可以干好也可以干不好。拍拍良心，还是应该干好。"不过，教师是政策动议的主动诠释者，个人的专业立场和信念决定了不同教师对教育问责有独特的感知，对负责任的专业行为的理解见仁见智。问责压力下，教师专业责任被赋

---

① Turner，C. E.，"Professionalism and High-stakes Tests：Teachers' Perspectives When Dealing with Educational Change Introduced Through Provincial Exams"，*Test Canada Journal*，2006(2).

② Assaf，L. C.，"Professional Identity of A Reading Teacher：Responding to High-stakes Testing Pressures"，*Teachers and Teaching ：Theory and Practice*，2008(3).

予殊异的内涵，教师践履责任的方式也颇为多元、复杂。在不同的学校情境中，教师通过个人能力和主动性的不同发挥，在与学校情境的相互作用下建构起来的专业身份亦有积极和消极之分。

## （一）迷失的责任

教育问责的统一化、标准化诉求使其往往无法兼顾个别、差异，从而规限了特定专业情境中教师的自主权，削弱了教师在专业实践中的判断和决策权威。加上可测量表现对教师的高风险性，教育问责日渐威胁着教师对学生的道德责任。教师自主的道德操守运作的空间被挤压殆尽。[①]

考试成绩可谓教师面对的最大压力源。比如，为追求升学率，一些地方甚至将升学率形象地称为"教育GDP"。在以前"分数至上"、单纯追求升学率乃至"教育GDP"的理念下，考试成绩的高风险性带给教师的压力尤甚。这直接规制着教师的教育和教学决策。教师认为教育要真正发展，就必须"具有内在的前瞻性"，关注学生"内心深处的东西"，"应试教育"与终身学习、全民学习的理念相背离，使学生的身心都受到严重伤害，但也坦承"高考还是有一定的导向作用"的。

> "任何一所学校都高声呼喊自己搞的是素质教育，但是有些学校搞的并不是真正的素质教育……大家面临相同的困惑，就是什么可比、什么不可比。可比的这块需要比，那我们肯定下大力气去抓，就挤占了素质教育的时间和空间……现在能比的全比了，关键是最本质的东西都是不能比的，这一点最可惜了……只要有高考在，不改变评价方式就搞不好素质教育。"

"应试教育"对学生的巨大危害是教师尤为关注和担忧的。换言之，学生是教师理解素质教育的重要立足点，素质教育即"教育孩子"，对学生个体的发展至关重要。教师也因此极为渴望与支持素质教育。但研究发现，很多教师屈从于制度压力，日渐关注表现性指标和竞争的要求，从而不能以其所坚信的、能最好地服务于学生个体发展需要的方式来进行专业实践。学生的内

---

① Ball，S. J.，"The Teacher's Soul and the Terrors of Performativity"，*Journal of Education Policy*，2003(2).

在、全面性发展被边缘化，让位于外显而又可比较的冷冰冰的数字。

　　传统文化背景下，家长对孩子成绩的关注也是教师压力的重要影响源。在"有学上"到"上好学"的诉求转变中，家长对教师的整体要求不断提高，如与孩子沟通顺畅、研究孩子心理、对孩子有爱心、负责与严格要求、公平与重视等。但是受传统民族心理和成才观的影响，加之现行人才选拔制度下个人的出路问题，成绩依然是家长最为关注的。教得好、业务精湛、管好班是其他要求的大前提。

　　　　"现在从我接触的家长来看，他们关注的第一方面就是学习。如果老
　　师教学不好的话，他们觉得你不是个称职的好老师，能力不足……如果
　　孩子成绩很好，虽然老师采用的方法很不正常，孩子的素质也没有成长，
　　但家长认为老师是个了不起的老师，是个方法很独特的老师。"

　　可以说，家长对教师的要求仍主要是学习方面的，家长对教师的认可也主要是基于学生的成绩，而且学生成绩的好坏皆被归因于教师。甚至对家长来说，只要成绩好，一切都可以谈，否则一切都被抹杀。即使采用极端的、不正常的手段帮助学生取得成绩，教师仍被认可。正是对成绩的这种高期待，使教师"很尴尬""很别扭""压力很大"。教师的人性、道德良知也被严重侵蚀，例如，为成绩而压制学生。一位教师直言不讳地谈道：

　　　　"我说我是一个很成功的老师，把我的孩子都培养成心理很健康的
　　人，拿什么来证明？现在唯一能证明的是我这个班学习成绩很好……但
　　成绩的背后可能是我伤害了一个人的自尊。"

　　受制于考试指挥棒，教师被迫从"天使"变为"庸人""教书匠"。这就在一定程度上说明，教师的人文信念即服务伦理和利他价值观被实用主义与自我利益所替代。[①] 教师专业责任亦与其道德本性渐行渐远，迷失于效率、"高

---

　　① Ball, S. J., *Educational Reform and the Struggle for the Soul of the Teacher*!, Hong Kong, Hong Kong Institute of Educational Research, Chinese University of Hong Kong, 1999.

效"，从而带有较强的功利化、工具化意味。在处理与学生的关系时，有教师也力求从良心出发，但在面对成绩时，仍备感棘手。

> "这么点小屁孩你能说他是坏蛋？到高中以后，你也不能说他是坏蛋。他可能不学习，可能学习成绩很差，可能经常迟到、旷课、犯错误，但是不能给他贴标签，说他是个坏蛋。这一标签有可能把他推到社会的反面去。棘手的东西就在这个地方，怎么把这帮人给救过来？很难。为什么很难？因为时间和空间首先被挤压没了，我首先关注的是成绩。假如我们班有 3 个可以考北京大学、清华大学的，20 个可以考山东师范大学的，30 个可以考曲阜师范大学的，有三五个不学的，你说我管谁。没有人评价我把这几个孩子教得是不是健康的人，尽管他们没考好，只评价我们班考了几个北京大学、清华大学……空间没了，时间没了，就很容易产生放弃。"

　　上述变化的专业责任观成为教师建构专业身份的新资源。表现性的政策技术没有给道德自我留下空间。[1] 萨克斯的研究也证实，教师在问责文化中建立起一种带有个人主义、竞争性、控制和规制性、外部界定等特征的企业化身份。[2] 戴也发现，国家和市场的侵入，使教师在面对各种问责、满足外界日益增强的要求的过程中，其企业竞争身份日渐凸显。[3] 问责性制度中生存的无奈使很多教师有明显的专业脆弱性体验，表现出无助感、异化感，不断建构起一种受限、狭隘的专业身份，即被去技能化而成为技术性专业者，如"斯巴达教练""加工零件者""庸人""教书匠"等。这类教师身份更多地受制于具有高风险性的评价和问责方式，使教师自己寻求自主空间的能力受到限制，具有明显的外部规控性特征，因此，更偏向于企业竞争身份和工具—技术身份一端。这部分教师在一定程度上丧失了能动性和批判性反思意识，机

---

①　Ball，S. J.，"The Teacher's Soul and the Terrors of Performativity"，*Journal of Education Policy*，2003(2).

②　Sachs，J.，"Teacher Professional Identity：Competing Discourses，Competing Outcomes"，*Journal of Education Policy*，2001(2).

③　Day，C.，"School Reform and Transitions in Teacher Professionalism and Identity"，*International Journal of Educational Research*，2002(8).

械地执行外界指令，顺应政策的要求。"随时提醒自己不要做教书匠"，但又"不得不走上教书匠"的道路，深刻表明了教师专业身份的工具性特征，以及问责对教师专业实践的扭曲和教育功能的失调。

**1. "斯巴达教练"**

对很多教师而言，考试成绩的高风险性及随之而来的压力是不言而喻的。教师往往为提高考试成绩而绞尽脑汁。

> "晚课怎么上，怎么让学生星期六、星期天不回家，晚课上到几点，怎么喊口号，怎么做这些东西，都是最极端的办法。有的时候把人变成一种充满活力的机器，充满斗志的机器，斯巴达战士，我把他们叫作斯巴达战士，而我成了斯巴达教练。"

在该教师看来，加班加点，喊各种口号，为的是把学生变成"一种充满活力的机器，充满斗志的机器，斯巴达战士"。在这种境况下，教师明显感到自己成了"斯巴达教练"，只是简单地为了提高学生的成绩，尽管自己也觉察到这种做法其实是有问题的。

**2. "加工零件者"**

有教师也感觉到，在单纯追求成绩的境遇中，自己就是在"加工零件"。

> "如果要这样下去的话，我们加工出来的就是一个一个合格的零件。我们就是加工零件。这些零件没有思想，冷冰冰的，只有成绩，他不是一个健全的人……为什么要叫'教育'这两个字？'教'是低层次的，'育'是高层次的……老是停留在教，教他知识，好像觉得知识也是一种能力，但是忽视了'育'。交出去的都是那种工厂里的零件。人和机器、人和零件能一样吗？"

该教师认为，教育其实包含教与育两个层次。知识固然重要，但是缺乏育的学校则如同工厂，是在将学生加工成"合格的零件"，而非"健全的人"。

**3. "庸人"**

尽管提高学习兴趣和提高学习成绩实际上并不矛盾，但因为时间有限而使二者产生了矛盾。在素质与成绩发生冲突的时候，教师放弃的首先是素质，而追求的是成绩，因为只有成绩是显性的，是可比的。在素质教育的空间和时间受到挤压的情况下，教师往往在追求考试成绩的过程中从"天使"堕落为没有灵魂的"庸人"。

> "假如我多考上几个学生，少考上几个学生，多考几个北大的，少考几个清华的，直接左右我明年的收入的话，那么我这个'天使'就会变成一个'庸人'，多少违背人性。"

可见，在这种表现性的评价系统中，教师会完全丧失自主性与能动性。但这位教师同时也认为，其当前的彷徨恰恰是因为不再唯分数论后，不知道国家对教师的评价方式与内容，"只要对教师的评价一日不改，教师就不知道该做什么"。实际上，教师长期以来对国家评价的依赖性，使教师在一定程度上已丧失了主动追求自主与自由的意愿、意识，反而将自己主动异化。

### 4. 被迫的"教书匠"

在面对以成绩为本的考评制度时，有教师认为自己被迫成了"教书匠"。

> "政府在向教育口、教育局要成绩，教育局在向学校要成绩，学校就得向老师要成绩……老师也随时提醒自己不要做教书匠，但是往往在现行的一些制度和考评体系下，不得不走上教书匠之路，因为老师没有时间去反思。一个知识点只有拳头这么大，老师就给学生教这点东西，他很快学会了，然后考试的时候也就考这些，他会学得很好。但是，就这个知识点可以拓展出很多别的知识，如果老师把这些拓展出来的东西教给孩子，孩子考试分数不一定高，但是他个人的收益是很好的。但慢慢地，不管怎样引导，孩子的成绩还是会出现下降。虽然说现在不让排名，但是每个人心里都有一把尺。衡量的标准是什么？还是成绩。家长、社会、同事会给你各种各样的目光、各种各样的观念，这时候老师会觉得特别无助，就会改变自己的教学方法与教学方式，以应试作为主要的培养方式，渐渐地，理想教育就这么流失了。"

尽管该教师不愿做教书匠，但不得已又走上了只抓成绩的"老路"，甚至连反思自己是不是教书匠的时间都被压缩殆尽。

### 5. 不是一个"正常的人"

W老师刚参加工作时任教于一所生源比较差的学校，而领导亦缺乏管理艺术。学校中一种普遍的氛围就是当老师要先把学生镇住，师生之间如同猫和老鼠、警察和小偷的关系，斗智斗勇。在当时的评价制度下，为了追求成绩，老师只能"老牛式地工作"，一味地去压制学生，而缺少了对学生的关爱。成绩好的学生变成了"学习的机器"，成绩差的学生则自暴自弃，丧失了学习热情，越到高年级越变得冷漠、麻木。这也使 W 老师感到非常累，感觉挺"失败"、很"无奈"。因此，W 老师在工作中找不到成就感，没有了工作热情，出现了明显的职业倦怠感，但又找不着方向和问题的根源，因为周围的老师普遍是这个样子，一味地抱怨生源、家长等。W 老师认为当时自己非常痛苦，"心理变得扭曲"，根本就不是一个"正常的人"。

> "我当时的感觉就是学生不是学生，老师不是老师，领导不是领导。领导为什么不是领导呢？领导不把老师当成个体的人，他只是向老师要分数，要成绩，老师的唯一作用就是这个。领导想的就是怎么从老师身上要更多的分数。这就是他的最终目的。所以当时我感觉自己活得不像一个正常的人……这样一种观念让老师的心理变得扭曲。但是老师认为自己完全是正确的，于是本能地向学生要成绩。在老师眼中，学生也就不是学生了。所以学生犯了小错误，老师不愿宽恕他。"

在 W 老师的这一叙述中，我们可以明显感受到，在这样一种为了追求成绩而层层压制的学校氛围中，弥漫着浓厚的工具主义的思维方式。学校服膺于外界的升学率要求，而教师则是附属于成绩、分数，被异化为追求分数的工具。这就极大地挫伤了教师的工作积极性，甚至迫使教师主动或者被迫地逃离这种工作环境。W 老师之所以调动工作，"一定要走"，最根本的原因就是受不了这种环境，"我要继续在这里，我就活不下去了"。而在转到一所生源非常好的学校之后，W 老师同样感到很失望，因为她发现：

> "其实好学校和差学校本质上是一样的，唯一的区别就是好学校生源好……他们家长非常难缠。老师突然到了一所最好的学校，又找不到自己的位置了，因为家长不把你当老师看。老师觉得自己过着小资生活，可人家家里有好几辆车，人家的社会地位比你的社会地位要高。如果你上课跟学生谈心，可能第二天就有家长直接给校长打电话：这个老师上

课不干正事，不正儿八经地讲课……所以学生有非常功利化的心态，学生和学生之间的关系并不像老师想象的是十三四岁的孩子应有的那种朝气、那种青春、那种活力。"

一般来讲，好学校中家长的社会地位往往也比较高，所持有的社会和文化资本相对比较多，有能力与意愿来干预学校教育实践，对教师提出诸多要求。这种社会地位的差距和来自家长的问责压力，使教师的专业权威受到很大的限制，不能有效地践行专业自主、决策权，从而让 W "仍然受不了"，最终还是主动逃离，来到另一所学校。因为该校宽容、人文、团结的氛围正合其意。

### 6."安分守己者"

应对升学率和成绩问题是很多校长面临的很无奈的选择。

"每个校长在学校里都想全面发展学生……每个人都希望中午吃饭的时候荤素搭配，营养搭配，但是他们给你上的菜，都是素菜或者都是肉菜，你必须吃。校长也是这样，当上面排队排名的时候，校长必须排到前边去……评价制度不改，素质教育永远也不可能贯彻下去。而且到了中考的时候，学校和家长对校长的期望，对这个学校的期望，家长希望自己的孩子将来有好学校上，这都是人之常情。所以学校还是拼成绩，搞'应试教育'。"

教师尽管很困惑，但也颇为理解校长的选择与苦衷。为求得认可而被逼迫，在本质上就是一种形势的需要，是"一种时代感、一种紧迫感"。这种对成绩的追求导致学校在管理上也较为严格，执行严格的出勤和打卡制度，给教师的人文关怀也比较少，"领导给教师的印象就是光抓教学"。成绩也无可避免地仍是领导评价教师、评职称最重要的条件之一。校长的这种严格管理和对教学、成绩的关注也给教师带来了极大的影响。

"其实我就是一个平凡的老师……也对学生负责……校长抓得紧，老师就会更紧；校长抓得松，老师也会松……其实老师就是随着前边那个掌舵的来回起伏。"

换言之，校长是学校的"一面大旗"和"掌舵的"。教师主要跟着领导的思路走，"尽心尽职地去做"，以符合领导的要求和标准。尽管上级政策要求不给教师、学生排队，但面对领导心里的成绩这杆"秤"，教师自身不敢放松，平时也抓得非常紧，更"使劲干了"。教师也感到压力特别大，并可能压制学生，而不能真正地从良心上去教育学生。教师则进一步将自己定位为"安分守己者"，即"对于上面领导的指示，我们都身体力行，都非常支持"。教师也自认为对学校的要求是持顺应态度的，因为"无力去改变"，也不愿"找麻烦"。

学校服膺于外界的成绩评价，导致学校内部的制度也凌驾于教师的专业工作之上。"安分守己者"的工作动机即为顺应与执行指令，而并非基于教育本身的价值和自身的专业追求。在这种服从与顺应的氛围中，教师甚至在一定程度上丧失了情绪体验的能力，没有了追求自由和自主的动力，"不郁闷，我们被圈着了"。这对教师的职业幸福感带来了诸多消极的影响。

"我找不到幸福感。为什么呢，我教给学生的，学生不需要。我想教给学生的，没有机会和时间……比如说，我非常想对孩子进行生命教育，珍爱生命，感恩教育。但它不是这课的内容。或者说，这堂课，没有人能等到老师出成果。老师不能跟学校的领导协商说，给我一个班，我要从生命教育开始做起。让孩子从小懂得感恩，懂得珍惜生命，然后知道自己从哪里来，将来要做什么，未来要到哪里去，要给这个世界留下什么精神财富、物质财富……领导也不敢冒这个险，让老师去做这件事。所以，这带给我很多苦恼。这个职业应该是很幸福的，但是很多时候，我老感觉到，里面有点违背自己本性的东西。"

## (二)本真的责任

技术理性取向的问责文化中，教师也并非全然被异化的执行者。面对问责制度的结构性规约，仍有少数教师持有道德能动性乃至超越性，视教育为一种"志业"，力图坚守其道德责任。他们对学生发展有较强的人文信念和较高的道德承诺，强调人的素养和深层次价值观的形成，重视整全的人的发展甚于问责要求，甚至视培养有能力的公民为教育者的重要社会使命。在专业实践中，这种道德责任观使教师能够将考试置于附属位置，"'教'是低层次的，'育'是高层次的"，教书为育人服务。正是应该为学生做什么、应该做一个怎样的教师等个人道德观，使教师不完全屈从于外界的巨大考试压力。

不难发现，前述责任观念中，道德责任与问责要求可谓对立的两端，专注于学生的成绩或可测量的能力等皆被排除在教师责任之外。此可谓本真的专业责任，表明了教师在受限的时空中对生活世界的坚守，在实践中也能发挥其能动性而更加专业地行事。"我觉得应该怎么干，我自己想怎么干，怎么对得起学生。"

本真的教师可谓一种道德专业者，其专业实践建立于服务的价值观和共享的道德语言之上。① 这种实质身份趋于稳定、持久，超越于特定情境。值得注意的是，仅有极少数教师能够保持本真，且多是在学生成绩较理想的前提下。

**1. "影响、改善"教育的人**

虽然并不能脱离制度的束缚，但也有少数教师在积极成为一个对已有教育制度有所影响和改善的人。L老师即如此。

> "一方面是新课改，坚定不移地贯彻新课改，执行新课改的方针政策；另一方面坚定不移地钻研高考，换句话说，我们在研究高考，而不是在'应试'……省里有政策，我们要响应政策，然后通过我们的积极努力，去影响政策的调整……我们在积极做一个改善它的人，影响它的人。"

面对成绩压力，L老师也在工作中尽力寻找与成绩的衔接点。例如，在坚定不移地贯彻新课改的同时，也在坚定不移地钻研高考；在做一个新课改政策追赶者的同时，L老师也在积极地做一个改善、影响政策的人；等等。在此意义上，L老师进一步认为，当中学教育者突破自己的境界，跳出中学层面再来看教育的时候，其实素质教育就是一个很简单、很自然的道理。"不能在禾苗正在生长的时候就给它戴上一个桎梏的东西，它长好了，我拿下来

---

① Ball, S. J., *Educational Reform and the Struggle for the Soul of the Teacher*!, Hong Kong, Hong Kong Institute of Educational Research, Chinese University of Hong Kong, 1999.

就不管了。"因此，中学教师实际上更应定义为"搞教育的"，而非教育家。L老师追求一种不受"现实"羁绊的"精神贵族"境界，通过积极发挥自主性而不断成就自己，尊重和引导学生成长。

**2."正常的教师"**

硬性工作量的强制性减少，使教师在时空上获得解放。这就有可能使教师由"变态"回归"正常"，真正从"良心"上去教育学生。因为在把思考、总结、休息的时间还给学生的同时，实际上也还给了教师。教师可以有更多的时间和自主性来思考如何提高教学质量，能够以正常的心态去对待学生，而不是以不正常地心态去压制学生，简单地回应外界的期待和要求。所以说，在素质教育改革中，教师才觉得"自己活得像教师了"。

> "素质教育新政出台之前，我们加了多少班……比如，我原来得上晚自习，又得上周六的课。尤其我要教的班比较多的话，我可能周六、周日每天干 8 小时，少的话也是 6 小时。因为周六上课就是大节课，1.5 小时一节。我要教 4 个班，这一天就没有了。再就是晚自习，晚自习一般是 1 小时一节。我这一晚上得上两个班吧，一晚上 2 小时就没了。所以那个时候的硬性工作量比较多。"

学校充满人文关怀、宽松的环境、校长的大度与有远见、同事之间的团结与协作而非恶性竞争，使教师感受到一种"舒心"与被认可。前文所述及的 W 老师认为，正是在这样一种教育氛围中，自己才成为一名真正的、正常的教师，从一件"教学的工具"变为一名"优秀的教师"。因为她可以不受"现实"的羁绊，在安全的环境中通过积极发挥自主性而不断成就自己，更多地关注促进学生身心健康发展的东西，尊重和引导学生成长，而不仅仅是用分数来评价学生，不至于"变态"地为了单纯追求成绩而压制学生，使学生成为"最终端的受害者"。

**3. 学会"热爱"的人**

一位初中政治教师在相对宽松的评价制度下，去除工作中所谓"妖魔化"的行为，尽量追求教育的本真，在"进退两难"的境遇中仍然努力张扬个性，学会"热爱"。这主要体现在平时搞好课堂教学，让学生喜欢听课，力图从政治学科提高学生道德品质的效果中获得成就感。

"好的道德品质虽然不能教给学生，只能在他们脑子里形成片段，但我们关注的是整个过程……政治课怎么上，给学生讲道德品质，讲遵纪守法，讲感恩父母，讲得学生哗哗掉眼泪，这就是本事。对不对？因为我们需要这样的课堂，不要排除这些细腻的情感……当你遇到了工作中进退两难的问题时，就应该努力地去热爱……我们教研员开会的时候总要说，好好教，别让咱的学科更被瞧不起了。"

该教师认为，在教育学生中对整个过程的关注、充满细腻情感的课堂等，正是政治学科所能发挥的独特作用，是任教政治学科的教师证立自己的重要资本。从中也可以看到，正是这种学科地位，使该教师有着明确的学科边界意识，强调政治教师与语数外教师的差异，力求"认认真真做事情""踏踏实实地钻研"，通过创新、科研、教课等从素质教育改革中获得一些满足感，而教师的"人性"也不至于被挤压得走向"极端"。

总之，此类积极的教师专业身份表现在关心学生成长，有较高的工作热情，积极探索课程和教学改革。教师对真正的、"正常的教师"而非"教学工具"的体悟，在不断扩大的自主空间中"自觉"且有"干劲"。"正常的教师"等教师的自喻，以及做"影响、改善"教育的人的理想追求，表明了教师在建构其专业道德中的能动性和自主性，更偏向行动者身份和创造—专业身份一端。

## (三)撕裂的责任

个体本真的道德信念与表现性的问责要求之间的张力往往使教师在两种相对的价值观之间挣扎，"心里的矛盾肯定是有的"。教师不可谓不关心学生的个人幸福和健康成长，故遵从解放的旨趣，对标准化的问责制度持批判性态度，认识到其对教育目标的窄化，也力图摒弃零件加工式的教育模式，"我们希望真正的素质教育"。教师认为，社会发展对人才需求的多元化是素质教育兴起的必要前提。因此，素质教育顺应了时代潮流和社会要求。

"随着社会的发展、经济的进步，以及社会对人才的需求和个人成长途径的多元化，如果单从一个方面追求考试成绩，通过高考去成才，确实有点不合时宜……素质教育还是适应时代潮流的，也是社会发展必然出现的结果……从高中开始就培养这些素质，也是基础教育必须涉及的一个问题。"

就教育内部来看，素质教育也是针对"当前所存在的一个问题"而提出来的。

> "我们省一直是'应试教育'的重灾区，因为我们人太多，竞争太激烈，升学的压力太大，所以导致好多学校甚至好多地方以行政手段起了个名字，叫'教育GDP'，学校必须考上多少个学生。这是一种非常变态的做法。"

> "上晚自习意味着什么，教师不给学生思考的时间。学生越学越累，越累就越压抑，越不会思考了。这样的孩子就是考上好高中，能力也不行。"

"应试教育"的巨大危害性尤其体现在单纯追求分数给学生带来的负面影响上。教师认为单纯教给学生知识，犹如工厂加工零件，侵占了学生思考、全面发展能力的时间和空间。繁重的学习负担无异于对学生的一种摧残。无论是从国家发展还是从孩子的长远发展来看，素质教育改革都是必需的，"这是发自内心的，你不改，真没希望"。教师明确表达了对素质教育的希望与渴望："我们希望真正的素质教育，希望孩子都成才。""回归""返璞归真"，即回归到全面发展的教育方针、回归到"人格对人格，心灵对心灵"这一教育的本真。当然，有教师并不满意素质教育的现状，也因此对素质教育改革"一再否定""不太认可"。但教师的不满主要源于从效果来看，素质教育并未真正贯彻，在实施的过程中存在很多问题，"不彻底"、名不副实，陷入"上有政策，下有对策"的僵局。这种"上有政策，下有对策""表面文章"等问题，即"政策"与"对策"之间的角力。

> "我就是不喜欢'做表面文章'，因为它不看实际……有几个老师真正能问一问学生内心深处的东西？少之又少。教育要想真正发展，就要有前瞻性。"

当考试成绩是评价学生的重要参照点时，其对学生的影响直接且具高风险性，是一个"很现实""很残酷"的问题。因此，"为考试而教"也被教师视为其专业责任的应有之义。亦即教师从道德的角度对追求成绩这一功利行为进行辩护，并将其融入个人的道德信念和价值观体系，渗透于日常思维和实践。这让很多教师很困惑。

> "最近这两年，国家对教师的要求越来越高了，我们也深深地体会到教师这个行业越来越不好干了。不让体罚，不让骂难听的，不让罚站，但是又要求成绩。一个班五六十个人，不能严厉管教却又要求成绩，我们很难把握好这个度。国家整天讲素质教育，但又有中考、高考，考得好的才能上好学校，我们能不抓成绩吗？现在的小孩娇生惯养，他们都不怕老师，要是不管教他们，他们就更不听你的、更不学了……国家真的需要对这方面进行改革。"

这些都表明，教师在素质教育改革中缺乏足够的心理资本和经济资本的支持。问责的现实将教师置于道德两难的境地。教师想做变革者，但也在检视代价。[1] 育人与追求成绩两种彼此矛盾的责任观的并立共存说明，教师专业责任本身就是一道充满悖论的命题，实为一个矛盾复合体，内含人本与工具的张力，即被"对好实践的判断、学生的需要和表现的严格"[2]所撕裂。教师认为这给工作造成了很大困难。

> "成绩还是个标杆……我的课上得让学生在课堂上真正掌握了知识，明白了些道理，可是考试考不出好成绩怎么办……老师又不能像过去那样抓学习，但上面还会问你要成绩。所以我把握不了这个度。"
>
> "现在我们很多学者，谈要培养怎样的学生，孩子要具备怎样的能力，如创造能力、创新能力等，教师要在教学过程中影响孩子或者要改变教育方法。但我觉得现实和理想相差甚远。因为最直接的就是有量化考核，而且家长不是看孩子多会说、想象力多丰富，他关注的是'老师，

---

① Agee, J., "Negotiating A Teaching Identity: An African American Teacher's Struggle to Teach in Test-driven Contexts", *Teachers College Record*, 2004(4).

② Ball, S. J., "The Teacher's Soul and the Terrors of Performativity", *Journal of Education Policy*, 2003(2).

我孩子成绩怎么样，我孩子考了多少名'，学校领导衡量一个老师优秀与否也是这个。你这个班教出来的孩子成绩怎么样，地方政府也是通过这个看学校的教学质量怎么样……我们很多教育理念、教育方法受到限制。"

"我觉得最大的一个困难是怎么样把素质教育和考试成绩达成一致……让老师根据自己的特点去教一些实实在在的东西，我个人认为这还不难，难的是教了之后怎么到最后去考试。我发现对我讲的东西很感兴趣的同学，考试成绩也不很理想……也许是我能力不行，没法儿把这两方面真正天衣无缝地合在一起，但我感觉这里确实有矛盾。"

教师面临来源于职业本身的"良心的压力"，"不管上面是不是评价我，我教好学生是一个基本的动机，教不好就没有身份感"。尤其成绩几乎是家长对教师不变的期待，"只要能考好，一切都可以谈。只要考不好，一切都给你抹杀"。教师"拓展得不够深"，学生"没学到东西"都是家长较为关心的。这也使教师感到"很尴尬""很别扭"。尽管教师也很无奈，在改革的碰撞中感到很茫然，但这种良心的压力又迫使教师不得不抓成绩，面临知道要改、想改而又不敢改的困惑。在"向前冲的劲头"却没有力量支撑的困局中，教师只能等待、静观其变，以期在"飘忽不定中，最后有一个航向"。尽管教师仍持有道德能动性，但该种貌似基于道德的专业自主实际已被问责制度所规约，表明了教师专业的受限性。在专业实践中，教师追求循教育本质而"教一些实实在在的东西"与考试"天衣无缝地合在一起"，不断寻找工作的平衡。有的教师将成绩视为影响其课堂教学工作的桎梏，用"期盼着"来表达对理想教育的憧憬和渴望。

"现在这个评价体系直接影响着我们的教学。我们期盼着什么时候把考试取消了，我们这个课保证很受学生喜欢……我就曾设想，如果没有考试，我的课会是另外一个样子。"

"还给老师、学生一个真正教书、学习的环境，老师发挥课堂主导性，学生能真正地跟着老师的教学，得到真正的成长，他们的童年是快乐的。学生能够快乐地成长，在快乐地成长过程中变得真实，德智体全面发展，这就是我的想法。希望有一天我能够变成这样的老师。"

研究中也发现，在处理多重矛盾的过程中，撕裂的责任也让教师体验到很多负面情绪，如"很尴尬""很别扭"、无奈、茫然、沮丧、焦虑、"窝心""感伤""快乐"与"痛苦"等。有教师对中国的教育仍有很强烈的使命感，公平对待任何一个学生，坚守教师的职业道德。尽管没有发挥的场所，在现实中很"失落"，"追求越高，对现实差距越大"，处在一种"想离也离不开，不想离又感觉追求方向不很明确"的尴尬、矛盾境地中。该教师将自身界定为"在思考中前进的一个教育战线的战斗者"，体验着考试的"窝心"，在"抱怨"中"追求"，在"现实"和"追求"之间"痛并快乐着"，"痛苦着前行"。尽管教师对良心付出与收获学生的爱心、尊重深有体会，但感觉蜡烛、园丁等皆为"溢美之词"。这部分可能是由于"没有真正地读懂这个职业"，更重要的是因为面对大的政策环境的无奈，有一种生存的压力，"混口饭吃"。也有教师谈到，在工作中希望凭着热情、真诚、善意来引导学生，希望学生有一段快乐的学习时光，让其前途更光明一些，并将之作为一种义务与责任，但自己的认真负责却屡屡受挫，招致学生和家长的不理解，因此，自己也没有了以往的成就感，深感为难与煎熬。

"痛苦着前行"的工作状态、"教育战线的战斗者"的身份定位，形象说明了教师在专业实践中所遭遇的道德两难及其心灵的挣扎。教师甚至在不断探索如何将创新、改革与考试挂钩，即"既能适应当前的这种考试方式，又能把新理念贯彻下去"。

## 三、问责背景下教师专业责任的建构

专业责任承载着教师的价值信念和道德承诺，表征着教育和教师专业的道德属性。教师专业责任的建构实际上蕴含着国家、市场、学校公共领域与个人因素的复杂互动与角力，或者说结构与能动性之间的张力。这也使教师专业责任本身即内含矛盾。教育问责及其所营造的表现性政治氛围，挑战着教师的观念和文化。教师尽管带有社会产品的属性，但更是社会生产者。作为社会生产者的教师阅读与问责相关的政策议论，建构起独特的理解和自我引导的反应。[1] 因此，在面对问责制度时，教师的反应并不是机械、被动、

---

① Sloan，K.，"Teacher Identity and Agency in School Worlds：Beyond the All-good/All-bad Discourse on Accountability-explicit Curriculum Policies"，*Curriculum Inquiry*，2006(2).

统一的。由于制度规约与专业自主的协商乃至张力相持，教师专业责任被建构出诸多复杂的形态。这些不同的价值诉求内蕴着教师对教育问责的不同识读与应对，表明了教师对何谓"对学生好"的不同理解，以及专业自主意识的强弱、道德能动性发挥的限度。"对学生负责"不只是教师对学生的一种态度，同时也反映了教师对教育本质的认识，代表了教师在专业实践中的反思性态度和道德立场。不同的责任观体现了教师殊异的专业信念和价值理念，导向不同的专业身份建构，作为教师的主观现实而为其专业决策提供了参照框架。"教师的道德品格影响着教师道德推理的取向，引导着其与他人的互动。"[1]故在问责背景下，探讨如何有效提升教师专业责任显得尤为迫切。

## （一）提升教师个人的道德信念，培养教师的责任意识

透过访谈中教师陈述的纷繁复杂的理由可以发现，由于严苛的问责制度，教师本真责任的空间极其有限。教师对本真责任的坚守多是源于个人的道德信念。这就表明，教师道德信念是相对独立的运作系统。问责制度固然会影响着教师对专业责任的阐释和践履，但并非直接作用于教师的专业实践，而是受道德信念的调节。教师所持的道德信念决定了他将考试置于何种位置，理解教师信念是提高教师专业实践的基础，尽管这很难。[2] 教师专业道德固然不应是个人偏好，而应植根于教育的公共论域，建基于对教育一般理解，但教师个体的道德信念亦不可忽视。公共的专业操守也只有为教师所内化，融入个人的道德信念系统，才可塑造教师的专业行为。尽管存在一个前提性问题，即教师专业责任是先天固有的还是后天形成的、是不是可教的，但实际上，教师专业道德教育有其必要性，即激发和维持教师个体的责任意识，培植教师内在的专业承诺和动机，同时也要兼顾教师教育的文化情境与学校教育现实的差异，力求缩小二者之间的断裂程度。

① Tirri, K. & Husu, J., "Care and Responsibility in 'the Best Interest of the Child': Relational Voices of Ethical Dilemmas in Teaching", *Teachers and Teaching: Theory and Practice*, 2002(1).

② Rex, L. A. & Nelson, M. C., "How Teachers' Professional Identities Position High-stakes Test Preparation in Their Classrooms", *Teachers College Record*, 2004(6).

## (二)正视教师专业实践中的道德难题，发展教师应对现实道德问题的能力

作为一种道德性专业，教师的诸多决策都有其道德向度，关涉道德问题。而强调统一、凸显工具理性的教育问责挑战着教育的本真，教师在践履专业责任的过程中面临诸多道德两难。例如，在多种价值观和多元利益交织的图景中，究竟如何确定何种专业行为才是对学生负责的，是固守教育的道德性还是屈从于表现性问责的要求等。除了必要的责任意识，教师专业责任也建基于相应的知识和实践能力。"唯有具备了必要的专业性，教师才可适切地行使其责任。"①实际上，教师的无力应对也是责任难题产生的重要原因。在教育问责强化的时代，一方面，教师教育要通过对相关知识和技能的传授，提升教师课堂教学的效果，增强教师的自我效能感。当前的问责脉络中，对大多数教师而言，自我效能感主要关涉学生的考试成绩。这是发挥教师道德责任的必要前提。另一方面，教师教育要直面教师专业生活中的现实道德难题，培养教师的道德反思意识，引导教师对政策动议和自我的专业理念保持必要的反思态度，提升教师的道德敏感性，发展教师的道德思维能力和应对道德难题的能力。

### (三)赋权予教师，提供教师专业责任建构的必要制度保障

教师专业责任蕴含着个体的自觉承诺与担当，建基于个体的道德能动性。但高风险的问责压力规制了教师对道德信念的践履，教师专业责任也在表现性政治氛围中被撕裂，乃至走向迷失。专业责任的窄化、异化，彰显了教育变革的道德影响力，也提示教育政策的制定和实施要充分考虑其对教师工作影响的道德维度，为教师道德能动性的发挥释放必要的空间——尽管标准化评估对教师专业实践的影响常被忽视。反之，既然教师对学生具有较强烈的道德承诺和责任意识，则学生领域不失为赋权予教师以增强其责任建构能量乃至变革能量的重要切入点。如欲革新教育、提升教育质量，则最好从教师

---

① Hoyle, E. & John, P., *Professional Knowledge and Professional Practice*, London, Cassell, 1995.

认为有充分责任去做改变的领域开始。①

# 第四节　教师的道德困境与道德选择

　　道德位于教师专业实践的核心。教师在日常工作中需要处理各种道德关系，面临诸多道德张力，甚至陷入道德困境。道德困境中教师的道德选择无可规避，比较集中地反映了教师的道德考量和道德能动性。

　　本节拟以相关理论为基础，从对道德冲突的解决来理解专业道德，走进教育实践，关注何种情境和经验引起教师的道德冲突，探讨教师所遭遇的各种层面的道德两难的性质和意义，以及教师是如何思考和选择的。例如，教师所经历和处理的道德冲突都有哪些？这些冲突的特征是什么？是哪些规范的冲突？冲突是在什么情境中发生的？导致冲突产生的环境和条件是什么？通过冲突来表现教师的经验，深入倾听教师对真实道德困境的独特感知和主观体验，明确日常实践中教师道德困境的类型，探究教师困境管理中所体现出的道德选择基点、立场、策略等问题，既有助于充实和拓展学术界对教师专业道德及其建构的理论讨论，也可凸显"局内人"的实践经验，展示教师道德行动的真实样态，传递出教师在专业实践中的真实道德声音。

## 一、教师道德困境的无可规避性

### （一）教师专业实践的多维情境

　　教师工作是一个承载着道德的专业，教师专业实践总是植根于某一道德观。教师专业道德也并非静态的，而是带有较强的实践意味，是教师的行动或考虑所反映出来的道德价值。道德植根于个体的实践情境。教师专业实践并非抽象的，而是处在不同的实践脉络中。教师在不同的情境中学习和工作，如学校、办公室、教室等。多维变化的实践情境既包含了不同的地理位置，也涉及殊异的性质与特征，蕴含着不同的道德问题和道德关系，适用不同的道德规范。而针对不同的服务对象，教师实际上处于一个角色丛中，不同的人对教师的道德期待不同，多重角色之间的张力很容易造成教师的角色冲突。

---

　　① Farrand, J., "Mexican Primary School Teachers' Sense of Professional Responsibility", *Comparative Education*, 1988(1).

作为实践者的教师需要决定在具体的情境和关系脉络中做什么。不同道德规范、道德体系的冲突无可避免。对此，纳什(Nash)一语中的："学校是一个道德互动乃至道德挣扎的地方。"①蒂里(Tirri)也指出："教师专业本质上是道德性的，教师在日常工作中面临很多的道德两难。即使是最专业的和最有美德的教师，在其职业生涯中也会犯一些道德错误。"②

福特尼克(Futernick)尤其关注多元文化境遇中教师的道德困境。③ 他认为，多元文化中相对主义的道德取向受宠，多元文化价值观的冲突会给教师造成两难的境地。他指出，多元文化给教师带来新的伦理问题：当学生的文化价值观是不可接受的或者与教师或该班同学的价值观相冲突时，教师该如何处理；基于何种基础或在何种情境下，教师让学生遵从教师或学校的价值观而不是学生的价值观是正当的；教师改变或拒绝学生的文化价值观是否正当。这些都对教师的道德思维、道德问题解决能力提出了很高的要求。

## (二)道德困境的实践意义

仅认识到道德冲突的无可规避性甚或知悉教师身处道德冲突境地，对教师专业实践问题的解决和专业道德的建构皆无大裨益。教师需要处理复杂的道德实践问题，解决实践场域中的道德冲突，做出道德判断，进行道德决策，并对自我的道德选择做出有效辩护。道德困境中教师的道德决策和道德辩护集中反映了教师的道德考量和道德能动性。而教师是反思性的道德能动者，道德困境中教师的道德选择无可规避。诚如托马斯所言："我们的学校最终依靠的还是教师个人的道德行为能力。不管受到怎样严格的控制，教学要求不断进行选择，这些最艰难的选择从本质上讲是关乎道德的选择。"④杜威亦假设：道德是每项活动的组成部分，我们需要在不同的可能性之间进行选择，

---

① Nash，R. J.，"Foreword"，In Zubay，B. & Soltis，J. F.，*Creating the Ethical School：A Book of Case Studies*，New York，Teachers College Press，2005，p. 4.

② Tirri，K.，"What Can We Learn from Teachers' Moral Mistakes?"，Paper Presented at the Annual Meeting of the American Educational Research Association，Seattle，WA，April 10-14，2001.

③ Futernick，K.，"The Ethics of Teaching：Book Review"，*Educational Studies*，2002，(4).

④ [美]布鲁斯·R. 托马斯：《学校——符合道德规范的学习共同体》，见[美]约翰·I. 古德莱德、罗杰·索德、肯尼思·A. 斯罗特尼克：《提升教师的教育境界：教学的道德尺度》，汪菊译，243 页，北京，教育科学出版社，2012。

无论这些可能性在哪里出现，总是有最好与最坏的差异。对行动的反思意味着存在不确定性，需要决定哪种行动过程是最好的。①

道德困境将教师专业的道德维度予以具体化、浓缩化。道德困境中的道德选择比较集中地反映了教师的道德考量，界定了教师的专业责任，表明了教师个体对好教师的意象建构和探索尝试，不失为审视教师专业实践和教师专业道德建构的关键视角之一。科纳鲁德（Colnerud）就指出，探讨教学工作和专业道德的最好方法，就是研究教师与专业生活中的重要他人（如同事、家长和学生）互动时所遭遇的道德冲突。② 坎贝尔指出，关系的冲突有积极的一面，各种不协调可作为极端行为的界限，"你不能太热衷于一种操守，因其要受他人的制约"，但要避免对责任的简单化列举。③

### （三）虚拟的情境与真实的情境之辨

在这方面，虚拟的教育实践情境已被引入教师道德困境问题的探讨，关注道德困境中教师道德决策、道德推理等问题解决能力。例如，海尔卡马（Helkama）借助科尔伯格的道德量表研究教师的道德发展水平，发现约一半的教师可达到后习俗化的道德判断阶段。④ 斯特赖克和索尔蒂斯（Strike & Soltis）对教师道德困境的探讨，亦因循虚拟情境的研究思路。⑤ 伯格姆（Bergem）也探讨了师范生是如何回应假想的道德两难要求的。⑥ 研究关注了师范生的自我理解、师范生最关心的问题是什么、师范生所提出的解决策略及其辩护理由。研究问题包括：两难中的道德问题是什么，为什么一些学生能识别出更多的问题，师范生的解决策略及其辩护理由，师范生的专业道德

---

① 转引自 Bárcena，F.，Gil，F. & Jover，G.，"The Ethical Dimension of Teaching: A Review and A Proposal"，*Journal of Moral Education*，1993(3)。

② Colnerud，G.，"Ethical Conflicts in Teaching"，*Teachers and Teacher Education*，1997(6)。

③ Campbell，E.，"Professional Ethics in Teaching: Towards the Development of a Code of Practice"，*Cambridge Journal of Education*，2000(2)。

④ 转引自 Tirri，K.，"Teachers' Perceptions of Moral Dilemmas at School"，*Journal of Moral Education*，1999(1)。

⑤ Strike，K. A. & Soltis，J. F.，*The Ethics of Teaching*，New York and London，Teachers College Columbia University，2009。

⑥ Bergem，T.，"The Teacher as Moral Agent"，*Journal of Moral Education*，1990(2)。

推理能力对其教学效能有何影响。

但不可忽视的是，教师所遭遇的真实的道德困境与虚拟的道德困境明显不同。二者的根本区别在于认识与行为的差异。在虚拟的道德困境中，教师面临的是道德认识问题："不论他是否解决了道德认识问题，都无法立即导致道德行为。虚拟问题并不向人们提出道德行为的要求，也不提供实现道德行为的环境和条件。"①相反，真实的道德困境与教师的切身利益相关，要求教师必须做出实际的道德决策和选择行为。研究方法上，尽管经验研究也渐受重视，但理论思辨的研究范式仍居主导，教师道德困境研究缺乏必要的实践证据支撑，这不可避免地导致人们对道德困境是如何发生的、真实情境中教师的道德困境类型与教师的道德选择策略不甚明了，进而限制了理论对实践的说服力和引导力。

## 二、教师道德困境的内涵

### (一)道德困境实乃道德选择的困境

实践的领域必然是不确定的领域。道德困境就是其中一个独特的实践问题。在这一特殊的问题情境中，多个道德原则、多种价值观同时出现，并指向不同的道德判断和行动过程。教师没有确定的、合适的反应。相异但又皆值得重视的道德价值观相互竞争，而且一种道德义务的履行往往意味着对其他道德义务的舍弃。道德主体需要在两种乃至两种以上的正价值观和行动过程中做出艰难的抉择。换言之，之所以称其为道德困境，是因为道德主体在两种或两种以上的善中择一时不知所措，即道德主体"不是在善与恶，即正价值与负价值之间进行选择，也不是在善与非善，即有无价值之间进行选择，而是在善与善，即正价值与正价值之间进行选择"②。每一种选择都蕴含着做错事的道德风险。"不管面临真正道德困境的人干什么，他或她都将以做错事或成为一个可能做错事的人这样一种方式而行动。他或她似乎被阻止发现要做的正确事情。"③在此意义上，道德困境实乃道德选择的困境，道德困境中道德选择的实质是善善选择。

---

① 傅维利：《真实的道德冲突与学生的道德成长》，载《教育研究》，2005(3)。
② 韩东屏：《论道德困境》，载《哲学动态》，2011(11)。
③ [美]A. 麦金太尔：《道德困境》，莫伟民译，载《哲学译丛》，1992(2)。

## （二）教师道德困境的特征

### 1. 道德认知的模糊

道德困境亦为教学工作所固有，是教师日常实践的特征，弥散于教师专业实践的各个维度。研究表明，70％的教师认为其所遭遇的专业实践困境本质上都是道德性质的。① 复杂的专业实践中，教师行为往往受多种道德规范所引导。例如，奥泽（Oser）认为，就教师的专业决策而言，公正、真诚和关心这三种美德尤其关键。② 蒂里和胡苏（Tirri & Husu）则视关心与责任为教师专业道德的基本要素。③

无可否认，上述道德皆为教师专业实践所必需，抽象的道德原则、标准亦为教师的道德理解和道德决策提供了必要的工具和参照。但当置身于复杂的专业实践情境中，面对混乱的、不精确的实践问题时，教师往往困惑不堪，很难决断如何恰当行动，因为多种行动都可以在道德上得到辩护。于教师而言，道德困境犹如灰色地带，缺乏清晰的道德行动路径，没有确定的、适切的行为反应模式，亦并非简单的善恶、对错选择。也正是在这一灰色地带，教师专业道德被真实的实践所检验。

### 2. 消极的情绪体验

除了道德判断上的困顿、道德选择中的左右为难与举棋不定，道德困境也给教师带来了较强的消极情绪体验，如内疚、焦虑、不安等。"道德困惑反映到人们的情感系统中，就会使人处于痛苦、不知所措乃至疯狂的煎熬之中。"④道德困境复杂、混乱，教师往往很难以一种干脆、利落的方式解决困境。

---

① Lyon，N.，"Dilemmas of Knowing：Ethical and Epistemological Dimensions of Teachers Work and Development"，*Harvard Educational Review*，1991(2)．

② Oser，F. K.，"Professional Morality：A Discourse Approach（the Case of the Teaching Profession）"，In Kurtines，W. & Gewirtz，J.，*Handbook of Moral Behavior and Development*，New Jersey，Lawrence Erlbaum Associates，1991，pp. 191-228．

③ Tirri，K. & Husu，J.，"Care and Responsibility in 'the Best Interest of the Child'：Relational Voices of Ethical Dilemmas in Teaching"，*Teachers and Teaching：Theory and Practice*，2002(1)．

④ 程光泉：《道德困惑与道德冲突——一个值得重视的时代课题》，载《哲学研究》，1995(10)。

在多重道德张力和持续的不确定性中，教师要择一善而舍弃其他之善，或者说一善之选择实际上是以牺牲其他同样所欲之善为代价。无论如何选择，教师都会为做错事或可能做错事而内疚、焦虑。范·弗拉森就指出："对一个或另一个选择的内疚似乎不可避免……是内疚的适当性，而不是遗憾才把真正的道德困境与其他类型的困境区分开来了。"①因此，教师在叙述道德困境时往往用复数的"我们"而不是单数的"我"来做主语，以将个人的道德困境与教师群体相联系，通过群体叙事来舒缓道德困境中的消极情绪体验。又因体验到道德困境所导致的不舒适，教师才真正意识到自己所珍视的道德价值。

## 三、教师道德困境的类型与成因

专业实践中，教师所遭遇的道德困境复杂、多样，造成道德困境的变量也不胜枚举。但究其根源，教师的道德困境与道德冲突不无关联，即教师行动可依据的道德规范，如传统与现代、本土与外域、个人与社会、规则与美德等不同价值体系和规范系统相互冲突。道德冲突总是与道德困境相伴。从某种意义上说，道德困境就是道德冲突的结果与表现。伯拉克(Berlak)等学者创造了困境语言来描述教师日常工作中面临的道德冲突。道德冲突表明了教师工作的复杂性，以及专业责任和道德价值的多元。

很多学者关注到教师专业实践不同层面的道德冲突。例如，奥林(Aurin)指出了专业活动领域的张力：学科与学生、教育个别学生与教育整体、对个体班级的承诺和对学校的承诺。② 教师专业领域存在五种规范类型：道德的人际规范、源自任务的内部专业规范、制度规范、社会一致性规范、自我保护规范。相应地，也存在五种价值：免受伤害的保护、对正直的尊重、对自主的尊重、公正和诚实。③ 冲突的内容包括：价值观和理念、教师的学科知识与技能、师生关系、对自我的理解和学生作为认识者等。④ 关于冲突的原

---

① 转引自[美]A. 麦金太尔：《道德困境》，莫伟民译，载《哲学译丛》，1992(2)。

② Aurin，K. & M，M.，"Forms and Dimensions of Teachers' Professional Ethics: Case Studies in Secondary Schools"，*Journal of Moral Education*，1993(3).

③ Bullough Jr.，R. V.，"Ethical and Moral Matters in Teaching and Teacher Education"，*Teaching and Teacher Education*，2011(1).

④ Lyons，N.，"Dimensions of Teachers' Work and Development"，*Harvard Educational Review*，1990(2).

因，道德冲突植根于教师的自我价值观、对实践的理念；个体与情境塑造了特定道德两难的性质；使命感造成了教师的道德冲突。①

借鉴"道德异乡人"理论，根据相互冲突的道德规范是否属于同一价值体系和道德传统，道德冲突可分为两类，即对抗性的道德冲突和非对抗性的道德冲突。② 相应地，教师的道德困境基本可分为对抗性的道德困境和非对抗性的道德困境。这些困境多是关系型的，发生在特定的关系脉络中，体现于协调与他人关系和行动时的关键事件，也表明了教师对其行动的道德辩护。

## （一）对抗性的道德困境

教师专业实践领域充斥着深刻的道德分歧。对抗性的道德冲突，即相互对立的价值体系之间的冲突。③ 这种规范性冲突是根本性质的，通常发生在"道德异乡人"之间。教师与家长之间的道德冲突即属此类。这两类教育利益相关者持有不同的道德立场，分属不同的道德价值体系，对学生发展、教师适切的专业行为等问题有不同的看法，在何谓对学生好等方面往往不能共享道德价值观。当教师的专业价值观与家长教育理念、家庭教育规范相冲突时，教师即陷入对抗性的道德困境。该类道德困境屡见不鲜，处理的多是对学生而言最好的教育安排问题。笔者访谈的40位教师中，几乎每位教师都对此有所涉及。

当前，教师专业化和家长赋权更是强化了二者之间既有的对立关系。在专业实践情境中，教师视自己为专业人士，希望能根据教育标准、个人的教育理念来专业地行动，服务于学生的发展，但明显感受到专业权威与家长价值取向的张力。教师作为家长代理者的形象已经动摇，而家长对教育的消费和问责意识增强，也有能力与意愿来干预教师的专业实践，例如，抱怨某些课程内容的价值、质询教师所安排的实践活动、关心内容拓展是否深入等。例如，"如果你上课跟学生谈心，可能第二天就有家长直接给校长打电话：这个老师上课不干正事，不正儿八经地讲课"。该情境明显蕴含着教师和家长对学生发展理解的分歧，即全面发展学生还是片面追求考试成绩，或者说教育

---

① Lyons, N., "Dimensions of Teachers' Work and Development", *Harvard Educational Review*, 1990(2).

②③ 曹刚：《伦理学的新维度：道德困境中的三类道德难题》，载《哲学动态》，2008(11)。

价值认识上的人文信念与工具理性的张力。家长问责直接干预了教师的专业决策权，限制了教师的专业自主，削弱了其专业权威和专业影响力，冲击着教师对学生发展的本真责任感。教师遭遇着诸多消极情绪，如困惑、"纳闷""尴尬""别扭""压力很大"等。教师的专业脆弱性体验明显增强，甚至对自己的专业身份产生怀疑："我刚去的时候特别迷茫，特别累，我想把他们教好。我觉得自己特别有责任心，但家长不配合。"

在个体层面上，对抗性的道德困境则源自角色冲突，即由不同社会角色规范的冲突而导致的个体道德选择上的困境。① 针对不同的对象群体，教师实际上处于一个角色丛中。不同的关系意味着殊异的责任和道德标准。角色之间的张力很容易造成教师角色责任的冲突。正如麦金太尔所描述的，一个道德上严肃的人发现，履行一个社会角色的责任将阻止自己去履行另一个社会角色的责任。② 其中，对学生的专业道德责任和对同事忠诚的道德准则是教师专业实践中很引人注目的角色冲突。

例如，当看到同事体罚学生、讽刺挖苦学生，即所谓"同事暴政"时，教师该如何行动？该类道德冲突相当棘手。一方面，源自共同实践的对群体成员的忠诚即同事性，是处理同事关系的重要道德原则。坎贝尔指出，当同事之间的关系被组织身份制度化时，同事关系更多强调的是团结。③ 另一方面，教师和学生权力关系不对等，学生天然地处于依赖、劣势地位。作为专业人员，教师对学生负有专业道德责任，即保护学生免受身体或心理伤害。基于对学生的关心和责任，教师可"揭发"同事的权力滥用行为，向学校"告密"，或训斥同事以维护学生的权益。但干预即背离了同事忠诚，而这恰恰是破坏群体团结的一大禁忌。忠诚中教师面临道德困惑。作为同事要忠诚，作为专业教师要维护孩子的利益，教师往往无法同时履行这两种角色责任。对学生负责和忠诚于同事的道德准则将教师置于道德困境。

### (二)非对抗性的道德困境

非对抗性的道德困境源自同一价值体系中不同道德规范在运用于特定情

---

① 曹刚：《伦理学的新维度：道德困境中的三类道德难题》，载《哲学动态》，2008(11)。

② [美]A. 麦金太尔：《道德困境》，莫伟民译，载《哲学译丛》，1992(2)。

③ Campbell，E.，"Professional Ethics in Teaching：Towards the Development of A Code of Practice"，*Cambridge Journal of Education*，2000(2)。

境时所产生的冲突。① 通常来讲，同一价值体系中的具体道德规范并不自相
矛盾，但在特殊情境中，某些道德规范难以兼顾，道德困境由此产生。下面
以教育中的公平原则为例，来说明教师所遭遇的非对抗性道德困境。"平等公
正对待学生"是教师所应遵守的职业道德规范，也是教师所共享和珍视的一大
美德："要公平对待任何一个学生"，"让每个孩子得到更好的、更公平的教
育"。公平也是家长对教师的道德要求。有教师认为，要"无所不爱""有
大爱"。

> "教师必须有大爱。所谓大爱就是无选择。教师不能说成绩好的学生
> 我爱，成绩不好的学生我不爱；这个性格我爱，那个性格我不爱。教师
> 就是应该有大爱。来到这个班里，只要你是我的学生，我就对你有爱心，
> 教师才能带得很顺。教师要是有选择、有区别的话，那可能看这个学生
> 好，看那个学生不好……什么样的孩子我都爱，还勉强自己去爱。不然
> 的话，教师很难保持一种良好的心态。"

但在随班就读这一特殊的专业实践情境中，教师却面临着不同公平原则
的道德冲突。从历史上看，特殊教育历经隔离（segregation）到回归主流
（mainstreaming）再到融合（inclusion）的发展形式。当前，随班就读是我国特
殊教育回归主流和融合教育的重要形式。随班就读的重要理论依据是教育公
平，即保障特殊儿童这一社会弱势群体平等受教育和发展的权利，确保特殊
儿童在最少限制的环境里最大限度地参与主流的社会和教育环境，进而促进
社会公平。《国家中长期教育改革和发展规划纲要（2010—2020 年）》指出，要
合理配置教育资源，"各级各类学校要积极创造条件接收残疾人入学，不断扩
大随班就读和普通学校特教班规模"。这固然涉及特殊儿童入学机会的均等，
但更重要的是参与教育过程机会的均等、教育资源分配的公平，即不同背景
的学生应获得均等的教育参与机会。在这方面，分配公平学派的杰出代表罗
尔斯从分配角度界定公平，提出了作为公平的正义的两个原则，即平等自由
原则和机会的公平均等与差别原则。前者确定与保障公民的平等自由，后者
用来调节社会和经济的不平等。二者相互补充，同时适用于社会的基本结构。

---

① 曹刚：《道德困境中的规范性难题》，载《道德与文明》，2008(4)。

特殊儿童处于弱势地位。基于对教育平等和社会公平的追求，教师须考虑特殊儿童的特殊需要，因材施教，例如，降低教学难度、放慢教学进度、给予其更多的爱心和关注、实施个别化的教学方案，以保证特殊儿童接受合适的教育。通过差别对待和补偿以保证处境不利者的利益，此为罗尔斯所言的差别原则："分配教育方面的资源，以便改善最不利者的长远期望。"①由此观之，若为随班就读中的每个有特殊教育需要的儿童提供适切的教育，提升随班就读的效能，则优质的师资、小班化教学、个别化教育计划、多样且充足的资源教室、平等与包容的学校文化氛围、社会大众的支持等是必备条件。但当前，教育资源有限，教师的精力、时间有限，教师特殊教育的知识和能力也有待提升。这势必影响绝大多数普通学生的受教育机会，对普通学生而言也意味着不公平对待，即基本的受教育权利受到影响。也就是说，保护特殊儿童的差别原则与保障绝大多数普通学生的基本受教育权利的平等自由原则内含道德张力，从而使教师陷于道德困境："我是否应该放弃这些孩子（注：指特殊儿童）"；"这些孩子影响到我的教学进度，我能否不再提问他们"；"对个别调皮捣蛋的同学可以看其他科目的书，但是不允许骚扰其他同学"。这些都表明了在随班就读这一特殊情境中，在面临两种公平原则不可兼得时，教师的矛盾、困惑和无所适从。

## 四、道德困境中教师的道德选择

有学者指出，很多教学两难必须被简单地管理，而不是被解决。② 很多研究表明，有经验的教师知道并没有蓝图告诉他们在具体情境中应做什么。③教师并不总能意识到其行动的道德影响，也没有做好处理道德困境的准备。④但教师处理道德困境的责任无可规避。道德选择是教师所经历的一种现实性

---

① ［美］约翰·罗尔斯：《正义论》，何怀宏等译，96 页，北京，中国社会科学出版社，1988。

② Lyons，N.，"Dimensions of Teachers' Work and Development"，*Harvard Educational Review*，1990(2).

③ Campbell，E.，"Professional Ethics in Teaching：Towards the Development of A Code of Practice"，*Cambridge Journal of Education*，2000(2).

④ Tirri，K. & Husu，J.，"Care and Responsibility in 'the Best Interest of the Child'：Relational Voices of Ethical Dilemmas in Teaching"，*Teachers and Teaching：Theory and Practice*，2002(1).

活动，是教师专业实践的必要环节。个人选择的无条件性源自个人的自主性。[①] 具有一定意志自由和选择能力的教师必须识别道德困境，综合考虑影响其道德决策的各种相关因素，以做出专业上、理性上可辩护的判断和选择。

## （一）身份：教师道德选择的基点

如前所述，道德困境挑战着教师身份，而身份亦成为教师道德选择的基点。教师是独特的个体，有自己的生命体验和生活经历，有独特的个人、社会和文化信念系统，有对教育、教学的个性化理解和情意。因此，教师总是带着个人记忆和"前见"进入实践场域，总是根据个人的生活经历、实践体验、专业认知和价值取向来框定道德事实，基于个人的道德意识和道德承诺来理解道德问题，阐释特定事件的道德意义，建构起个体的主观道德现实。在此意义上，教师的道德品格和专业自我不可分割。研究也表明，很多教师将道德困境直接或间接地等同于道德自我。[②]

教师的道德选择行动亦植根于教师的自我价值观和道德自我认识，取决于他们是什么样的人，即教师对"我是谁"的阐释。不同的话语体系和价值系统导致教师的道德判断和选择殊异，影响着教师道德推理的趋向，引导着其与他人的互动。"一个人在每个场合都知道该去做什么，但那不是通过应用一般性的原则，而是通过成为一个特定种类的人：一个以独特的方式看待情境的人。"[③]例如，面对家长的问责压力，很多教师视自己为服务者。如同"业主适应顾客一样"，作为服务者的教师迎合家长的要求，"心惊胆战地去教育"，"每天有一种如履薄冰的感觉"，不断"警告自己的行为"，以防"好心办坏事"。在很多教师看来，教师只是职业，饭碗稳定，"混口饭吃"才是最现实的。

"老师都是心惊胆战地去教育。本来我们想的就是满腔热血地为家长、为学生好，但有的时候我们是担着风险的……也有可能哪一天我哪句话说得不合适，家长把我告了，我这个饭碗就丢了，更别说有什么发

---

① 卢风：《道德选择、道德困境与"道德悖论"》，载《哲学动态》，2009(9)。

② Lyon，N.，"Dilemmas of Knowing：Ethical and Epistemological Dimensions of Teachers Work and Development"，*Harvard Educational Review*，1991(2)。

③ ［美］约翰·麦克道威尔：《美德与理性》，刘叶涛译，见徐向东：《美德伦理与道德要求》，131 页，南京，江苏人民出版社，2007。

展了。"

### (二)关心学生：教师道德选择的立场

在处理道德困境时，对学生的关心是教师进行道德选择时所持的基本道德立场。学生是教师的直接顾客。"从技术层面以及道德方面来讲，教师的首要责任是对教学对象负责。"[1]因此，对学生发展的关心是教师专业性最核心的部分，也是教师工作中面临的最大挑战。教师所识别的所有道德困境几乎都涉及对何谓学生最好利益的理解及维护。在道德困境中，维护儿童的根本或最好利益也是教师最主要、最常用的为其道德选择行为加以辩护的理据。在此意义上，关心学生是影响教师道德选择的非情境变量，即不因情境而变化的教师用来为其行动辩护的共同原则，而不管其道德困境的种类是什么。[2]"教师本身就是个良心活，要对学生负责任"的表述中，"良心活"即表明了教师对学生根本利益的关心和责任。这一教育隐喻植根于我国传统的师德文化脉络，沉淀为教师的教育认知图式乃至道德直觉，从根本上影响着教师的道德选择和道德决策。

对学生的关心实际上体现了教师的人文信念和道德承诺。不过，当面对其他价值观的挑战时，关心的位置往往并不稳固。如在"同事暴政"的道德困境中，出于对同事的忠诚、对成人的尊重，教师多冒着悬置其对学生道德责任的风险。"不干预""各人自扫门前雪"，是教师常见的道德选择。尽管教师对此也"深感遗憾"，认为是自我懦弱，但至少可以保持在同事群体中的安全感。因为违背同事忠诚往往比违背对学生的道德责任的风险要大得多。特定实践情境中对非情境变量的偏离，实际上也表明了教师道德选择策略的多样性。

### (三)具体道德选择策略

教师的道德选择策略受多种力量所影响，如社会环境、专业环境、家庭

---

① ［美］约翰·I. 古德莱德：《学校中的教师职业》，见［美］约翰·I. 古德莱德、罗杰·索德、肯尼思·A. 斯特尼克：《提升教师的教育境界：教学的道德尺度》，汪菊译，11页，北京，教育科学出版社，2012。

② Tirri, K., "Teachers' Perceptions of Moral Dilemmas at School", *Journal of Moral Education*，1999(1)。

和同事环境、个人特征等。也就是说，教师的道德选择策略是情境依赖、内容分殊的，随具体案例而变化，并不存在所谓最优策略。凯鲁比尼(Cherubini)也指出，教师是实用的实践者，在理想的道德决策范式与必要的专业考虑张力中协商道德困境。① 因此，教师的道德选择策略是多元的。根据对访谈资料的分析，本研究发现，妥协和单方决策是大多数教师常用的道德选择策略，分别适用于不同类型的道德困境。

在对抗性的道德困境中，妥协的道德选择策略较为常见。这主要表现为教师对关心学生这一道德立场模棱两可、怀疑乃至摒弃，进而忽视了对问题解决的责任。在前述的同事之间的道德冲突中，为保持对同事的忠诚，教师会择取"只是观点的不同"这一托词来避免道德决策和承担道德责任。因此，同事之间的道德冲突通常是悬而未决的。而在教师和家长之间的道德冲突中，教师经常质疑家长的行为是否服务于学生的最好利益。在教师看来，仅着眼于升学和考试成绩的观念是很功利的，是一种"投机主义""实用主义"，但也多服从于对家长的尊重及其所施加的压力。当前，在面对高风险性的评价和问责方式时，教师往往以执行指令、履行工作职责的态度来不加反思地处理道德困境："对于上面领导的指示，我们都身体力行，都非常支持。"从教育本身的价值出发、从良心上教育学生让位于压力下的成绩追求，内在的专业性服膺于外界的制度和市场要求。当然，教师个体也体验着道德愧疚感，如感到"无奈""窝心""遗憾"等。但很多时候，该种愧疚感与其道德、道德责任意识一起被悬置、摒弃："现实归现实。"

在非对抗性的道德困境中，单方决策是多数教师最常用的、首选的道德选择策略。在这一选择取向中，教师自视为专业人士，自信有能力迅速地解决问题，而无须向其他利益相关者辩护。因此，教师倾向于将问题都收归到自己手中，用权威的方式来解决道德困境问题，以将代价、麻烦降至最低，迅速恢复工作秩序。② 当然，教师单方决策的道德选择策略往往是基于特定的道德规范。例如，在随班就读的班级中，特殊儿童往往给教师的课堂管理和课堂秩序维持带来诸多不便。教师基于对多数普通学生的关心，往往采用

---

① Cherubini, L., "The Complexities of Ethical Decision-making: A Study of Prospective Teachers' Learning", *Journal of Applied Research of Learning*, 2006(1).

② Oser, F. & Althof, W., "Trust in Advance: On the Professional Morality of Teachers", *Journal of Moral Education*, 1993(3).

独揽的道德选择策略,例如,"他会拖班级后腿","不用管她,她有多动症","不要提问他,他会影响到进度"。教育公平让位于教学效率。这固然与教师个人道德修养的缺失、特殊教育理论知识和实践经验的匮乏不无关联,但也折射出在表现性的教育评价制度和教育资源供给有限、班额过大等现实条件制约下教师的无奈选择:"为了挽救那几个孩子,全班成绩下来了,这首先对我是一种讽刺。"

## 五、结语

将教师专业实践置于真实的社会和文化脉络中,从理解和解释的视角来审视教师道德困境和道德选择,在一定程度上揭示了教师专业实践的真实图景。道德困境是教师专业实践中不可规避的道德问题。教师的道德困境表明了教师专业的道德本性,反映了专业道德内部的张力,以及教师专业实践的不确定性和模糊性。教师道德困境的产生,既由教师专业实践的特征决定,也与个体教师的道德认知、道德信念和道德实践能力密切相关。

道德选择对教师管理乃至走出道德困境具有重要意义。道德困境中的道德选择是教师在特定的道德取向引导下的艰难抉择,是多重力量较量中不得不进行的选择。教师道德能动性为教师的道德选择提供了前提可能,体现了教师的道德勇气和道德力量。但教师道德选择的现实性受到制度和社会环境的诸多限制,教师需要协调来自个人、专业、制度和社会等多种道德价值观。教师的道德选择策略与道德困境的内容、教师的信念系统、实践情境、教师的专业自主意识等因素相关。因此,关注多重道德要求中教师的道德考量,增强教师的道德选择主体性和能力,提升教师的道德认知水平,帮助教师妥善地管理道德困境、进行道德选择,是值得深思的理论和实践问题。

# 第五章 教师专业道德建构的理论取向

　　教师本质上是一个道德专业。教师专业实践固然需要追求效率、效能，但亦不可忽视自身固有的道德维度。"无论何时、无论以何种方式，教师的行为总是关乎道德的。"①教师的道德行为表征着专业的独特品质，作为专业者的教师无可避免地成为道德行动者。教师专业道德关注教师的道德实践。对何谓道德上适切行动的理解，描述了教师在与学生、同事等群体互动时的专业行为方式和行为边界。教师专业道德总是植根于具体的实践情境和关系脉络，指向教师的道德责任、道德理解和道德决策。不过，专业实践有不同的道德向度。基于不同的理论立场，对教师专业道德构成要素的解读各异，对道德能动性的理解、何谓适切的教师道德行为的判据不同。必然地，教师专业道德的建构理论也就出现了分野。经验研究要关注不同理论视角中的争论。

　　自 20 世纪 80 年代初期开始，学界已开始将教师视为道德行动者，考察教师行动或思考中所蕴含的道德元素、教师适切的道德行为方式。其中，浮现出两种主要的伦理话语系统：规则和美德。专业原则的义务特征与教学的美德伦理特征受到关注。② 规则取向的教师专业道德建构围绕"我应该如

---

　　① Fenstermacher, G.D., "Some Moral Considerations on Teaching as A Profession", In Goodlad, J.I., Soder, R.& Sirotnik, K., *The Moral Dimensions of Teaching*, San Francisco, Jossey-Bass, 1990, p.133.

　　② Carr, D., "Personal and Interpersonal Relationships in Education and Teaching: A Virtue Ethical Perspective", *British Journal of Educational Studies*, 2005(3).

何行动"，探寻教师正确行动的道德规则。美德取向的教师专业道德建构追问"我应该成为什么样的人"，关注教师的道德品格和道德自我。作为教师专业道德建构的两种取向，规则和美德固然触及了教师专业实践的不同道德向度，但一元论的话语体系与多样化的专业实践之间的张力迫切要求重新思考教师专业道德建构的理论基点。本章即在分析教师专业道德建构的不同理论取向基础上，探讨一元论的话语体系与多样化的专业实践之间的张力中，教师专业道德建构的理论基点与可能出路。

## 第一节 "我应该如何行动"：规则取向的教师专业道德建构

### 一、规则的理论意旨："我应该如何行动"

规则伦理以道德规则为中心，把"责任""义务"等作为基本概念，旨在通过建立一套具体的、普遍有效的道德标准来规范、评判人们的道德行为。道德规则即行为命令，往往用简短的语言公式来规定个体应该如何行动。"去做……是正确的""去做……是某人的义务、职责"是规则常用的言辞形式。道德的价值和判断标准来源于责任和义务，道德推理就是对规则的应用。在此意义上，道德规则就是"任何我们可以在理解的基础上遵循的道德体系的校准器"①。

任何称得上专业的职业都不可能避免一些普遍的约束性的或剥夺性的控制，即有各种各样的专业方面的界定规则和准则。专业约定有其义务论层面，即根据道德义务、权力和契约。这些义务、权力和契约被恒定地理解为一般的、普遍的、可推广的原则或规定。② 在规则伦理的思维结构中，教师的道德实践本质上是一种规则行为，受到某些普遍责任和义务的束缚。好的、正确的教师行动和决策主要根据客观的道德规则来判断。教师专业道德的建构即探寻正确行动的道德规则，学习如何将专业实践植根于普遍的道德规则、如何进行道德推理和系统论辩。教师要能够依据独立于个人和专业经验的道

---

① 转引自徐向东：《美德伦理与道德要求》，136 页，南京，江苏人民出版社，2007。

② Carr, D. , "Personal and Interpersonal Relationships in Education and Teaching: A Virtue Ethical Perspective", *British Journal of Educational Studies*，2005(3)。

德规则来确定"我应该如何行动"，明晰不同的道德行动及其辩护理由，发展"用公共的道德语言进行对话的能力"。① 由此，教师专业道德超越了个人的利益和视角，本质上是一种带有义务特征的道德承诺。诚如古德莱德（Goodlad）所言，专业教师是"积极的道德行动者，他们肩负着源自道德义务的道德责任"②。教师的道德生活以道德规则为中心，是一种运用理性的生活。而教师的道德决策成为一个严格的公共过程，可讨论、可辩护。教师的专业发展是一个发展完善的、和谐的和精确的论证的过程。③

## 二、规则取向的教师专业道德建构的合理性

### （一）与专业的服务理念有内在契合

规则取向的教师专业道德建构与专业的服务理念有内在契合。从专业社会学的视角看，专业以他人利益为指向。与一般职业相比，专业能为顾客提供更为优质的、非个人性的服务，即"以一种外在的、非个人的方式来处理和对待他人"④。也就是说，专业人士在"看待自己和他人时，并不需要对自己的个人环境和各种关系诉诸任何特别的偏好和关联"⑤。作为后发型专业，为提升专业地位、发展符合专业标准的道德精神，教师也应以医生、律师等公认的专业为榜样，将这些专业所蕴含的道德义务即不偏不倚地服务于顾客作为道德建构的出发点。

这就意味着专业道德具有跨越职业的普遍可推广性，教师应以个人中立的方式遵守所有专业共享的道德规则。就教师专业实践中的核心关系即师生关系而言，无论是从知识还是从权力来看，师生关系都是非对等的，学生处于依赖地位。普遍的专业责任和义务要求教师将学生的利益放在第一位，基

---

① Strike, K. A., "Teaching Ethical Reasoning Using Cases", In Strike, K. A. & Ternasky, P. L., *Ethics for Professionals in Education*, New York, Teachers College Press, 1993, p. 106.

② Goodlad, J. I., "Studying the Education of Educators: Values-driven Inquiry", *Phi Delta*, *Kappan*, 1988(2).

③ Combs, A. W., *A Personal Approach to Teaching: Beliefs That Make A Difference*, Boston, Allyn & Bacon, 1982, p. 4.

④ 徐向东：《美德伦理与道德要求》，22页，南京，江苏人民出版社，2007。

⑤ Piper, A., "Moral Theory and Moral Alienation", *The Journal of Philosophy*, 1987(2).

于专业判断，不偏不倚地关注所有学生的发展需要，不因个体、文化、种族差异而有失公正地、歧视地对待学生。通过援引适切的道德规则，运用形式化的道德论辩方法，可以有效规避教师因信息不对称、个人主观偏好和利益驱动而出现道德判断歪曲及权力滥用现象，防止形成剥削性的师生关系，避免教师的道德实践陷入个人相对主义。

### (二)规则是教师道德分析和反思的有效工具

实践表明，规则确实为教师提供了道德分析和反思的有效工具。库姆斯(Combs)认为，综合的、和谐的和精确的参考框架对真正的专业活动来说是必需的，专业者能有充分依据，为其专业行为辩护。① 道德维度多内隐于教师的专业实践，而教师往往也缺乏明晰的道德语言和完备的道德思维结构，仅凭直觉。通过对师范生和一线教师的访谈，笔者发现，教师对专业道德的思考多停留在前反思、直觉水平，其道德价值观、道德行为多依赖于早期的家庭影响、个人对"何谓好品格"的模糊认识，以及实践中的经验累积和试误，很少有教师知道将应用道德作为思考特定的道德两难和道德生活的工具。建基于此的道德判断和决策屡遭诟病。"直觉的道德决策是任意、主观的，有可能导致实践的不端，对专业地位的提升亦无益。"②

道德规则注重标准化、程序性。"规则"是一个程序丰富的伦理概念，适合在世俗多元的社会中进行理性、能辩护的道德决策。规则语言是正式的推理和系统化的辩论工具。规则对道德决策持系统的、推论性的取向，建立在大量事实案例的基础之上，在逻辑上是演绎性的，在独立于个人的判断方面是客观的，为思考和应对道德两难提供了复杂的技术性语言。③ 这就给予教师一套清晰、确定的道德标准和演绎性的形式化语言，帮助教师以一种正式方式系统地思考专业实践中所面对的道德难题，如体罚、学生作弊等。这些问题通常内含多种道德元素，也有两种以上的解决方式，乃至蕴含相异的、彼此冲突的价值观。规则和原则的演绎性语言能够帮助教师以一种正式的、受约束的方式思考日常所面对的伦理两难中的很多复杂性，能够为道德行为和

---

① Combs, A. W., *A Personal Approach to Teaching: Beliefs That Make A Difference*, Boston, Allyn & Bacon, 1982, p. 4.

②③ Nash. R., "Three Conceptions of Ethics for Teacher Educators", *Journal of Teacher Education*, 1991(3).

伦理决策选择清晰、确定的标准。借助规则所提供的技术性语言，教师能够对道德问题加以理论化，演绎性地论证道德决策。

例如，《中小学教师职业道德规范（2008年修订）》要求教师"关心爱护全体学生，尊重学生人格，平等公正对待学生"，同时要"保护学生安全，关心学生健康，维护学生权益"。假设在化学实验课堂上，有学生未经教师允许，擅自取用化学药品而引发爆炸事故，尽管未有学生因此受伤①，但教师是否该因个别学生的不良行为而惩罚全班学生？在确保学生安全和公正对待学生之间，教师该如何抉择？规则基于程序正当性，提供了后果论和非后果论的理性推论思路，帮助教师理解和应对这一常见但又复杂的道德情境。后果论帮助教师厘清惩罚所期望的结果是什么，是阻止学生犯同样的错误还是帮助犯错的学生改过自新；非后果论则指出惩罚的本质在于平衡正义，惩罚即为报应。这就为教师的道德理解、道德判断提供了客观依据和理性指导，突出了教师专业道德建构的认知维度，在道德问题分析和行为评价方面展现出独特优势。

## 三、规则取向的教师专业道德建构批判

规则关注教师的正确行动，但并未涉及教师的内在动机和道德人格；强调普遍性与客观性，由此也忽视了道德实践的情境性、主观性。这就使规则取向的教师专业道德建构面临诸多实践难题。

### （一）理论与实践的张力

首先是抽象的概念、公式化的程序在真实道德问题解决中乏力。规则的普遍主义假设以形式化、一般化的方式来处理道德问题、探讨教师的道德实践，较少描述真实的、日常的道德情境，也很少关注如何将抽象的道德理论转化为教师的实践性知识。无论语言多么精确、分析多么复杂，对道德情境的判断都是不确切的。抽离于具体情境的道德理论分析并不能确保教师的正确道德行动，于道德难题解决无大助益。"那些拥有复杂规则的道德哲学家在

---

① 该案例摘编自 Strike, K. A. & Soltis, J. F., *The Ethics of Teaching*, New York & London, Teachers College Columbia University, 2009。详细分析见该书第23～33页。

解决实际问题上，并不比医生、警察和其他职业者更为高明。"①对道德做一个推论性的理解是不完整的，同样忽视了思考道德生活和教育中的伦理问题。

例如，教师知悉公正为不可推卸的道德义务，并不意味着其能公正地对待每一位学生。中小学课堂上我们经常会看到，每当教师提出一个问题时，总有很多学生举起小手来回答问题，然而机会有限，做教师的是想多听一听所谓"优等生"的独特见解还是"后进生"的糟糕发言呢？而一位中间生的自白更是让我们看到了教师公正的实践现状。

> "调皮的学生在老师的眼中是未雕琢的玉，他们虽然不努力但很聪明，只要琢之、磨之，就能成为鲜亮的玉。优等生是老师眼中的明珠，是充满希望的星，他们备受老师的瞩目与关怀，时时感受到老师的恩泽与雨露，因此，越发光亮、耀眼。只有我们——中间生，好似一块块粗劣的砖头，被老师随手一放，从此不再过问。我们感受到的除了冷落还是冷落。我们远离老师的心，自生自灭。这就是我们——中间生的悲哀！"②

实际上，教师的道德行动是实用主义取向的，教师不可能成为依赖道德理论的专家。对教师来说，道德规则只有在与教师个人的道德经验、与真实的实践情境相结合时才有价值。有研究表明，新教师很重视用一套规则来引导工作，视规则为道德决策的有用工具。但跟踪调查发现，道德规则在学校的复杂现实中迅速瓦解，教师或被学校制度力量社会化，或转而依赖长期持有的道德信念。③

## (二)教师道德身份的丧失

公共角色与私人自我分离导致教师道德身份丧失。规则以道德行为为中心，强调做正确的事。行为正当与否的评价既不涉及教师的内在动机、情感，

---

① Statman, D., *Virtue Ethics*，Edinburgh，Edinburgh University Press，1997，p.6.

② 顾建香：《不再让遗憾继续》，载《班主任之友》，2008(7)。

③ Luckowski, J. A., "A Virtue-centered Approach to Ethics Education"，*Journal of Teacher Education*，1997(4).

也不涉及教师的道德人格。抽象的道德规则被置于个人的关心和关切之上，从未回应"我是一个什么样的教师""我想做一个什么样的教师"等本体性问题。"在规则的暴政下，人消失了。"①教师的教育目的、教师应展示何种道德价值观被悬置。"规则本身丝毫没有为我们提供目的。它们在告诉我们什么事实不可作的意义上告诉我们如何行动，但它们并没有任何明确的目的提供给我们。"②这实为一种道德妥协，不仅不能促进教师的道德成熟、将教师转变为一个有道德理性的人，反而消解了个体对其行为的道德责任。师生之间的个人关系日渐萎缩、疏离，只有冷冰冰的责任和义务，缺乏真实、温暖的情感。在服从"规则即为道德"的语境中，教师很可能因动机与辩护理由不一致而出现所谓"精神分裂"，例如，出于关心而帮助学生，却要用责任、义务来为自己的行为加以辩护。而命令式的单向话语体系使教师对自我行为的非人文性亦毫不怀疑，对规则本身的正当与否不加反思，以忠诚和服从为名义的权力滥用变得可能。

　　鉴于此，有学者指出，"规则只为个别个案的反思提供有限支持，它们不能发展美德。依靠道德规则发展判断能力是不充分的"③。道德行为由教师的愿望所激发，而不是仅仅遵从规则或原则，这些规则或原则必须变成规范，它们必须变成"我的规则""我的原则"。仅仅遵从规则还是服从，而不是道德，因为道德要求不只做正确的事，而且要以正确的方式、在正确的时间、为了正确的理由做事，即基于美德而应用专业道德。

---

　　①　Statman，D.，*Virtue Ethics*，Edinburgh，Edinburgh University Press，1997，p. 7.

　　②　[美]阿拉斯代尔·麦金太尔：《伦理学简史》，龚群译，149~150页，北京，商务印书馆，2003。

　　③　Colnerud，G.，"Teacher Ethics as A Research Problem：Syntheses Achieved and New Issues"，*Teachers and Teaching：Theory and Practice*，2006(3).

## 第二节 "我应该成为什么样的人"：美德取向的教师专业道德建构

### 一、美德的理论意旨："我应该成为什么样的人"

#### (一)美德：一种道德上的卓越

美德即内在的善。美德伦理主张善优先于正确，以道德主体为中心，关注行动者及其道德品格，通过提出理想的道德人格和生活样式来促进人们完善自己的道德品格、提升道德生活品质。亦即美德内蕴着追求卓越，作为内化的规范品性发挥着道德教化的功能。建立道德自我、获得幸福生活成为个体的"调控性理想"，指引着个体的道德行动。这种道德上的卓越指出了人为什么应当有道德生活的根源："因为她最终关乎人的生存和存在方式，关乎人生及其生活世界的终结意义，关乎人类对自我本性及其生活世界之本性的理解，从而也最终影响甚至决定着人的生活方式和生活信念。"①

品格的语言强调道德品格和个人叙事，以及个体所在的社群和社会结构，强调理想信念、道德想象等对道德判断的影响。② 美德伦理更多地依赖判断而非对规则的严格遵守。美德伦理要求遵从内在的德行而不是外在的伦理规则，作为一种自然的情感和倾向，不只是勇气和自制，它也包含对他人需要和利益的道德敏感性。③ 也有学者将美德分为可视的美德与不可视的美德。可视的美德包括友善、聪明、勇敢、荣誉、温和、慷慨、宽容；不可视的美德包括优雅、温和、真理、公正等。④ 这些美德与道德生活的不同侧面密切相关。可以说，美德是一类内容丰富的伦理，有助于我们获得对道德根源、意图和愿望的充分的个人理解。

---

① 万俊人：《人为什么要有道德？》，载《现代哲学》，2003(1)。

② Nash. R. ，"Three Conceptions of Ethics for Teacher Educators"，*Journal of Teacher Education*，1991(3).

③ Carr，D. ，"Personal and Interpersonal Relationships in Education and Teaching：A Virtue Ethical Perspective"，*British Journal of Educational Studies*，2005(3).

④ Fallona，C. ，"Manner in Teaching：A Study in Observing and Interpreting Teachers' Moral Virtues"，*Teaching and Teacher Education*，2000(7).

### (二)教育的美德内涵

与规则对教师正确行动的强调不同，美德论者认为，教育是一项复杂的、富有挑战性的人文事业，蕴含着非技术性的人文联系和道德关系。教师道德实践的合理与否最终取决于其道德品格而不是规则体系。有效教学活动受美德伦理引导。好的教学的核心更多的是非管理性的、非技术性的人文联系，即美德伦理，而不是任何技术性界定的技巧或能力。①

美德尽管没有专业所界定的普遍规则的地位，但作为具体化的个人联系方式，它是有效教学活动和积极道德关系的基础。成为一个有能力的或有效能的专业者，除了掌握必需的技术、契约性义务外，还应具备基本的美德。有效和有能力的教学在很大程度上与这些品性直接相关。没有这些美德特征，如节制、勇敢、正直、公正、智慧等，教师不可能成为有效能的教师。②

以美德为指向的教师专业道德建构超越了"我应该如何行动"，追问一个作为道德的个体"我应该成为什么样的人"。这就意味着教师专业道德建构要关注教师相对稳定和确定的道德品格和道德生活，强调作为道德主体的教师的自我完善，要求教师遵从内在的德行而非外在的规则。相应地，教师要探究专业生活的道德本性，知道如何以符合美德的方式行动，发展起对好的专业行为的承诺，最终成长为一个有道德的人。"培养个人品格和判断能力以有效达到个体间联系的目的，而不是对片面的或普遍规则的非个人地或漫不经心地遵守……使有效的道德或美德能动地变成某种人格或品格。"③ 教师亦需展示道德美德，以便更好地成为学生的行为榜样。因此，教师的美德也有助于加强课堂中的道德气氛。

## 二、美德取向的教师专业道德建构的合理性

### (一)美德对善的承诺凸显了教师专业的独特品性

"教学"是一个规范性的概念，需要通过一个理想的存在方式进行界定，以助于实现对专业而言最关键的善。对教师而言，这就意味着阐明教育的理想目的，以及理想的教育手段和方式。美德视域中的教师专业道德及其建构

---

① ② ③　Carr，D.，"Personal and Interpersonal Relationships in Education and Teaching：A Virtue Ethical Perspective"，*British Journal of Educational Studies*，2005 (3).

有独特价值，有助于展示人们对教学的道德根源的充分理解。好的专业性要求每一个专业群体受专业实践的内在的善的指引。

可以说，美德对善的承诺凸显了教师专业的独特品性。在美德论者看来，好的专业角色由关键的人类的善所引导，遵循专业赖以存在的价值观。何种专业表现被认为是好的、适切的，主要取决于其对关键的人类的善是否有承诺，而该种善在使人类过一种繁荣生活中起主要作用。与其他专业相比，教师专业实践有特定的内容，即改变学生的生活、促进学生的发展。而个体发展具有"公民必要性"①，隶属基本人权范畴。因此，美德揭示了教师与关键的人类的善的联系，立足美德的教师专业道德展示出一种重要的有助于人类繁荣兴旺、生活美满的道德价值和道德意蕴。对人的发展这一共同的善的承诺构成了教师的道德世界，成为教师实践社群的道德核心。专业道德致力于人的发展的目的与承诺，彰显了教师专业的个性，勾画出教师专业实践的适切边界，将对教师专业角色的辩护与教师专业的道德地位联系起来。这也是美德取向的教师专业道德建构自我辩护的根基。

### (二)美德关切人性改善，有助于塑造有道德的教师

作为教师自我完善的内在表达，美德不是通过论证一套道德规则体系来直接规约教师的行为，而是为教师提供一种理想人格和生活理念，培植教师的道德情感和道德信念，发展教师对他人需要和利益的道德敏感性。道德意愿和承诺表明了教师专业道德的个体性、主观性和内在性，展示了教师的道德意图。这就意味着，教师不应该仅反思底线的道德标准，还应该形成"好的甚至最好的教师意味着什么"的道德观念。某教师的道德反思就是对此的诠释："首先是做好人。不做好人的话，怎么做好事？……一个人品德不行，能力越大，危害越大。"

借助教师的自我完善或自我实现这一主观条件，美德可有效促进教师的道德发展，提高教师的道德修养。在专业实践场域中，"教师不但行善，而且与善相遇"②。这就驳斥了道德的工具价值观。"当道德成为人类生活的必要

---

① Carr，D.，*Professionalism and Ethics in Teaching*，London，Routledge，2000，p. 26.

② Higgens，C.，*The Good Life of Teaching：An Ethics of Professional Practices*，Chichester，Wiley-Blackwell，2011，p. 48.

条件时，道德或道德的方式也就内在地成为人类生活或生存的一部分，而不是外在于人类生活的某种设置、背景或工具。"①道德对教师专业生活的本体意义得以张扬，也为教师生活世界的构建提供了可能。

## 三、美德取向的教师专业道德建构批判

作为规范伦理的一个分支，美德也关注教师的正确行动，但其规范性有着特殊的实现途径，即将行为评价与行动者的品格紧密联系，强调美德在正确行动判断中的首要性。行动者的行为模式是对美德的外在表征，内在品格对外在行为具有价值上的优先性。正确的行动出于美德、合乎美德，是"有德之人在这种情境下将会做出的行动"，即"只有具有美德的能动者的行动才是正确的行动"。② 这就意味着对行动者的评价取代了对行动的评价。但问题是有美德的教师的何种行为才可作为正确行动的决定性标准？

对美德取向的教师专业道德建构的批判集中体现在"行动指导批评"方面。很多学者认为，美德没有为正确的行动提供"运算法则"，不能提供具体的行动指导。因此，"有德之人"之行动这一正确标准太模糊，不够精确和准确，很难作为有效的行为评价标准。我们很难把握教师在具体行动中的内在心理状态、情感和动机，很难确定一个有美德的教师在特定情境中将如何行动。"因为美德的性质，对道德困境来说，它只能给出非常有限的建议。我们当然应该做有美德的个体所做的事，但设身处地地理解这一假想的道德典范将做的事情并不简单。"③因此，美德对正确的行动来说是必要的，但仅参照一个有美德品格的教师的所为来为行动做道德辩护是不充分的。"美德不是做正确的行动的充分条件，有德之人也可能做出错误的行动。比如，在悲剧困境中，即使是具有卓越和稳定的道德品格的英雄也不可能避免错误的行动。"④

况且，教师所应具备的基本美德是什么、有美德的教师是何种形象等前

---

① 万俊人：《人为什么要有道德?》，载《现代哲学》，2003(1)。

② Oakley，J. & Cocking，D.，*Virtue Ethics and Professional Roles*，Cambridge，Cambridge University Press，2001，p. 9.

③ Louden，R. B.，"On Some Vices of Virtue Ethics"，*American Philosophical Quarterly*，1984(3).

④ 赵永刚：《美德伦理学：作为一种道德类型的独立性》，31 页，长沙，湖南师范大学出版社，2011。

提性问题尚无定论。研究也表明，美德取向的教师专业责任试图描述好教师的人格特征，结果以失败而告终："它们不能预见在真实的专业决策情境中教师的具体行为，在设计教师培训课程时价值很小。"①实际上，如果正确行动的标准依据是有美德的教师行动，而我们又参照行动的正确性来决定谁是一个有美德的教师，则美德的要求也就陷入了循环论证。

## 第三节　美好的专业生活：教师专业道德建构的可能出路

### 一、美好的专业生活：教师专业道德建构的逻辑旨归

#### （一）规则与美德对教师多元生活的透视

表面上看，规则和美德取向的教师专业道德建构存在逻辑上的鸿沟，也就是专业实践中美德伦理和义务伦理的冲突。两种取向对教师道德实践的假定不同，价值立场和实践路径各异，蕴含着一般化与个体化、道德的事与道德的人、教师专业化与专业发展的张力。但究其本质，规则和美德都是从特定的视角来透视教师多元、复杂的道德生活，都体现了教师专业实践的不同道德向度，触及了教师专业道德建构的不同层面，是教师实现幸福生活的必要支撑。

教学是有很深的个人承诺的志业，同时也是有清晰的理性原则的专业。为寻求有效的教学，教师必须认识到专业实践的这两个方面，并将两者结合起来，充分理解教学决策的道德复杂性。这些都说明，教师的专业生活具有公共与私人二重性。一方面，教育是一项公共事业，是教师的公共生活领域，作为专业者的教师要建立对教育的公共承诺。而"蛋篓"型的工作结构、私人化的教学环境使个人主义教师文化盛行，教师价值观念日益多元。在流动、多元、异质化的公共生活中，规则是保卫教育的公共性，保障教师专业、自主、正当运用的制度设计。"公共生活需要一种普遍有效的、理性的、规范性规则体系来调节和规范人们的交往活动，这也正是道德规则在现代生活中的

---

① Oser，F. & Althof，W.，"Trust in Advance：On the Professional Morality of Teachers"，*Journal of Moral Education*，1993(3).

价值所在。"①规则作为一种公共的规范性标准，为多元生活中教师的道德选择提供了制度环境。另一方面，教育的公共性也为教师的私人生活留下了空间。作为专业者的教师也具有相对自主的实践空间，可展示个体的教育目的、价值观念和道德信念。本真师生关系的内在特征即在于其亲密性和相互性。因此，教师的道德决策往往融合脑与心、规则与意图、行动与品格。

基于教师道德生活的多元性，教师专业道德不仅要关注教师的公共行为，还要关注教师私人性的整体生活。换言之，教师专业道德的规范功能及其实现方式是多元的，不仅要有规约功能、行为的道德评价功能，还要有教化功能、道德主体的自我完善功能。规则立足正当，强调教师的义务和责任，对教师提出道德要求和指令，为教师的道德选择和决策提供具体的、可直接参照的程式，为考察教师道德行为的正当性提供了标准。但道德标准只是服务于教师公共生活的技术手段和外在强制约束，高度务实，放弃了对教师理想存在方式的构想。美德立足善，鼓励教师道德人格的完善和自我实现，通过提供专业理念、塑造专业态度来影响、指引教师当下的行为，评价教师的道德品格和整体的专业生活。这就为教师提供了善的理念和理想人格，并将其作为一种调控性理想来引导教师道德品格的塑造。美德也是规则得以贯彻的主体性条件，只有拥有美德的人才能了解如何运用规则。② 反之，"没有人的正义美德或没有具有正义美德的人，正义的秩序和规则只能是一纸空文，一如仅有严格系统的交通规则并不能杜绝因闯红灯等违规驾驶而造成交通事故一样"③。

对于完整的教师专业生活，"个体的品性、责任与共同体的制度、目标都不可或缺。制度缺少了品性的支撑就是空洞的，德行缺少了制度的规约就是盲目的"④。教师的道德品格立场作为教师推理的道德取向，引导着其与学生互动的方式，给予其未来的希望。研究也表明：一般的伦理原则和规则如果

---

① 赵永刚：《美德伦理学：作为一种道德类型的独立性》，211页，长沙，湖南师范大学出版社，2011。

② ［美］A. 麦金太尔：《追寻美德：伦理理论研究》，宋继杰译，192页，南京，译林出版社，2003。

③ ［美］阿拉斯黛尔·麦金太尔：《谁之正义？何种合理性？》，万俊人等译，译者序言，北京，当代中国出版社，1996。

④ 高国希：《道德理论形态：视角与会通》，载《哲学动态》，2007(8)。

能植根于特定的有说服力的背景信念和理想中，如果它们被呈现时与学生特定道德社群的道德品格的形成一致，那么它们将对学生具有吸引力。① 正如"个体美德伦理和普遍社会规范伦理都只是人类道德生活的一面，两者的相互补充、相互攀援，才是人类道德生活意义图像的完整揭示"②，规则和美德共生共融，从道德的外在与内在、工具和目的之维分别解释教师的道德生活，协同展现了教师专业道德的多维、整体的图景，为我们审视教师的专业生活提供了更丰富、更宽容的多元化的道德生活观。任何单一的道德取向都无法支撑起教师专业道德的全部，反对任何一种立场，并不能自动地解决教师专业实践中的道德难题。为了强化各自对教师专业道德的理解，在道德上选择一元论的结构体系，试图用规则或美德来诠释教师的整个道德生活，解释教师专业实践中的所有道德现象，既背离了教师道德实践的事实，也曲解了教师的道德经验，是对教师丰富道德生活的人为化约和割裂，于实践亦无益。因此，尽管存在正当与善、道德行为与道德人格的抵牾与张力，但我们不能在二者之间做一种非此即彼的选择，因为"恪守对他人的义务和实现自我完满的伦理生活都是道德主体完整的道德生活的应有之义，即便二者之间存在境界上的差别"③。

## (二)"完整的道德生活"：道德的幸福意旨

"完整的道德生活"实际上揭示了道德的幸福意旨。幸福是生活的最高目的，是任何道德理论的终极指向，也是自身合法性辩护的基础。追求幸福是人们生活的动力之源和基本原则，是人之原初本能、原始活动。"每个人都追求幸福"是颠扑不破的、无须加以论证的真理。"教育即生活"，教育与生活本来就浑然一体。教育的目的固然在于促进生长和发展，但教育本身就是生活的过程，而不是为将来的生活做准备。因此，教育要以学生的幸福为旨归，要让学生获得幸福。教育的恒久理想和终极价值是"培养真正的人，让每一个

① Nash. R., "Three Conceptions of Ethics for Teacher Educators", *Journal of Teacher Education*, 1991(3).

② 万俊人：《美德伦理的现代意义》，载《社会科学战线》，2008(5)。

③ 赵永刚：《美德伦理学：作为一种道德类型的独立性》，207页，长沙，湖南师范大学出版社，2011。

从自己手里培养出来的人都能幸福地度过一生"①。

幸福的教育离不开幸福的教师。职业幸福感影响着教师培养幸福学生的能力，是决定幸福的教育目的能否实现的关键因素。同时，教育也是"一项提升人的生命价值和创造人的精神生命"②的事业，故教师职业幸福的价值不应止于其工具性。实际上，教师职业幸福亦是教师生活和工作的目的，是美好教师生活的内在向度，表征着教师的生命质量和精神境界。而教师作为文化和精神性存在，具有追求和享受职业幸福、获得工作意义的主观意愿。"一辈子就是在三尺讲台，谁不想让三尺讲台更精彩一些?"正是在幸福的职业生活中，教师才有可能展示自身才华和专长，彰显自我生命的价值，获得专业成长的空间，体味教师职业的真谛，进而视教育为终生追求的事业而非谋生的手段。"对于幸福教育的教师来说，教育不是牺牲，而是享受;不是重复，而是创造;不是谋生的手段，而是生活本身。"③相关研究表明，拥有主观幸福感的教师往往有积极的工作态度，更具反思精神，能持续地提升自我、发展潜能，合作意识较强，社会融合程度更高，能够与他人建构积极、牢固的关系，贡献于社群，工作富有创造性和成效。④ 在此意义上，追寻美好的教师生活、建构职业幸福是教师职业生涯中无可回避的主题。教师对此深有体会。

> "在教学过程中孩子们给予我的一些感动，让我感觉教师这个行业确实有美好的一面……教过的孩子偶尔回去找我玩，我觉得自己很幸福……教师的幸福感其实就在学生身上，看学生成才，尤其自己教过的学生毕业以后还能记住自己。"

道德对教师专业生活的意义亦在于帮助教师获得幸福。"实践者的幸福是

---

① ［苏联］苏霍姆林斯基:《怎样培养真正的人》，杜殿坤译，5页，北京，教育科学出版社，1992。

② 本刊记者:《为"生命·实践教育学派"的创建而努力——叶澜教授访谈录》，载《教育研究》，2004(2)。

③ 刘次林:《教师的幸福》，载《教育研究》，2000(5)。

④ Day，C.，& Gu，Q.，"Teacher Emotions: Well-being and Effectiveness"，In Schutz，P. A. & Zembylas，M.，*Advances in Teacher Emotion Research*: *The Impact on Teachers' Lives*，Springer，2009，pp. 15-31.

专业道德的核心关切。"①教育原本就是一项幸福的事业。孟子将"得天下英才而教育之"视为人生三大快乐之一。工作的快乐不可谓不是幸福的体验，对快乐的追求固然也是一种追求幸福的方式。例如，功利主义者有关幸福的主张和实践方式，但这种快乐往往是短暂的、表面的，不具有持久性。教师职业幸福固然离不开物质的满足甚至社会地位、职业声望的提高，但这些都是来自社会、他人的评价。在古希腊的幸福主义哲学家看来，幸福并非外在的，真正的幸福源自个体对有意义生活的追求。教师职业幸福是一种美好的教师生活，是一种意义体验、一种"雅福"，是更加持久的精神性满足，多源自工作中的心理奖励。这种"点点滴滴的小幸福"是"不求回报的"，是"别的工作给不了"的。一位教师即谈道：

> "我就喜欢这份工作给我带来的一种别的工作给不了的幸福感。我跟孩子在一起，他给我的快乐不是物质上的，而是精神上的点点滴滴的小幸福。那一天，我跟孩子们说：'老师要走了，要去当学生了，有教授给我上课，我在大学里跟你们一样坐在教室里，你们有什么话跟我说？'这些都是二年级的小孩，8岁了，说'老师，你要好好听讲，不要让教授把你的班长给撤了'；'老师，你要好好写作业，写完之后要好好检查'；'老师，你不要乱蹦乱跳，要完好无损地回来'。这是别的职业能体会到的吗？"

有意义的生活循美德而行，指向崇高的道德目的和共同的善，即德福一致。"幸福就是合乎德性的现实活动。"②教师的职业幸福无法超然于社会的公共认可和外在的奖励之上，是植根于教师的道德目的。教学不只是工作、职业，更是一项志业。成为教师就是对心灵深处的道德召唤的积极回应。视教学为"召唤"，为教师的积极态度和行动提供了目的和指向，是教师应对工作压力和挑战的动力之源。发展学生的崇高使命感、责任感和历史担当意识，是教师积极工作的更为深刻的心理和道德支持。这种深具道德意蕴的心理奖

---

① Higgens，C.，*The Good Life of Teaching：An Ethics of Professional Practices*，Chichester，Wiley-Blackwell，2011，p.48.

② ［古希腊］亚里士多德：《尼各马可伦理学》，苗力田译，14页，北京，中国社会科学出版，1990。

励和精神性满足是教师专业生活的内在意义，为教师提供了持久的幸福体验，也进一步激励着教师的道德承诺、专业抱负和工作热情，使其积极应对工作挑战，沉浸于工作而乐此不疲，在自我实现中提升职业生活满意度，享受持久、内在的快乐。相关实证研究也表明，重视生活意义的教师可获得更高的生活满意度和更积极的情绪体验。

因此，教师专业道德建构的核心问题在于思考道德实践如何贡献于教师的美好生活。规则和美德这两种道德价值也要以教师的美好专业生活作为整合的基点，即以教师的美好生活这一非道德价值为依托，协作处理教师的道德生活。教师专业道德的建构也绝不是纯粹制定规则和标准，还应当告诉教师"如何认识自己的生活目标，并为实现一种生活的内在目的而培植自我的内在品格和美德"①。易言之，教师专业道德建构要以教师的整个生活为出发点，反映教师多元的道德生活，帮助教师过美好的幸福生活。

## 二、教师专业道德建构的理论原则

### （一）把握教师生活的统一性，建构整合的教师道德身份

身份是人们对"某人是谁"的理解，是人所赋予自己的以及被别人所赋予的各种意义。② 作为教师生活和工作的组织原则，身份为教师怎样行动、怎样理解自己的工作和在社会中的位置提供了参照框架。③ 教师的道德行为与其道德身份密切相连。教师在专业实践中经常面对道德难题、进行道德决策，甚至在两种乃至更多的善之间进行抉择，其道德结果取决于他们是什么样的人。"一个人在每个场合都知道该去做什么，但那不是通过应用一般性的原则，而是通过成为一个特定种类的人：一个以独特的方式看待情境的人。"④

---

① ［美］阿拉斯黛尔·麦金太尔：《谁之正义？何种合理性？》，万俊人等译，译者序言，北京，当代中国出版社，1996。

② Beijaard，D.，"Teachers' Prior Experiences and Actual Perceptions of Professional Identity"，*Teachers and Teaching：Theory and Practice*，1995(2).

③ Sachs，J.，"Teacher Education and the Development of Professional Identity：Learning to Be A Teacher"，In Denicolo，P. & Kompf，M.，*Connecting Policy and Practice：Challenges for Teaching and Learning in Schools and Universities*，Oxford，Routlege，2005，p.15.

④ ［美］约翰·麦克道威尔：《美德与理性》，叶涛译，见徐向东：《美德伦理与道德要求》，131页，南京，江苏人民出版社，2007。

长期以来，我国教师的公共角色与私人自我相互分离，教师生活的同一性被割裂，是整合的教师道德身份形成的现实障碍。一方面，在传统德行论的引导下，教师被视为道德上的圣人，是道德理想的化身，教师专业道德丧失边界。道德的普遍性、无限性破坏了教师的职业身份，"阳光下最美好但不最令人羡慕"是很多教师的自我职业定位。一位教师即谈到了她的生活体验。

"现在对老师的要求太高了，有些我们能做到，可不见得每一条都能做到。除了国家对老师的职业要求很高，社会对老师的期望也很高，对别的职业却没有那么高的要求……我们赶集的时候，去买菜，摊主就说：'那肯定是一个老师，那么抠。'他认为别人能斤斤计较一块钱，但老师就不能这样。难道老师就不活了吗？"

另一方面，义务的规训忽视了教师道德人格的塑造。师德建设多从国家、教育事业等高度来导引出教师教书育人的义务和责任，将道德活动从教师的个人生活中分离出来，公共生活挤压和冲击着教师的私人生活，教师道德身份叙事中常常缺乏自我。这种无人的道德观因脱离教师生活世界而常引发教师的质疑和反感。例如，一位教师谈到，长期以来，宣传报道中的好老师"一定没钱"、道德第一。

"我们一入大学的教育就是'选择了教师行业就是选择了贫穷'。请老师吃饭有一个基本原则，山珍海味叫不全，蔬菜都剩下，肉都吃了。这是什么意思？吃不起啊，学校要是哪天拉老师出去吃顿饭，大家都激动得浑身哆嗦。现在我们逐渐从经济上、道德上把老师压制成一种'圣人'，不能有七情六欲，必须非常完美。有欲望也不能说，老师怎么能想吃肉呢？……清贫，老师都没有钱。"

在该教师看来，好教师必须有道德，有职业道德和敬业精神，不能"缺德"，但如果把教师压制成一种经济和道德上的"圣人"，是一个完美的人，则对教师的道德要求太高。这种道德压力使部分教师产生了阴影，慢慢从"天使"堕落为"庸人"。

故教师专业道德建构要将多元道德观植入教师的专业生活，帮助教师整体地想象其道德生活。借助"我是谁,我的生活将向何处去"的身份叙事,教师体悟专业操守作为行为底线的制度意蕴,将社会客观赋予的道德义务和责任变成"我"的规则,转变对规则的制度依赖。同时,教师要辨识"有道德的教师"所应具备的美德,培植美德信念,信守基本的道德承诺,按照理想人格来塑造自我的道德品格、提升内在的道德涵养,以符合美德的方式进行专业实践,从而打造有品质的、卓越的专业道德生活。但教师也要认识到美德的有限统一性,在成为有道德的教师的同时也成为一个幸福的教师。教师并非道德理想的化身,不可能具有所有的美德。多数教师仅具有数量有限的美德、特定范围内的美德而缺乏另一些美德。

## (二)打破自我利益与自我牺牲的二元对立,关注教师专业道德建构的人文性与可持续性

规则不具有自我—他人的对称性,偏向于他人。规则取向的教师专业道德也预设师生关系的不对称性,片面强调教师对他人及社会的义务。教师被视为帮助人的专业,利他是教师专业至高无上的道德理想。教师要促成学生的幸福,但"没有道德上的理由使自己幸福"[①]。专业人员总是退后,服务对象的利益总是要优先得到满足。[②] 蜡烛、春蚕等道德隐喻暗含着绝对无私和自我牺牲。这种精神固然崇高、弥足珍贵,但从道德意义上贬损了教师的专业自主和主体价值、地位。囿于现实,高度的无私利他行为不能持久,单向式的奉献、不协调的输出—输入关系不断侵蚀着教师的职业希望、热情和动力,甚至导致教师的职业倦怠。"如果教学工作本质上是利他的,而利他的保存期限较短,那么或许这就是我们不得不吞饮的子弹。"[③]

实际上,教师的专业实践过程也是教师对何为好生活、应该如何生活问题的探求。教师专业实践内在的善不只是促进学生发展,也包含了教师个人的成长和生活品质的提升。在双方发展的交汇融通中,教师和学生共享美好的教育生活。探讨学生的成长如何促进作为教师的"我"的成长、发掘专业实

---

① Slote, M., *From Morality to Virtue*, New York, Oxford University Press, 1992, p.11.

② Colnerud, G., "Moral Dimensions of Teaching: An Essay Review of Exploring the Moral Heart of Teaching", *Teaching and Teacher Education*, 2003(5).

③ Higgens, C., *The Good Life of Teaching*: *An Ethics of Professional Practices*, Chichester, Wiley-Blackwell, 2011, p.160.

践对教师的道德意义，本身就是教师专业道德建构的内容之一。简言之，专业道德既要帮助教师做正确的事情，服务于顾客的善，也要达成教师自己的道德诉求。

因此，教师教育需认识到，教师不只是学生成长的帮助者，抑或无独特个人身份的"围着学生转"的卫星，教师作为独立的、能动的个体，具有自我的发展利益和主观发展需求。教师个体发展需要的满足并非对教师专业的道德品性的背离。恰恰相反，失却了教师的个体发展，学生成长就成为无源之水、无本之木。教师专业道德也不应止于其工具性，更要滋养教师的生命和生活，成为完善教师道德本性、提升教师生命质量和精神境界的基石。教师专业道德建构要唤醒教师的个人志向，激发教师的深层次发展动机，引领教师的精神成长和对专业理想的追求，以帮助教师建立成熟的道德人格和独立的个人身份，拥有健康的生活样态和良好的心灵状态。如此的教师专业道德建构才是人文的、可持续的。

首先，教师需要树立专业自信，增强自我效能感。自我效能感是教师对其专业实践能力的判断和信念。其重心并不在于拥有的能力的强弱、多寡，而更多地表现为教师的专业自信，表明了教师在专业实践中对自身权威和能力的自信态度和坚定信念。这些信念和判断直接影响着教师对工作的投入程度、工作方式和专业生活轨迹。自我效能感强的教师，在专业实践中往往能够采取积极的工作方式，寻求各种可能的策略，从而在问题解决中提升工作满意度，收获积极的情感体验。在面对工作压力和挑战或工作遭受挫折时，自我效能感也能给教师以有力的精神支撑。不难发现，自我效能感是教师建构职业幸福的必要条件，同时也是教师职业幸福的有力预测。因此，在专业实践中，教师要尽可能地避免消极的工作态度和工作方式，而要树立专业自信，积极应对工作难题，及时释放工作压力，管理、调适可能的消极情绪。

其次，自我赋权，提升实践能力。"召唤"、志业感本身并非获得、维持幸福的充分条件。意义的获得也建基于必要的专业知识和实践能力。亦即教师职业幸福与教师追求"召唤"与志业的能力、专业生活中的权力体验不可分割。诚如弗洛姆所言："幸福本身不是结果，而是伴随着力量增长的体验。"[①]

---

① ［美］埃·弗洛姆：《为自己的人》，孙依依译，45页，北京，生活·读书·新知三联书店，1988。

知识和能力的提升意味着教师应对挑战和压力的策略丰富，教师的赋权感和自我效能感增强，从而在实践中获得积极的情感体验。

就教师的专业实践而言，课程与教学、教育学生方面的知识和能力固然必不可少，但在持续的教育变革脉络中，教育实践的知识和能力基础日渐扩展，例如，政策实施能力、专业发展能力、家校合作能力，乃至管理情绪生活的能力等。杜威的"教育即经验"揭示了教师实践的反思性本质，"教师作为研究者""反思性实践者"等命题也强调了教师的反思和研究能力。因此，研究也是教师获得幸福感的重要路径，可以使教师在有意识的、理性的反思和解决实际问题中理解自我、重构教学，拓展专业生活的空间，增加生命的厚度，获得成就感和满足感。"如果你想让教师的劳动能够给教师一些乐趣，使天天上课不至变成一种单调乏味的义务，那你就应当引导每一位教师走上从事一些研究的这条幸福的道路上来。"①当然，教师的研究多属行动研究，不在于抽象的理论体系的建构，而是着眼于具体问题的解决。问题即研究课题，专业实践中的一切问题，例如，如何设计课程与教学以实现教学目标、评价不同教学行为的效果和道德影响、问责背景下教师责任的建构等，皆可以成为教师反思和研究的重要内容。

最后，走出"舒适地带"，持续专业发展。一方面，经过长期的专业实践和经验累积，教师会慢慢建构起自己的"舒适地带"。教师在其中可以享受着熟悉，遵循着行之有效的工作习惯。在教育变革的脉络中，"舒适地带"也是教师应对变革风险和不确定性的安全避风港。因此，"舒适地带"可谓教师工作的精神依托，是教师的专业自信、自我效能、成就感的来源和保障。另一方面，教师也是在一台"快乐的跑步机"上。当教师已习惯于当前的工作水平和成就时，其工作动力就会逐渐丧失，工作满意度和积极的情绪体验随之低落，职业倦怠感日渐增强。在此情况下，教师迫切需要新的挑战和责任、扮演新的角色。这种角色的转换、专业领域的拓展、专业视野的扩大，皆意味着教师的专业发展，描画着教师专业成长的路径。由此，教师也在新的、更高的实践层面建构着职业幸福。所以，"我们做教师的人，必须天天学习，

① ［苏联］苏霍姆林斯基：《给教师的建议》，杜殿坤译，507 页，北京，教育科学出版社，1984。

天天进行再教育，才能有教学之乐而无教学之苦"①。

### (三)发展教师对专业实践社群的道德承诺，彰显教师在专业道德建构中的主体性

当前，新自由主义冲击着教育，各种市场原则和价值观逐渐渗入教育系统。表现性和问责作为新型的教育管理方式被广泛运用。绩效文化、效率、竞争压缩了教师专业自主的空间，教师的私人生活领域萎缩。专业自主权的受限乃至缺失，直接威胁着教师的职业理想和道德信念，削弱了教师对专业实践的道德承诺和对专业实践社群的道德归属感。在面对问责文化、满足制度性要求的过程中，教师的伦理专业身份被企业竞争身份所取代。② 伦理专业身份的缺失给教师带来大量的消极情感体验乃至自我精神的封闭，也表明教师在专业道德建构中的非自觉性。

教育生活的公共和私人二重性决定了国家和教师都负有建构专业道德的责任。为确保学生的利益得到维护，国家有责任制定道德责任和义务，但这仅是对教师的底线要求。"教学是一个规范性的概念，需要通过一个理想的存在方式进行界定，以助于实现对专业而言最关键的善。"③专业道德的理想性、超越性维度激励着教师的道德实践，为教师提供了价值和意义的来源，从而塑造着教师的道德身份。教师专业道德建构的推动力来自内部，不可强加，需要教师的身份、承诺和投入。也就是说，教师对专业道德的理想维度有最终的发言权。

为增强教师的能动意识和自我规控能力，教师专业道德建构要为教师提供专业反思与合作对话的空间，帮助教师积极反思好教师意味着什么、教师专业如何贡献于学生发展和社会繁荣，批判性地审视自我道德实践活动。教师道德的理想层面只有通过专业内的对话和争论才能形成。长期以来，教师文化呈现出明显的个人主义、孤立和保密等特征。在相对稳定的教育环境中，教师之间的彼此孤立、隔离有其必然性，也有助于维持教师的专业自主。但

---

① 华中师范学院教育科学研究所：《陶行知全集(第3卷)》，605页，长沙，湖南教育出版社，1985。

② Day, C., "School Reform and Transitions in Teacher Professionalism and Identity", *International Journal of Educational Research*，2002(8)。

③ Husu, J. & Tirri, K., "Developing Whole School Pedagogical Values: A Case of Going Through the Ethos of 'Good Schooling'", *Teaching and Teacher Education*，2007(4)。

在教育变革日趋剧烈、复杂的时代，教师唯有彼此学习、互相支持，通过合作、信任来共担风险和责任，才可有效应对变革的挑战。合作性的教师文化和专业实践社群营造了互助、融洽的工作氛围，有利于发展教师对教学的积极态度，并可为教师提供情感支持。同事也是教师自我反思的一面镜子，有助于教师自我的持续提升和自身实践问题的改进。尽管教师也面临着平衡专业自主和外在规控之间的张力，但同事合作确实是教师建构职业幸福、防止职业倦怠的重要资源。在专业实践中，教师要发挥个体的关系能动性，树立合作的意识，发展合作能力，积极协调个人与他人的观念和行为之间的关系，善于寻求支持、提供支持。在自主反思、分享论辩中担当道德使命、重塑道德愿景，实现扩权增能，这本身就意味着教师对其专业道德责任的承担方式。在此意义上，教师专业自主不只是反对政府广泛干预的消极自由，也是一个赋予专业道德以内容、赋予道德自我规控以形式的积极义务。[1]

其中，学校是教师专业道德建构的关键场所。学校的组织结构、内含的规范和价值对教师专业道德的建构会产生积极或消极的影响，这已成为研究者的共识。教师所持的价值观、作为教师的意义和理想，受到学校具体情境的挑战。塞尔乔瓦尼（Sergiovanni）在对领导的生活世界的探讨中，揭示了学校的制度品格与学校效能之间的密切关系。[2] 他认为，有品格的学校有独特的文化，清楚地知道自己是谁，并将其独特性视为达成目标的强有力方式，其成功的关键之处在于能控制自己的命运，有达成目标的独特规范与路径。而这种控制与独特性提升了学校参与者的目的、身份、理解和意义。至于这种制度品格如何形成，塞尔乔瓦尼借鉴了哈贝马斯对生活世界和系统世界的分析，认为学校也是由生活世界和系统世界构成的。领导者及其目的、实践者及其需要、独特的传统、仪式和界定学校文化的规范构成了生活世界。系统世界则包括管理思路与措施、策略、常规、效能和问责保证等，即学校的管理系统。前者是一个目的、规范、发展和成长的世界，后者则是效率、结果和生产率的世界。当二者达到较好的平衡时，本真的领导和工具性的管理

---

[1] De Ruyter, D. J. & Jos Kole, J., "Our Teachers Want to Be the Best: On the Necessity of Intra-professional Reflection About Moral Ideals of Teaching", *Teachers and Teaching: Theory and Practice*, 2010(2).

[2] Sergiovanni, T. J., *The Lifeworld of Leadership: Creating Culture, Community and Personal Meaning in Our Schools*, San Francisco, Jossey-Bass, 2000.

是一体两面，能塑造出一个有品格的学校，即有其独特的文化(共同的愿景、价值观和信念)。当生活世界成为决定系统世界的原动力时，学校品格就会富有生机。反之，学校品格就被侵蚀，即为系统世界所殖民化。

民主、人文、信任、宽松、宽容、团结的传统学校氛围使教师的自主性也较高，并持有较高的工作投入度，例如，对学生成长的关心，不压迫学生，表现出较高的工作积极性和工作热情。"天使""精神贵族"等成为教师的自喻。教师在其中感受到"舒心"、放松、安全与被认可，从而可更多地关注对学生的教育，成为一个"真正的、正常的老师"而非"教学工具"，或可称之为"本真的教师"。在压制性的、缺少人文关怀、重视表现性评价的学校氛围中，教师对工作的态度也较为消极，工作积极性受到打击。教师的"使劲干"、不放松实际上是规限、压力下的被迫应对。"安分守己者"是教师的自我定位，即主要跟着领导的思路走，其工作动机只为顺应与执行指令，以符合领导的要求和标准，而并非基于教育本身的价值和自身的专业追求，从良心上教育学生让位于压力下的成绩追求。教师也在一定程度上丧失了情绪体验的能力，没有了追求自由和自主的动力，"被圈着"而不感"郁闷"。较强竞争性和封闭性的学校环境使教师很不随和，同事互相排斥，缺少交流与反思。

# 第六章 教师专业道德建构的现实策略

在教师专业道德的发展路径上，尽管存在职前与职后的争拗、理论与实践的分野，但毋庸置疑，道德的善与实践的世界无法分离。[①] 教师要能理解自身的道德角色，识读教学效能中的道德要素和教学道德品格，发展专业承诺，致力于成为有效能的、负责任的教师，能够根据道德的标准面对来自实践的挑战。教师教育亦需关注教师专业的道德语言、教师的道德思维和道德行为，关心如何将教师培养成反思性的道德能动者。

本章基于对教师专业道德建构现实的分析，以及教师专业道德建构所应秉持的理论立场，重新思考和规划教师专业道德建构的基本任务与历史使命，主要从道德能力和道德身份两方面探讨如何提升教师的专业道德素养。

## 第一节 教师道德能力的培养

### 一、教师道德能力培养的必要性

#### (一)教育改革的需要

在追求优质的全球性教育变革浪潮的驱动下，培养高质量的教师成为教师教育的理想诉求。受制于各自的历史文化

---

① Lyons, N., "Dimensions of Teachers' Work and Development", *Harvard Educational Review*, 1990(2).

脉络和教育发展的现实，世界各国教师教育改革的理论基础、模式和路径各异，但也呈现出某种趋同。其中，无论是在职前培养还是在职后培训中，教师所学习的公共理论、命题性知识转化到专业实践中的巨大落差，使培养教师专业实践能力成为教师教育改革的重要方向，受到实践者的共同关注和国际学界的广泛讨论。专业实践能力甚至被视为教师专业地位和教师教育的基础，影响教师教育质量的关键因素。

当前，我国教师教育也日渐聚焦于教师专业实践能力，并不断创新模式，力求通过有效平衡教师的理论和实践知识、优化教师的知识和能力结构，以弥补长期以来过于强调理论知识，尤其是学科知识教学而相对忽视实践能力的明显不足。《国家中长期教育改革和发展规划纲要（2010—2020 年）》明确要求，为提高教师培养质量，教师教育改革要"增强实习实践环节"，强化"教学能力训练"。笼统地看，教师教育的所有课程和教学都旨在也在一定程度上有助于培养有专业实践能力的教师。不过，基于不同的认识立场和利益关切，各方对教师专业实践能力的内涵理解殊异，对教师专业实践能力的特征也语焉不详。理论的缺欠、模糊往往导致实践的困惑，影响教师教育改革的成效。

## （二）教师道德实践的需要

随着人们对教育的道德本质和教师专业性认识的加深，道德被视为教师专业实践的必要维度。教学是一项道德的事业，教师工作本质上是一项道德性活动。教师本身即扮演着道德角色，是一个道德能动者。道德是教师专业实践的认识论基础。[1] 在教师专业实践的各个层面，道德问题无可规避。除了道德目的的厘定，教师课堂内外的实践能力发展与反思亦皆有其道德指向，需建基于特定的专业道德标准。因此，道德能力应成为教师专业实践能力的内在构成要素。教师关于道德价值观的信念反映在师生关系和教师的文化能力中，除了包含知识和技巧，教师的能力还包含态度和价值观，而所有的价值观本质上都是道德价值观，因为它们包含了何谓好、何谓坏的观念。[2] 道

---

[1] Sockett，H.，"A Moral Epistemology of Practice？"，*Cambridge Journal of Education*，1989(1).

[2] Pantic，N. & Wubbles，T.，"Teachers' Moral Values and Their Interpersonal Relationships with Students and Cultural Competence"，*Teaching and Teacher Education*，2012(3).

德能力可谓教师的元专业实践能力。① 道德能力指个体拥有适切的个人和专业价值观，且能在工作情境中据此做出恰当的判断。② 教师倾向于将教育视为"良心活"，主要从专业实践所需道德操守的角度来表达相关能力、体现其道德能动性，如良心、热爱、奉献、责任等。不过，在技术理性的支配下，教师教育重视教师的知识和技巧，却忽视了教师道德能力的培养。

从学生的角度谈论道德能力的著述并不鲜见，在医学、管理学等领域，道德能力也颇受关注，但对教师道德能力的系统研究尚付阙如。从道德的角度对教师能力的有限思考，也多流于零散，尚待系统、深入，对该概念的内涵和外延更未有清晰的认识，亦鲜将其置于教师专业的理论背景之下，且理论思辨性的研究多，缺乏必要的实践支撑，从而限制了理论对实践的说服力和引导力。学者也认识到，在经济全球化驱动下的教育改革中、在多元文化和价值观冲突与碰撞的现实脉络中，教师总是被各种现实道德问题所包围。专业实践中所面临的诸多道德两难和挑战，威胁着教师的道德能动性和道德实践，也迫切需要有效地发展教师道德能力，但"教师道德能力"概念的抽象、含糊限制了对其发展的复杂过程的认识和有效路径的探索。

本节从"教师专业实践能力"等概念范畴的理论分析和框定入手，把握道德敏感性这一关键道德能力的内涵和外延，探讨教师道德敏感性发展的有效路径，以为我国的教师教育改革和教师职业道德建设提供必要的理论依据和实践参照。

## 二、教师专业实践能力的内涵与特征

### (一)教师专业实践能力的内涵

从词源的角度看，《新牛津英语词典》(*The New Oxford Dictionary of English*)将"competence"解释为"成功或有效做某事的才能"，通常和"表现"相对，既可指个人或群体的知识或才能的范围，也可指针对某一任务的具体技巧或才能。其形容词形式"competent"指"有能力的，能胜任的"。不难发现，能力与实践天然相关，与才能、知识、技巧等密不可分。

---

① 王夫艳：《教师专业实践能力的三维构成》，载《高等教育研究》，2012(4)。

② Cheetham, G. & Chiver, G., "Towards A Holistic Model of Professional Competence", *Journal of European Industrial Training*, 1996(5).

实践是鲜活的，样态繁多，从而使能力的内涵颇具开放性、灵活性和暂时性。学者对能力理解的分歧集中于如何处理能力所包含的要素之间的关系，并由此形成了不同的理论研究取向。一般而言，对能力的界定易失之过宽或过严。从宽泛的角度讲，能力包含实践所需要的一切知识、技巧、策略、情感和态度等。上述要素甚至被融合为更上位、更具兼容性的一般能力。该能力包含很多个人特质，故较难发生变化。而且，这种颇具包容性、普适性的能力概念因过于抽象而脱离了具体实践，从而导致既不易有效识别、区分具体能力并在实践中对其加以运用和发展，亦给能力的评价带来了极大的困难。如果对具体能力过于强调则又易偏于狭隘，即能力被简化成与具体任务密切相连的离散的、可观察和测量的操作技术、技巧和表现，任务和评价标准皆十分明确，从而带来能力的冗繁。事无巨细、面面俱到，于实践亦无益。

实际上，实践的复杂多样决定了人类不可能穷尽所有能力。而狭隘、僵化的能力概念也极难适应当前变动不安的社会脉络对个体的要求，亦"和自由教育的原则甚至是反思性专业者的理念相违背"①。上述两种思路皆不同程度地触及能力的实质，但因其片面性而无助于实践问题的解决。为超越能力界定中所遭遇的两难，埃尔金（Elkin）提出了融合微观和宏观视角的"关键能力"概念。② 依其之见，关键能力并无统一的标准，不同类型的工作有不同的关键能力，工作职位越高则一般能力的比重越大，反之亦然；在职业生涯的不同阶段，关键能力的具体指涉也不尽相同；关键能力甚至因人、因事（如职业转换对一般能力的要求较高）、因环境（如环境变化速度越快则越需要一般能力）而异。可见，关键能力有强烈的实践关切，同时关涉人、职业和实践情境，其动态、多元性特征与复杂的教育实践有内在的契合，是理解教师专业实践能力的重要参照。

在专业社会学的脉络中，"医生"是公认的"专业"。米勒（Miller）主张应从知识、能力、表现和行动四个方面评价医生的专业实践，并据此构建了一个金字塔式的框架模型（见图6-1）。

---

① Whitty，G. & Willmott，E.，"Competence-based Teacher Education：Approaches and Issues"，*Cambridge Journal of Education*，1991(3).

② Elkin，G.，"Competency Based Human Resource Development：Making Sense of the Ideas"，*Industrial and Commercial Training*，1993(4).

**图 6-1　专业实践模型①**

其中，knows 指有效履行专业职能所应掌握的知识基础，可通过纸笔测试加以评价。Knows how 对应个体的能力，即如何运用所掌握的知识，表明个体能充分履行职责，或对特定的职责有足够的知识、判断和技巧。埃罗特（Eraut）甚至直接将 knows how 视为过程知识，即知道如何处理各种达成专业行动的过程。② 不过，尽管知识在专业实践中的作用毋庸置疑，但知识与实践能力之间并非线性的一一对应，知识并不必然带来成功的实践。亦即能力虽内含知识结构，但本身不是知识，而是要利用、协调各种知识资源去解决问题、完成任务，体现了个体在达成目标的过程中对知识的理智选择和有效运用。而 shows how 则指个体在虚拟的测试情境中面对服务对象时的表现，既表明个体所拥有的知识和能力，也展示了个体如何做的过程。这就意味着能力也明显区别于表现。表现是显在的，可直接观察，但能力是潜在的，需从表现中加以推衍。梅西克（Messick）从认知心理学的角度严格区分了能力和表现，认为能力指个体的所知以及在理想的情境下个体能做什么，而表现则

---

① Miller，G. E.，"The Assessment of Clinical Skills/Competence/Performance"，*Academic Medicine*，1990(9).

② Eraut，M.，*Developing Professional Knowledge and Competence*，London & Washington，D. C.，Falmer Press，1994，p. 107.

涉及既存条件下个体的实际所为，受制于外部环境和情感、动机等个人因素。① 克默尔（Komur）也认为，理论层面的能力并不意味着其将直接体现在对实践问题的处理中。② Does 对应行动，表明个体在具体、真实的实践环境中实际做了什么。这一框架较为形象、清晰地揭示了专业实践能力的内涵及其在专业实践中的地位和作用，即专业实践能力建基于知识，进而又成为有效表现和行动的基础，是将知识转化为表现、行为的中介与桥梁。

不过，"专业"本身是个很棘手的概念，是困扰专业社会学界长达半个世纪的理论问题。在教师研究领域，学者对"专业"一词的争议尤甚。教学能否成为专业、教师能否成为专业者、教师正在成为专业者还是已经成为专业者等问题被长期争论，至今仍悬而未决。与医生等成熟专业相比，教师多被视为准专业或半专业。但无论是准专业还是半专业，皆说明教师职业具有专业性质和专业诉求，具有专业特征，同时亦表明教师专业本身的独特性、不可替代性。从共性的角度看，教师专业实践能力指向教育教学实践的有效达成，以专业知识为基础，使教师的各种专业表现和行动具体化。有专业实践能力的教师意味着其能够运用知识决定在某一工作情境中应该做什么，并据此以有效、合适的方式加以行动。③ 但教师专业实践能力仅意味着行动的潜在可能，并不等同于特定情境中的实际行动。因此，较理想的"教师专业实践能力"的概念架构应同时指明能力背后的知识基础和外在的表现与行动。但教师的专业实践本质上有别于医生，这决定了教师永远达不到理想型专业的标准，教师专业实践能力有其独特的内涵。

## （二）教师专业实践能力的特征

基于上述对教师专业实践能力内涵的一般理解，笔者主张，教师专业实践能力的特征应是教师专业实践的现实表达。对这些特征的意义揭示也无须抽象的、理想性的逻辑体系建构，而应植根于我国特定的历史和文化传统，观照教师专业实践的当下脉络，反映我国教师教育和教育改革的时代精神，

---

① Messick，S.，"The Psychology of Educational Measurement"，*Journal of Educational Measurement*，1984(3).

② Komur，S.，"Teaching Knowledge and Teacher Competencies：A Case Study of Turkish Preservice English Teachers"，*Teaching Education*，2010(3).

③ Reynolds，M. & Salters，M.，"Models of Competence and Teacher Training"，*Cambridge Journal of Education*，1995(3).

并借鉴国际上较为成熟的理论思想和实践探索。据此，下文无意于一一列举、穷尽所有，仅在认定教师专业实践本质的基础上，择取教师专业实践能力的几大关键特征进行阐述。

### 1. 教师专业实践的本质

对教师专业实践本质的把握必然涉及不同的认识论立场。受技术认知旨趣的驱动，教师专业实践的理论研究也曾一度效仿自然科学，追求科学确定性和超越情境的普遍规则，导致整个研究领域弥漫着技术性、工具性气息。教什么、怎么教都是"防教师"的，皆被一种描述性、规约性的语言加以限定。教师的专业实践是程式化的，教师只需机械地符应外界的要求，工具性地解决问题。因此，教师在很大程度上沦为失却能动性和价值立场的技师。在专业实践中，教师固然会运用一些适用性较强的技巧、方法，如某些备课、授课和师生互动技巧等。但这种认识模式因其片面和僵化的知识观而对教师专业实践不断化约，并未揭示出教师专业实践的复杂过程，无法适切描述教师是如何达成教育目标的，亦无助于教师专业地位的提升。

要更为深入地把握教师专业实践的本质，唯有进行一种思维范式的转移，实践认知旨趣渐受学者关注。在理解的视域中，实践情境充满了不确定性、不稳定性、独特性，教师的专业实践是琐碎、复杂、非重复性的，并非是对理论、原则、策略的简单复制、移植，而需要教师基于已有的经验和知识来理解情境、确定问题并找寻适切的解决策略，此即为教师对实践的反思，教师的专业实践也成为一种反思性实践。"对日益专业化的教师来说，反思性实践越来越必需。"①佐藤学亦认为："教师是以经验的反思为基础，面向儿童创造有价值的某种经验的'反思性实践家'，其专业成长的性质是，在复杂情境的问题解决过程中所形成的'实践性认识'的发展。"②

实际上，视教师的实践为一种反思，有其深厚的理论渊源和实践基础。从教育本质看，杜威的"教育即经验"蕴含了教师实践的反思性；德国传统教育学将教师视为"塑造者"的角色，也强调教师的积极反思。从政策实施角度来看，斯滕豪斯的"教师作为研究者"和施瓦布的"实践"理念亦重视教师的实

---

① Eicard-Fersing, E., "Towards A Philosophy of Reflective Practice", *Pedagogy, Culture & Society*, 1999(2).

② ［日］佐藤学：《课程与教师》，钟启泉译，240 页，北京，教育科学出版社，2003。

践性探究。对反思的殊异理解亦折射出不同历史时期人们对教育的认识和学者个人的理论旨趣。例如，杜威强调有意识地、理性地寻找解决问题的策略，舍恩（Schön）强调探求复杂的模棱两可问题的对策时所需要的互动理解的技巧，而法兰克福学派则认为反思是自我决定的过程。① 舍恩视反思性为专业性教师的标志性特征，构建了较为系统的"反思性实践"理论体系。他借鉴杜威的经验主义思想，认为教师的反思是一种"行动中的反思"（reflection-in-action），具有三大明显特征，即反思是有意识的、具有批判功能、带来即时的实验。② "实验是一种行为，其实施植根于探究"③，因此，行动中的反思也并未割裂手段与目的、思维与行动。在动态的反思性对话过程中，教师运用先前的经验理解当下情境而解决独特的实践问题。无论是对情境的理解还是对问题的框定、解决都充分表明了教师的能动性。反思性的教师是专业实践的真正主体，是特定实践情境中的研究者、能动者。因此，教师的专业实践带有意义建构的特点，是一种充满智慧并展现智慧的过程。这主要包含三种智慧，即实践的智慧（知识基础）、慎思的智慧（反思实践以决策）和实践中的智慧（在教育情境中智慧地行动）。④

同时，实践是意图性的，承载着价值。与其他形式的实践相比，教育更是一项以成人为实践旨趣的事业，是一种典型的人际互动，是一个充满意义的世界。教育所特有的意义性和人文性决定了其不能也不应该循工具理性而行，亦不是技术可为，而更依赖于价值理性的引导。在某种程度上，教师在专业实践中的每一决策、每一行为都有好与坏的价值向度，都渗透着道德的意味。因此，教师的反思性实践要置于特定的价值和道德框架内，教师需理解专业实践情境中复杂的道德和价值冲突，要有对何谓好的实践的价值承诺。

---

① Calderhead，J.，"Reflective Teaching and Teacher Education"，*Teaching and Teacher Education*，1989(1).

② Schön，D.，*Educating the Reflective Practitioner：Towards A New Design for Teaching and Learning in the Professions*，San Francisco，Jossey-Bass，1987，pp. 28-29.

③ Schön，D.，*The Reflective Practitioner：How Professionals Think in Action*，New York，Basic Books，1983，p. 69.

④ Feldman，A.，"Varieties of Wisdom in the Practice of Teachers"，*Teaching and Teacher Education*，1997(7).

"教育本身是一项道德性实践"①，"教学是一种道德行为……从整体上看，教育本质上是道德性的"②已成为学界的共识，甚至教学的道德维度是对教师何以能成为和必须成为专业的最终辩护。③

遵从一种理解的旨趣来识读教师专业实践，则其反思性特征不断彰显，且该种反思又深具道德内涵。当前，培养反思性实践者已成为国际教师教育的一大重要范式，成为反思性实践者亦是教师专业发展的理想追求。以反思为基点来剖析教师专业实践能力的特征，无疑具有鲜明的时代特征和较强的现实针对性。

**2. 教师专业实践能力的特征**

（1）教师专业实践能力的经验性

具体的教育教学实践经验对教师专业实践能力的生成和发展具有本源性意义。在杜威看来，经验"包含着行动或尝试和所经受的结果之间的联结……（经验的）改造或改组，既能增加经验的意义，又能提高指导后来经验进程的能力"④。教师专业实践能力的提升亦植根于教师的经验，是教师经验重组的过程与结果，并且离不开教师对经验的详尽反思。舍恩的"对行动的反思"（reflection-on-action）也强调了教师对既往经验的理解和从经验中学习的必要性。对专业实践经验的批判性审视和评价包含着对既有经验的选择和利用，有助于教师深入审视自身专业实践能力结构的有效性与不足之处，及时建构新的能力，从而有效指导未来的专业实践。而新建构的能力也需经过后续经验的不断验证和修订。在对经验解构与重建的循环往复中，教师专业实践能力体系得以不断丰富和更新。关于经验与实践能力之间的密切关系，一线教师体会颇深："教学能力都需要实践，这是不能不承认的事实"；"不断从经验的积累过程中慢慢提高"；"关键是善于总结自己的经验"。教师重视直接经

---

①　Pring，R.，"Education as A Moral Practice"，*Journal of Moral Education*，2001(2).

②　Buzzelli，C. & Johnston，B.，"Authority，Power，and Morality in Classroom Discourse"，*Teaching and Teacher Education*，2001(8).

③　转引自 Webb，P. T.，"Teacher Power：The Exercise of Professional Autonomy in An Era of Strict Accountability"，*Teacher Development*，2002(1)。

④　［美］约翰·杜威：《民主主义与教育》，王承绪译，82 页，北京，人民教育出版社，1990。

验、方法、"点子"甚于抽象的理论原则。

教师也是通过经验把知识转化为教学能力的。抽象的理论知识和复杂的实践之间存在客观差距，只有在实践中被教师有意识地理解、运用之后才能融入个人的知识体系，成为教师个人教育理论的一部分和专业实践能力的知识基础，实现其对实践的指导价值。这种渗透了经验的知识实际上已经带有缄默性、直觉性特征，或可称为实践知识或"运用中的理论"(theory-in-use)①，从而决定了建立于该种知识基础之上的教师专业实践能力不可被简单还原为技术性的操作、技巧。在实习中，师范生存在的最大问题是经验不足："大学里面学的东西和真正在实践中、到中学里要用到的知识差别很大，在真正的实习或讲课的过程中，最主要的问题就是经验不足。"但在调研中我们也发现，很多有丰富经验的教师反而不能有效地应对实践。这就表明经验的简单叠加并不等同于专业发展，更不表明专业实践能力的提升。在实践和经验中提升教师专业实践能力并非意味着教师可以脱离理论，教师需在个体所掌握的理论框架指引下对经验进行反思。在此意义上，经验更多地应被视为"社会化的因素而非专业发展的机遇"②。"经验本身不是思考、反思和学习如何教学的充分条件，经验是关键的，但必须与理论相联系。唯有如此，学习者才能够识别和分析实践中的重要因素，并从错误中学习。"③

(2)教师专业实践能力的情境性

与理论知识对情境的相对抽离不同，实践是情境依赖的。情境是实践的场所，实践总是具体情境中的实践。教师的专业实践亦植入各种情境，难以逾越情境的制约，学生、课堂、同事、家长、校长、学校的文化氛围等皆是影响教师工作的重要情境。多维、多变的情境既包含不同的地理位置，也蕴含不同性质的关系。反思性实践是作为实践者的教师和所处的特定情境进行社会性、文化性互动的过程，并涉及繁杂的心理因素。因此，教师的专业实

---

① Argyris, C. & Schön, D., *Theory in Practice: Increasing Professional Effectiveness*, San Francisco, Jossey-bass, 1974, p. 9.

② Wideen, M., Mayer-Smith, J. & Moon, B., "A Critical Analysis of the Research on Learning to Teach: Making the Case for An Ecological Perspective on Inquiry", *Review of Educational Research*, 1998(2).

③ Reynolds, M. & Salters, M., "Models of Competence and Teacher Training", *Cambridge Journal of Education*, 1995(3).

践充满了意义的阐释。一方面，教师对问题的识别、能够做什么、需要怎么做皆受制于特定的情境；另一方面，教师的理解及随之而来的行动也在积极改造着情境，从而表现出一种结构与能动性的张力。"情境是独特的、不确定的，在改变的意图中被理解，在理解的尝试中被改变。"①

　　无可否认，一般的命题性知识可为教师的专业实践提供指引和借鉴，也表明教师专业实践能力在一定程度上可通过去情境化的训练而获得和提升。但教师所处的情境颇为动态和复杂，充满了不确定性、非常规性乃至矛盾、冲突，例如，课堂教学过程的突发事件、学生中的突发问题、不同教育目的的价值冲突、目的与结果的相左等。因此，教师专业实践情境是"不受技术理性控制的非决定性地带"②，其具体性、复杂性和即时性决定了教师专业实践能力不是对理论知识的硬性照搬，亦不可诉诸跨越情境的一般性技巧、策略，而是需要教师审慎、灵活地决策和处理。教师也需要保持对情境的高度敏感性，与各种不同的情境进行持续性对话，及时理解和界定情境中的独特问题，时刻思考应该做什么、应该如何运用知识、如何决策。这就说明教师专业实践能力是灵活、开放的而非僵化、机械的，也表明了专业实践的艺术性色彩。教师也认为，与相对静止、"生涩"的理论相比，实际操作可能需要应对一些来自各方面的情况，需要更加灵活一些。

　　　　"教育不像在工厂做零件，做出的零件都是一样的，我们面对的是一个个活生生的人，每个人有不同的家庭背景、不同的经历。课堂上面对的是一个个有个性的人，我们说不定就会遇到什么突发状况。其实我们每一天的工作都带有挑战性。"

　　所处实践情境的"灵活性"、即时性特点决定了教师对何种理论知识的学习和接纳、对何种实践经验的借鉴和吸收等，也往往具有鲜明的实践指向性，"有用"与否是最重要的衡量标准。情境亦是独特的，不同的情境意味着教师要扮演不同的角色，要适切地展现并运用相应的专业实践能力，在一种情境

---

①　Schön，D.，*The Reflective Practitioner：How Professionals Think in Action*，New York，Basic Books，1983，p. 132.

②　Schön，D.，*Educating the Reflective Practitioner：Towards A New Design for Teaching and Learning in the Professions*，San Francisco，Jossey-Bass，1987，p. 6.

中有效的能力也未必适用于其他情境，此即能力的适用范围维度，也即个体在角色范围、任务和其能力所建立的情境中能做什么。① 笔者在调研中也发现，有些口语表达和书面表达能力都相当好的英语教师反而不能有效提高学生的英语考试成绩。这实际上就表明了教师在学术领域的能力和课堂教学实践中的能力之间的转换存在落差，教师专业实践能力需要"从一种工作情境到另一种工作情境中转变"②。教师总是在特定的情境下教育学生，因此去情境化的能力表述是无用的，要针对不同的学生、教学内容和所涉及的场景、教师的功能来描述能力。③

（3）教师专业实践能力的发展性

教师专业实践能力的发展性主要表现在其历史性和不完备性上。

首先，实践有其深刻的历史和文化渊源，其历史演变是一种随时间而变化、经由反思建构而成的社会形式。④ 教师专业实践亦总是植根于特定历史和文化脉络中的，本身即承载着沉重的社会现实，是历史的，更是现实的。教师专业实践的历史性和现实性品格说明，不同时代的教师群体所理解的专业实践能力殊异。随着社会和教育制度的变化，教师专业实践能力的内涵和外延都在不断拓展，比如，从关注教学、教育学生的能力到参与广泛性社会变革的能力；反思能力与当前教育的使命更为契合；在表现性教育问责的氛围中，教师似乎更满足于展现其教学能力、帮助学生考试的能力而非全面发展学生的能力。

其次，教师与情境的对话是循环往复的，反思性实践并无终结。这就意味着，从个体的角度讲，教师专业实践能力亦具有不完备性，不能一蹴而就，

---

① Eraut，M.，*Developing Professional Knowledge and Competence*，London & Washington，D.C.，Falmer Press，1994，p.165.

② Oliva，A.D.，Lozano，P.F.，Pozo，R.M.，Ballesteros，M.G.，Franco，E.P.& Martin，E.S.，"Comparative Study of the Evaluation of Professional Competencies by Experienced and Trainee Spanish Primary Teachers"，*European Journal of Teacher Education*，2009(4).

③ Tomlinson，P.，"Can Competence Profiling Work for Effective Teacher Preparation? Part II：Pitfalls and Principles"，*Oxford Review of Education*，1995(3).

④ Carr，W.，"Practice Without Theory? A Postmodern Perspective on Educational Practice"，In Green，B.，*Understanding and Researching Professional Practice*，Rotterdam，Sense，2009，p.56.

它本质上是一个不断发展的连续体,而非有或无的二元对立,存在现实与理想之分。现实的维度表明教师当下实际所具有的专业实践能力,而理想的维度表明了教师专业实践能力的应然状态、教师的未来期待。在职业生涯的不同阶段,教师的专业实践能力也存在客观差异。埃尔金认为,在每一发展阶段,个体能力发展都经历基本能力、核心能力和发展能力,并构建了如下能力发展模型(见图6-2)。

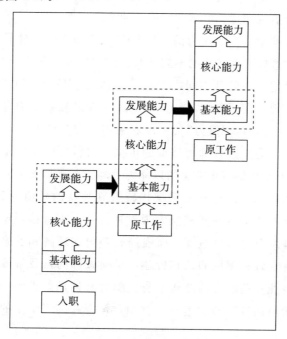

**图6-2 能力发展模型①**

根据这一模型,具体到教师的专业实践,它意味着教师首先应持有基本的专业实践能力而开始其职业生涯,通常体现在能满足教师资格证的要求。在此基础上,教师需要在专业实践中不断发展能保证其长期胜任的核心能力。而一旦持有该能力,教师就可能会争取获得发展能力。这既指涉纵向的教师职业生涯的向上流动,也涵盖横向上教师知识、能力的不断拓展。在此基础上,教师专业实践能力的发展进入下一个循环阶段,前一阶段的发展能力则

---

① Elkin, G., "Competency Based Human Resource Development: Making Sense of the Ideas", *Industrial and Commercial Training*, 1993(4).

演变为该阶段的基本能力。随着教师职业生涯的发展，教师专业实践能力日臻完善，其领域不断扩展，可扮演更多的专业角色，而且实践质量也得以持续提升。

（4）教师专业实践能力的价值性

教育本身就是承载着价值的活动。教师专业实践能力也不可能是中立的、冷冰冰的技术，其本质上是一个规范性而非描述性概念，反映着教育的价值取向，内含着价值观和意识形态的较量与冲突。

第一，对教师专业实践能力的不同界定本身即表明了殊异的价值和利益立场，反映了对教师专业实践的不同理解。诚如埃罗特所言："不但要问能力通常是如何被界定的，而且要问能力在具体情境中是如何被界定的。"[①]从历史考察中不难发现，在西方，"能力"概念最初就是教师维护自身专业地位和声望的辩护工具。而后，"能力"又被政府采用，成为政府控制教师专业的一种手段，例如，作为发放教师资格证的依据、对教师问责的工具，典型代表如 20 世纪七八十年代盛行于欧美的以能力为本位的教师教育运动。当前，各种教师专业实践能力的理论和实践架构皆有其独特的价值论和认识论根源。例如，行为主义的教师专业实践能力观重视技巧、可直接观察的表现，反映了工具理性和技术取向的价值观。而强调教师内在理解和反思的教师专业实践能力观则持有实践和解放的认知旨趣，指向教师的自我解放和赋权意识的觉醒。对教师专业实践能力的建构本身也隐含着何谓好教师的价值预设，带有"好"能力的价值向度和理想追求，例如，是否有助于学生的成长和教育目标的达成等。

第二，教师专业实践能力有道德向度，尽管其很多时候被教师视为理所当然。在专业实践中，教师总是被各种复杂的道德问题包围，例如，"怎样才能教好学生""我这样做对学生是否好"等。这就需要教师在深入理解实践情境的基础上，识别其所内含的诸种道德问题及所适用的道德原则，并据此做出适切的道德判断和决策。因此，道德知识是教师专业实践的必要知识基础。[②]尤其是在面临道德两难境地时，教师更要在充满张力的道德和价值观之间做

---

① Eraut，M. *Developing Professional Knowledge and Competence*，London & Washington，D. C.，Falmer Press，1994，p. 169.

② Campbell，E.，*The Ethical Teacher*，Maidenhead，UK，Open University Press，2003，p. 138.

出艰难的抉择。而无论是何种判断和决策，皆反映出教师所持的深层道德和价值理念。"理解本身即包含价值……专业决策是在特定价值观和所选定目的的情境下进行的"①，且这种目的在价值上应该是可辩护的。

### (三)对教师教育的启示

教师专业实践的反思性本质赋予教师专业实践能力以独特的内涵，而在教师专业发展的历史背景下，教师专业实践能力亦有其崭新的时代意义。上文所揭示的教师专业实践能力的内涵与特征对于明确我国教师教育的使命和未来的改革路径不乏借鉴意义，也有助于探讨如何构建教师专业实践能力培养的体系与格局。

首先，教师教育应考虑如何有效链接经验与理论。教师专业实践能力固然需要理论知识的支撑，但更需要将其融合在实践中。其得益于实践经验，需要实践中的磨炼，亦是为了满足实践的客观需要。为此，一方面，教师职前教育要建立有效的专业实践模式，例如，可与中小学建立多种形式的合作关系，通过"请进来""送出去"等多种形式，丰富师范生的实践经验和体验；另一方面，教师职后培养应关注教师的实践需要，直面教师所面临的真实而复杂的实践问题。同时，教师教育也要帮助师范生和教师及时、有效地将理论融入专业实践，通过在实践中理解和运用理论知识，以建立知识与复杂实践之间的内在关联，并提升其将经验理论化的能力。

其次，教师教育要重视情境在教师专业实践能力培养中的重要作用。教师专业实践能力明显受制于情境，其有效性取决于与具体实践情境的相关性。故教师教育者在传授理论知识的同时也要尽可能地建立起其与所适用情境之间的关系，亦可根据可获得的情境来适时引入相关理论知识。同时，教师教育者也要探索何谓关键的实践情境、识别好的实践情境的特征，并据此加以创建，以在有限的时间和空间内为教师拓展和完善专业实践能力提供机会、创造条件。

再次，教师教育要凸显反思在教师专业实践能力提升中的重要性。教师专业实践本质上是反思性的，教师专业实践能力的发展亦并非技术理性、还原主义视野中的技巧训练，本身即蕴含了反思、理解和评价等个体的深层认

---

① Reynolds，M. & Salters，M.，"Models of Competence and Teacher Training"，*Cambridge Journal of Education*，1995(3).

知架构。对实践的自主的、持续性的反思是教师理解复杂教育实践的必要条件，有助于增强教师自我解放和赋权意识，增强发展的自主性和能动性，避免教师专业实践能力的发展陷入技术化、工具化的误区。因此，教师教育要鼓励和引导教师积极思考其在实践中所扮演的角色及所需要的能力，激发教师的反思意识，让教师认识到何谓有效的反思、反思什么、如何反思。由此，反思本身也成为教师专业实践能力的重要内容。

最后，教师教育要针对教师职业生涯的不同阶段来发展教师的专业实践能力。教师专业实践能力的发展性与终身学习的理念一致，也需要教师成为学习型的专业者，适用形成性而非总结性的评价方法。而发展的阶段性则提示，教师专业实践能力的培养切勿"一刀切"，培养的内容、途径和策略都要针对教师所处的专业发展阶段，职前和职后的教师教育也应承担不同的任务。这客观上也就带来了有待进一步思考的一系列相关问题，例如，教师职前教育对教师专业实践能力的培养应达到何种程度，教师资格证制度中对教师专业实践能力应如何规定、其底线何在，如何构建连续性、一体化的教师教育模式等。

此外，在多元文化和价值观冲突与碰撞的时代背景下，教师教育也要观照教师专业实践的道德复杂性，思考教师专业实践能力的道德维度，通过开设适当的教师伦理方面的课程和开展相关实践活动，培养教师的道德意识，提升其在实践情境中识别并有效解决道德问题的能力，最终使教师成为具有反思性的道德能动者。

## 三、教师的道德敏感性：一种专业实践能力

教师需要在实践中保持道德敏感性以识别并解决道德问题。"教师需要对与即时的、意图性的情境相关的道德、伦理原则保持敏感，能够识别出公平等问题，能够明智地预见并处理问题。"[①]道德敏感性是教师专业道德的重要构成要素，在教师理解实践情境的道德性和专业实践的道德意义方面具有重要价值。为用一种道德的方式回应实践情境，教师需明智地预见、识别并处

---

① Campbell，E. & Thiessen，D.，"Perspectives on the Ethical Bases of Moral Agency in Teaching"，Paper Presented at the Meeting of the American Educational Research Association，Seattle，April 10-14，2001.

理真实的道德问题，想象各种道德行动的可能性，做出负责任的道德判断。萨德勒(Sadler)就指出，个体必须对道德事件或情境的道德意义保持敏感，以便于道德推理或道德行动。① 但当前，教师并不总是能够认识到专业实践情境的道德层面、意识到其行动的道德影响，在处理日常工作中的道德困境时常常不知所措。加上受制于复杂的教育制度结构，教师的道德去敏感性问题日渐突出，教师专业实践中的非道德、不道德现象频繁出现。教师是制度的一部分，受制于复杂的结构，这使他们道德上去敏感。② 培养道德敏感型教师成为我国教师教育的一项迫切任务。

## (一)教师道德敏感性的立论之本

### 1. 道德问题的识别有赖于道德敏感性

教学工作是一项道德事业。作为专业者的教师所运用的教育话语类型既不是理论科学，也不是实践科学，而是道德探究。③ 因此，教师所做的任何决定和行动都深具道德意蕴，对学生这一首要负责的对象皆有或隐或显的道德影响。但在复杂的实践情境中，道德问题并非主动地自我呈现。实践情境的道德层面何在、是否具有道德问题，都有赖于教师的主动理解、发掘和判断。否则，教师不可能做出富有教育意蕴的决策和行动。诚如克拉克伯恩(Clarkeburn)所言："不认识到情境的道德层面，就不可能解决任何道德问题，因为没有最初的识别，道德问题就不存在。同样，不分析道德维度，也不可能进一步做出决策。"④在此意义上，道德敏感性是教师专业决策的第一步。

### 2. 教师专业实践的不确定性是道德敏感性存在和发展的必要前提

道德敏感性与教师专业实践的不确定性亦不无关联，甚至可以说，道德敏感性的关键特征是在专业实践的不确定性中进行决策。⑤ 教师专业实践是

---

① Sadler, T.D., "Moral Sensitivity and Its Contribution to the Resolution of Socio-scientific Issues", *Journal of Moral Education*，2004(3).

② Colnerud, G., "Moral Dimensions of Teaching: An Essay Review of Exploring the Moral Heart of Teaching", *Teaching and Teacher Education*，2003(5).

③ Carr, D., *Professionalism and Ethics in Teaching*，London, Routledge, 2000, p. 102.

④ Clarkeburn, H., "A Test for Ethical Sensitivity in Science", *Journal of Moral Education*，2002(4).

⑤ Weaver, K., Morse, J. & Mitcham, C., "Ethical Sensitivity in Professional Practice: Concept Analysis", *Journal of Advanced Nursing*，2008(5).

持续的、动态的、复杂的过程。教学工作的模糊性使教师的选择通常不确定、模棱两可。专业实践中，教师往往无法预知何种决策是正确的、对学生发展来说是最好的，也很难清晰界定何种选择是合乎道德的。因此，作为专业者的教师必须走出个人所熟悉的、确定性的"舒适地带"，超越既有的个人教育理论体系，充分利用各种线索、资源来多角度地理解当下的实践情境，预见各种可能的选择及其道德影响。反之，如果专业者确定他们提前知道做什么在道德上是正确的，或者专业者只是从技术层面来理解情境，那么道德敏感性就不会存在和发展。①

## (二)规范视域中教师道德敏感性的内涵：一种专业实践能力

### 1. 教师道德敏感性的规范理解缘起

道德敏感性是个体道德发展的重要内容。1982年，新科尔伯格主义者雷斯特(Rest)基于已有的道德发展理论，开始将道德敏感性作为一个科学的概念进行探讨。雷斯特所建构的道德发展四要素模型中，道德敏感性被逻辑性地置于首位。② 道德敏感性与道德判断、道德动机和道德品格动态地相互作用，有助于个体的道德发展，并最终导向道德决策和道德选择。

具体来说，道德敏感性是个体对具有道德内涵问题的意识和理解，即"我们的行动如何影响他人的意识，包含对不同的可能行动路线和每一行动路线是如何影响有关群体的意识"③。道德敏感性即意识到自我的行动是如何影响到其他人的，包含了对不同行为的意识，这些不同的行为是如何影响不同的人的，包含对真实世界上事物间因果关系的认识、同情心和角色承担能力。这一概念可从如下两方面理解：从逻辑起点来看，道德敏感性始自对道德困境或道德问题的简单意识，然后才逐渐生发出对可能道德行动的理解；从内容构成来看，道德敏感性包含了认知、情感等要素。认知体现在对社会情境中道德问题的识别、道德特征的认定，对谁将受到影响的判断，对道德行动中各种事件之间因果关系链的理解，对个体行动如何作用于他人的意识，同

① Weaver, K. & Morse J. M., "Pragmatic Utility: Using Analytical Questions to Explore the Concept of Ethical Sensitivity", *Research and Theory in Nursing Practice*, 2006(3).

②③ Rest, J. R., "Background: Theory and Research", In Rest, J. R. & Narvaez, D., *Moral Development in the Professions: Psychology and Applied Ethics*, Hillsdale, Lawrence Erlbaum Associates, 1994, pp.1-26, 23.

时从多个角度检视行动的可能后果。情感则体现在个体的移情技巧、观点采择能力。例如，个体对道德关系中他人的情感、反应的理解；控制个人的社会偏见和情绪的能力；从他人视角来审思道德困境；容忍道德情境的暂时模糊性，正视、直面复杂的道德困境。这些要素是成熟的道德判断和道德行动所必需的。概言之，道德敏感性作为一种"社会商数"，融合了成熟道德判断所需的认知和情绪品质，是一种情绪、情感所驱动的后形式的道德思维。这就超越了科尔伯格认知中心的道德发展理论。

基于此，雷斯特通过对道德敏感性的测量，将道德敏感性引入专业实践领域。雷斯特认为，在专业实践情境中，专业者须感知到个人行为对他人幸福的潜在影响：违反一般实践或共享的社会标准，则个人所可能做或正在做之事会直接或间接地影响他人幸福。[1] 也就是说，判断个体能否正确识别、理解情境中道德问题的标准是特定专业的道德实践准则。这就将道德敏感性与专业道德操守联系起来，从而明确了该概念在专业实践中的重要性。对专业实践者来说，道德敏感性是积极的、必需的，可帮助专业实践者识别、理解和适切地回应专业服务对象的关切。此后，学界主要从这一规范维度，在特定的专业决策脉络中研究道德敏感性，对道德敏感性的教育干预也主要集中在专业道德领域。除教师专业，上述规范性的道德敏感性理念也被广泛应用于护理人员、牙医、会计等，研究者设计了诸如牙医敏感性测验、种族敏感性测验等衡量方式。

规范视域中，教师的道德敏感性有强烈的实践关切，源自实践，服务于实践，为有效的教师专业实践所必需，是教师专业实践能力的必然构成。换言之，教师的道德敏感性"建基于知识，进而又成为有效表现和行动的基础，是将知识转化为表现、行为的中介与桥梁"[2]。一般来说，道德敏感性是个体观察、理解特定情境道德特征的能力，它包含两种能力：道德想象能力和对道德问题的识别能力。[3] 具体对教师而言，教师的道德想象能力是一种感知道德观点的能力，即理解专业实践的道德维度和道德关系脉络、行动的道德

---

① Rest，J. R.，"A Psychologist Looks at the Teaching of Ethics"，*Hastings Center Report*，1982(1).

② 戚万学、王夫艳：《教师专业实践能力：内涵与特征》，载《教育研究》，2012(2)。

③ Callahan，D.，"Goals in the Teaching of Ethics"，In Callahan，D.，*Ethics Teaching in Higher Education*，New York，Plenum，1980，pp. 61-80.

后果、道德选择的不可避免与举步维艰。具有道德想象能力的教师能够识别实践的道德侧面，并根据有限的、不完整的实践线索，想象性地建构各种可能的实践脚本，预见实践的潜在道德影响。这表明教师道德意识的觉醒，是教师运用道德性教育话语的前提。舍此，教师难以感知实践情境的道德意蕴，更无从参与实践中的道德对话。但道德想象能力仅是潜在的、可能的专业实践能力，并不必然转化为现实的表现。在一定程度上，作为道德想象者的教师是被动的理解者，而非积极的道德行动者、道德实践的主动参与者。道德问题的识别能力则进一步将道德想象能力运用于实践，是教师在真实实践情境中的实际行动和显在表现。教师基于特定的道德范畴、概念来审视实践所涉及的专业道德价值观，通过概念和逻辑分析来判别特定情境中不同道德的价值序列，进而做出适切的道德决策。

教师的道德敏感性有较强的认知因素，但并不意味着其仅是一种认知能力。教师工作是一项情绪劳动，教师专业实践满载着情绪体验。专业实践情境和教师工作中的关键事件都可激发教师不同的情绪反应、情感体验。因此，识别和理解专业实践的道德层面，除了对道德情境、道德事件进行认知编码，也有赖于教师的移情能力和情绪管理能力。情感是一种关系要素，本质上既不是直觉也不是意图，而是需要专业实践者将自己置于顾客的位置，识别可比较的反应及各种行为对顾客幸福的影响。[1] 也就是说，情感反应为教师提供了认识学生所处道德情境的线索和向导，将教师的专业角色与人的关系性存在相联系。[2] 教师不但要有阅读、理解和识别他人情绪的能力，也要具有表达和控制个人情绪的技巧，能够容忍道德实践的模糊性和道德困境的不可规避性。在此意义上，道德敏感性本身就是一个情绪体验、理解和表达的过程。其中，同情心、承诺、关怀、尊重等是教师道德情绪表达的重要形式。这些情绪表达反映了教师的道德敏感性能力，尤其是阅读和表达情绪的技巧，从而有助于教师以专业的和道德的方式行动。

**2. 对教师道德敏感性规范理解的评价**

上述规范理解揭示了教师道德敏感性的结构，突出了道德敏感性之于教

---

① Weaver，K.，Morse，J. & Mitcham，C.，"Ethical Sensitivity in Professional Practice：Concept Analysis"，*Journal of Advanced Nursing*，2008(5).

② Simpson，P. J. & Garrison，J.，"Teaching and Moral Perception"，*Teachers College Record*，1995(2).

师专业实践的意义。无可否认，将教师道德敏感性置于教师专业道德规范的框架，有助于教师理解自身作为专业者的角色和责任，但对道德敏感性的规范性理解亦有其内在局限性。

首先，对道德敏感性的规范理解囿于外在的专业道德操守，突出教师的道德认知，但抑制了教师内在的道德声音。在规范脉络中，道德即一系列的明确规范、规则，道德敏感性是基于特定道德规范框架来识别和理解不同情境的能力。专业共享的道德规范亦是衡量教师道德感知和理解正确与否的客观依据。这固然凸显了教师专业的道德知识基础和道德认知结构，为教师正确地、负责任地行使专业权力提供了制度规约，但亦忽视了教师的道德能动性。实际上，教师作为道德能动者，有其个人的价值偏好，不可能以个人中立的方式遵守专业共享的道德规则。教师个体的价值序列等内在因素影响其对道德情境的理解和道德问题的识别。

其次，对道德敏感性的规范理解突出了道德敏感性的普适性而忽视了其情境依赖性。规范理解内蕴着普遍化的道德预设，即道德敏感性是一般化的，具有跨越实践情境的普遍性。实际上，教师的道德敏感性是一个情境变量而非绝对的、普遍的人格特征。米吕（Myyry）等人发现，道德敏感性依赖于情境线索，其他一些因素也可影响个体在不同情境中道德敏感性的展现。[①] 例如，教育水平影响道德敏感性，受教育水平越高，道德敏感性越高，但专业的技术知识与道德敏感性不相关；道德敏感性与自我超越的价值观（如仁爱、关心）等呈正相关，与享乐主义呈负相关。

最后，教师道德敏感性发展和培育问题悬而未决。既然道德敏感性本质上属于教师专业实践能力范畴，则其并非先天禀赋、固有的道德品性，不可以一成不变、一劳永逸地获得，而是一种能够获得、发展的能力。比布尔（Bebeau）观察到，在接受道德教育课程后，个体对道德问题的识别能力得以提升。[②] 古德莱德也指出："具备知识和道德敏感性，多数要经过系统的社会化过程，在这一极为重要的过程中，具备知识与道德敏感性转化为了民主社

---

① Myyry, L. & Helkama, K., "The Role of Value Priorities and Professional Ethics Training in Moral Sensitivity", *Journal of Moral Education*, 2002(1).

② Bebeau, M. J., Rest, J. R. & Yamoor, C., "Measuring Dental Students' Ethical Sensitivity", *Journal of Dental Education*, 1985(4).

会要求其教师具备的各种期望与责任。"①但在规范视域中，教师道德敏感性的发展或者说社会化的内在机理和阶段过程并未得以清晰揭示，从而影响着教师专业道德的建设实效。

在这些方面，一些学者从描述视角来理解道德敏感性，突破了职业道德操守的界域，揭示了个体道德敏感性的发展进阶，呈现了个体道德敏感性发展的过程和机理。这为上述问题的解决提供了可能。下文即详细阐释描述视域中道德敏感性的理念架构，揭示新理念下道德敏感性的发展过程及其对教师道德敏感性培育的启示。

# 四、教师道德敏感性的培育路径

## (一)描述视域中道德敏感性的理念架构

### 1. 理论旨趣

持描述立场的道德敏感性研究者认为，在当前的多元社会中，道德价值观是多元的，并不存在绝对的、统一的、普遍适用的专业道德规范。个体的道德实践是不精确的，其道德信念也因具体的个人、群体或实践情境而异。因此，很难囿于规范性的认知框架，以一种客观的方式来评判个体日常实践中道德敏感性的正确与否。

鉴于此，持描述立场的研究者转向对道德敏感性进行客观描述，主张把握个体对日常实践中道德问题的主观理解和体验，追问个体对特定事件所持的道德态度及其缘由，呈现个体是如何对某一情境或事件产生道德敏感性的过程。对道德敏感性的描述理解也不预设道德立场，对个体的道德理解是否正确、特定问题或情境是否有道德属性等问题皆保持中立态度。换言之，这一理解不假定或支持任何行为的正确或错误，而是试图澄清对特定的行为持有道德态度意味着什么，是什么使得人们持有这种观点。②

"道德化"概念为道德敏感性的描述理解奠定了理论基础。洛维特

---

① ［美］约翰·I. 古德莱德：《学校中的教学职业》，见［美］约翰·I. 古德莱德、罗杰·索德、肯尼思·A. 斯罗特尼克：《提升教师的教育境界：教学的道德尺度》，汪菊译，23 页，北京，教育科学出版社，2012。

② Lovett，B. J. & Jordan，A. H.，"Levels of Moralisation：A New Conception of Moral Sensitivity"，*Journal of Moral Education*，2010(2).

(Lovett)等学者把道德化界定为个体对某一偏好的特定态度，尤其是在多大程度上个体认为拥有某种偏好对自己和他人是重要的，并据此而行动。[①] 道德化的本质是本我资源对偏好的投入，即个人关注自我偏好的程度。因此，偏好能在一定程度上反映个体的核心道德价值观。道德化描述了个体理解实践的道德属性的过程。这就表明，道德化并非二元对立、"全或无"的现象，即行为并非要么是道德的要么是不道德的，而是一个循序渐进的连续体，呈现出一系列的发展阶段，代表了个体道德发展的不同水平。

**2. 道德敏感性发展的四阶段**

在上述对道德敏感性的描述理解基础上，洛维特等学者建立了进阶的道德敏感性描述模型，将个体的道德化过程从低到高划分为四个阶段：无道德化、为自我的道德化、为他人的道德化、道德化的公开表达。[②] 历经四阶段的发展过程，个体偏好得以不同程度地道德化。该模型可普遍应用于包含教师在内的专业教育、道德教育等领域。

考虑到本研究的对象，为便于理解，下文即结合我国的教育实践语境，以教师这一专业群体为例，具体阐释洛维特等学者所构建的道德化的四个层次，来呈现个体道德敏感性发展的不同阶段。

(1)水平 0：无道德化

所谓无道德化，是指这一水平上的偏好是朴素的、非道德的，仅是个人特色、喜好或品位。这也是洛维特等学者称之为"0"水平的原因。例如，教师个人的教学风格。无论是"循循善诱型""激情四射型"还是"风趣幽默型"，皆是基于教师的个人性格、知识积淀和能力架构所形成的带有明显个性特征的教学艺术和教学特色，具有显著的个体差异性，展示着个人的知识涵养、人生阅历、人格魅力、语言驾驭等能力。这些迥异的风格并无道德意蕴。换言之，不呈现出诸如此类的教学风格，教师也不会表达出愧疚不安、羞愧抑或尴尬等具有较强道德意味的情绪和心理。而且，非道德化的个人偏好往往并不稳定、持久。诚如一教师所言："当你这么来学我的时候，我早换另外一种方式了。"

---

①② Lovett，B. J. & Jordan，A. H.，"Levels of Moralisation：A New Conception of Moral Sensitivity"，*Journal of Moral Education*，2010(2).

(2)水平1：为自我的道德化

与非道德偏好不同，这一层级中的个人偏好带有较强的道德意味，需由元偏好来支持。进一步来说，个体对这一偏好的辩护基于特定的道德理由，如正确或错误、好或坏等。而且，该类偏好往往成为个体身份建构的重要基点，因此存续时间较为持久。相应地，违反该类偏好也会使个体遭遇愧疚、羞愧或尴尬等负面的道德情绪体验。

例如，教师的"我觉得应该思考自己怎么干才能对得起学生"这一个人行为偏好，即建基于"教师本身就是个良心活，要对学生负责任"的个体道德认知图式，建立在"应该对学生负责"的个人价值选择的基础之上。甚至"有责任心的人"也是很多教师对自己的身份认定："我真是一个比较有责任心的人。"这就表明，为自我的偏好凝固为教师个体的专业哲学和道德身份，是教师个体和专业生活意义的来源。相反，当该偏好受到挑战乃至违背时，教师会经历一种非常严重的身份断裂和身份危机。例如，教师认为"凭着良心干活"，力求问心无愧，偶尔不得已的请假都会让自己受到"良心的谴责"。

但值得注意的是，这一道德偏好并不具有普适性，仅是个人的价值取向和道德观念，指向个体自我的道德化，仅适用于"我"，仅限于个人的行为。例如，处于该道德化水平的教师对同事是否持有"良心活"的认知图式则不置可否，更不会以此来评判同事的实践行为。换言之，宽容是处于该道德化水平的个体普遍表现出来的道德态度。

(3)水平2：为他人的道德化

该层面的偏好超越于私人生活与个人界限而进入个体的公共生活领域。也就是说，个体将自我的偏好推及他人，并以此为标准来评判他人行为的道德适切性。在此意义上，为他人的偏好是完全意义上的道德化。达到该道德化水平的个体是道德主义者。

例如，将"教师本身就是一个良心活，要对学生负责任"置于该层面来理解，则教师不但视此为自己的道德观，也以此要求其他教师对学生负责，期待其他教师"干好工作，做好该做的事"。在他们看来，就教师职业而言，认真负责、关心学生是无须多言的道德。假如看到同事体罚学生、讽刺挖苦学生，即所谓"同事暴政"伤害了学生的身体或心理健康时，这部分教师会表现出气愤、鄙视等有道德内涵的情绪。

需要指出的是，为他人的道德化只是停留在道德认知和情感体验阶段，并未上升到行动层面。比如，处于该道德水平的教师通常只会在内心或私下表达体罚学生、讽刺挖苦学生对学生的不良影响，不会公开指责同事，违背对同事的忠诚原则，即所谓"不干预""各人自扫门前雪"，尽管教师也对此种做法"深感遗憾"，认为是自我懦弱，未尽到对学生的道德责任。

（4）水平3：道德化的公开表达

在洛维特等人看来，为他人偏好的公开表达是道德化的顶点。达到该道德化水平的个体是一个公共的道德行动者。其不但公开表达个人的道德哲学和道德判断，更会据此批判、纠正道德僭越者的行为。因此，如果说为他人偏好的道德化仅停留在个体的道德认知层面，那么公开表达偏好的道德化则表明个体的道德水平已从认知提升到行为层面。例如，基于对学生的关心和责任，处于公开表达偏好的道德化水平的教师可"揭发"同事的权力滥用行为，向学校"告密"，或训斥同事以维护学生的权益。

不过，在此阶段，个体的道德认知并不必然地转化为道德行为。个体是否公开表达个人的偏好、偏好公开表达的方式和强度、偏好的辩护依据等问题与个体所处的当下情境、社会文化规范不无干系。例如，教师是否公开表达其道德偏好、完全践履其作为专业者的道德责任，往往受诸多制度、文化等情境因素的制约和束缚。在上述案例中，干预即背离了同事忠诚，而这恰恰是破坏群体团结的一大禁忌。为减少风险，教师往往选择"不干预"的策略，以保持自身在实践社群中的安全感。

### 3. 道德提升：道德敏感性的发展

道德提升与道德降级是道德化的两个运行方向。其中，道德提升意味着某一偏好在较高水平上进行道德化，指向个体道德敏感性的发展，即合适的道德偏好的形成与维持。道德化水平越高，则道德偏好的韧性和强度越大，对道德行为的影响越强，对相异道德偏好的宽容度越低。"道德提升可使我们感到我们的偏好是非常重要的、有意义的，这些偏好是建立在坚实的甚至普遍的基础之上的。"[1]因此，道德敏感性的发展不只是偏好内容的改变，更是偏好的道德属性与存在样态的本质提升。

道德提升受到个体的权威感、个人偏好的群体分享程度、自我效能感等

---

[1]　Lovett, B. J. & Jordan, A. H., "Levels of Moralisation: A New Conception of Moral Sensitivity", *Journal of Moral Education*, 2010(2).

因素的影响。① 首先，权威是影响个体道德化提升的一大因素。权威感可增强个体在特定领域的自信和表达个人道德观念的能力，激发个体相应行动的意向。例如，在专业实践场域，有权威感的个体更倾向于认为自己的偏好源自专业本身，是对专业实践的客观、正确理解。因此，这些个体更愿意保持个人偏好，并以此为标准来评判他人偏好的正误，乃至公开表达。其次，分享个人的道德偏好是促进个体道德提升的又一因素。根据社会心理学领域的群体极化观点，通过信息影响途径和社会比较途径，群体讨论可使全体成员意见的最初倾向得到进一步强化，从而促进群体意见一致，提高群体内聚力和群体行为。② 相应地，在群体讨论过程中，个人的道德偏好被实践社群中的他人所分享、支持，可给予个体道德自信和道德权威感，增强个体公开表达道德偏好的意愿，从而有效提升个体的道德化水平。最后，公共道德实践的自我效能感对个体道德敏感性的提升不可或缺。公共道德化总是隐含着被受众摒弃的风险，而自我效能是个体所做的一种判断，即我做什么是有效的。这种自我判断和信念影响个体的抱负水平和目标设定。具有自我效能感的个体可有效判断在特定的道德实践情境中公开表达个人道德偏好的适切性，从而规避道德冲突。

## (二)描述视域中教师道德敏感性培育路径的新构想

对道德敏感性的描述为我们提供了教师道德敏感性培育的新思路。基于描述视域中道德敏感性的理念架构，教师教育可运用道德提升过程理论，给教师的道德偏好以强度和力量，从而增强教师的道德敏感性。具体而言，教师道德敏感性的培育可通过如下三条路径。

### 1. 赋权予教师，提升教师的道德权威

提升教师的道德权威是促进教师道德敏感性发展的重要路径。从本质而言，权威是一种关系，而非个人品质。基于此，博琴斯基(Bochenski)揭示了"权威"概念的三角关系架构，认为权威是由权威的承担者、主体和相关场域

---

① Lovett，B. J. & Jordan，A. H.，"Levels of Moralisation：A New Conception of Moral Sensitivity"，*Journal of Moral Education*，2010(2).

② 俞国良：《社会心理学》，565~566 页，北京，北京师范大学出版社，2006。

所构成的。① 权威的合法性建基于关系的质量。也就是说，某一场域中的关系必须通过合理的基础来获得正当性。这一概念架构指出了教师专业权威的实践边界，可防止权威的泛化、滥用。

根据教师专业实践的特点，教师的权威具有双重性。教师权威可分为拥有权威（in authority）和作为权威（be authority）。② 拥有权威是指专业实践脉络中教师拥有引导其行动、进行决策的权力。这种权威的合法性建立在法律—理性的组织制度之上，表明了教师的专业地位。此可谓义务性权威；例如，《中华人民共和国教师法》明确规定"教师是履行教育教学职责的专业人员"。作为权威是指教师作为专业者的地位。这种权威的合法性建立在教师的专业性基础之上，即教师所接受的专门化的培训、专业实践能力、专业成就等，本质上是一种知识权威、专业权威。从理想层面看，拥有权威和作为权威密切联系，是共生的关系，即拥有权威建立在作为权威的基础之上。在此意义上，教师作为权威者意味着教师既有专业行动的权力，亦有专业行动的能力。课堂中道德判断的权威在于每个教师，而不是行政命令或其他的理性决定。这就提高了教师和教学专业的地位③；反之，则挑战乃至削弱了教师的道德权威。

因此，要真正赋权予教师，须同时提升教师的义务性权威和专业性权威，二者缺一不可。一方面，学校要营造赋权性的制度氛围，尊重教师在专业实践中的道德决策权威，并提供相应的制度保障和资源支持，以确保教师拥有义务性权威；另一方面，借助校本培训等各种在职培训途径，提升教师道德决策的专业知识基础，提高其道德决策能力，提升教师公开表达道德观点的意识和能力，确保教师具有作为权威的认识性基础。

**2. 打造专业实践社群，创建共享的道德愿景**

与同事分享个人的道德偏好可有效提升教师的道德敏感性。但当前，无论是教师专业实践本身还是教师所处的制度环境都在阻碍着教师道德偏好的分享。首先，就教师的道德实践而言，斯特赖克观察到，教师的道德实践是

---

① 转引自 Tirri，K. & Puolimatka，T.，"Teacher Authority in Schools：Case Study from Finland"，*Journal of Education for Teaching*，2000(2)。

② Peters，R. S.，*Ethics and Education*，London，George Allen & Unwin，1966，pp. 13-24.

③ Berducci，D.，"Book Review：The Moral Dimensions of Teaching"，*Teachers College Record*，2003(7).

孤立的，很少就实践中的道德问题与其他教育专业者展开对话。这与教师个体化、私密性的专业文化不无关联。"在传统的学校文化中，教师最先学到的知识是保持私密的重要性。"①同事忠诚、非干预是教师默认的群体行为规范。教师不干预、不评判同事的分内之事和专业实践，即使很多时候以牺牲学生的发展为代价。这固然维护了教师的个体自主，但也阻碍了教师之间的真诚对话、交流。教师不愿分享实践经验、讨论实践问题，因此，道德知识主要存在于教师个体的实践领域，而不为同事所共享。另外，教师道德知识和道德语言表达能力的有限也难辞其咎。索克特(Sockeet)等人发现，教师本身缺乏熟练运用道德语言的能力。② 这就限制了教师道德观点的表达和分享。其次，各种问责、表现性评价、标准化的管理、基于结果的学习、企业竞争性的文化阻滞了教师展现个人信念的勇气，教师表达个人道德信念的空间受限。

　　为创建共享的道德愿景，道德实践社群必不可少。实践社群是教师专业社会化的重要场所。以学校为基础的专业实践社群的核心特征是共享的价值观，关涉学生学习内容、师生行为表现，以及维持和发展社群的共同目的。③舍此，无共享的规范和价值观，人与人之间的不信任、误解乃至冲突随之产生。塞尔乔瓦尼也认为，社群是学校生活世界的核心，提供了人们彼此联系、重视他人并被他人重视的关系。④ 塞尔乔瓦尼认为，生活世界是一个目的、规范、发展和成长的世界，文化、意义和意旨是学校生活世界的组成部分。⑤当我们以意义和意旨的形式谈论文化内容、价值观和信念的本质、人们的目的和需要、表现为意义的深层的满足源泉时，我们就是在探讨学校、家长、教师和学生的生活世界。学校的生活世界主要由三个维度构成(见图 6-3)：文化、社群和个人。文化为人们体验意义和意旨的学校信念和规范系统。社群提供了人们彼此联系、重视他人并被他人重视的关系。个人提供了人们用以

---

　　① Strike, K. A., "Professional Ethics and the Education of Professionals", *Educational Horizons*, 1995(1).

　　② Sockett, H. & LePage, P., "The Missing Language of the Classroom", *Teaching and Teacher Education*, 2002(2).

　　③ Louis, K. S. Kruse, S. D. & Bryk, A. S., "Professionalism and Community", In Louis, K. S. & Kruse, S. D. et al., *Professionalism and Community: Perspectives on Reforming Urban Schools*, Thousand Oaks, CA, Corwin Press, 1995, p. 16.

　　④⑤ Sergiovanni, T. J., *The Lifeworld of Leadership: Creating Culture, Community and Personal Meaning in Our Schools*, San Francisco, Jossey-Bass, 2000, p. 59.

发展和理解自己的生活世界的个体需要和能力。通过言说与行动，个体理解和确认自己的身份。① 塞尔乔瓦尼进一步指出，学校制度品格的形成，需要处理两层关系：一是学校生活世界与学校外部的系统世界；二是学校内部的生活世界和系统世界。在不同的层面，学校都要处理何为中心与边缘、目的与手段的问题。

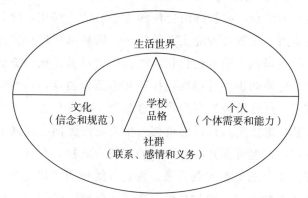

**图 6-3　学校品格和生活世界的维度②**

决定学校能否发展起生活世界的两条原则是依附性（subsidiarity）和互惠性（mutuality）。依附性原则强调任何社会、机构的任何成员，都应免于来自国家或任何其他大的制度的过多干预、规限或控制。这一原则将信念与责任置于地方的权力和动议之上，以保护学校和社会的生活世界。互惠性原则强调彼此的依赖，以彼此互惠的联系呈现，这种联系以人与人之间、不同的机构与不同层级的政府之间的尊严和尊重为典型特征。这一原则也将信念与责任置于地方的权力和动议之上，以保护学校和社会的生活世界，但是将信任与责任视为较大社群的必要组成部分。在这一社群中，所有层次的社群利益平等地聚集在一起。

这两条原则同样决定了教师能否发展起自己的生活世界。对教师而言，依附性就意味着教师的工作权力和计划不受外界制度的过多干预、规限和控

---

① Habermas, J., *The Theory of Communicative Action*（Vol. 1, 2），Boston，Beacon Press，1984.

② Sergiovanni, T. J., *The Lifeworld of Leadership: Creating Culture, Community and Personal Meaning in Our Schools*，San Francisco，Jossey-Bass，2000，p. 19.

制，对其工作持有信念和责任。而互惠性则意味着教师基于工作的信念、责任，同外界的社群联系起来，即生活世界与系统世界共生、互惠，而这又取决于彼此的信任与尊重，但前提是生活世界驱动系统世界，即系统的目的是为了更有效地帮助教师获得工作的意义和意旨。

相互尊重、彼此信任的文化氛围构成教师的安全对话空间。实践社群作为民主的公共对话平台，将教师的合作和道德对话正式化，使其成为教师日常工作的构成要素。在教师专业实践社群中，同事可就道德实践问题，尤其是道德困境进行真诚的、公开的讨论，提供道德反馈，质询道德判断，进行专业启发，分享道德知识、道德推理技巧和道德价值观，从而将道德实践去私人化。一方面，这可提升教师群体的道德意识和责任感，提高教师群体的道德专业化水平，增强实践社群的道德内聚力，规避同事之间的道德困境和张力；另一方面，这也可提升教师个体的道德专业性，在分享知识中成为道德能动者，警惕并反思道德实践后果。为此，戴强调要建立净友关系，以此作为建立同事联系的基础，通过思维、实践、情感、希望、恐惧等的相互展露，分享观念、理解、价值观。①

### 3. 探究关键道德事件，建构教师的道德身份

如前所述，较高层次的偏好往往内含于个体身份，更为核心和持久。因此，建构教师的道德身份是教师道德敏感性提升的又一路径。身份也是教师在专业实践中经常遇到并试图回答的问题。从本质而言，身份是人们对"某人是谁"的理解，是人所赋予自己的以及被别人所赋予的各种意义。② 这一概念本身就具有反思性和行动性两个维度，包含了个体的专业哲学和公共行动，因此是个体根据他人与所处情境，用来解释、证明和理解自我的一种资源。③

身份在经验的理解与叙事中得以建构。身份与叙事是天然密切地结合在一起的。里克尔（Ricouer）认为生命即叙事，我们通过叙事理解我们的生活，即我们通过将我们的经历（如事件和行为）铺排成一个有内在联系的整体来理

---

① Day，C.，*Developing Teachers：The Challenges of Lifelong Learning*，London，Falmer Press，1999，p. 101.

② Beijaard，D.，"Teachers' Prior Experiences and Actual Perceptions of Professional Identity"，*Teachers and Teaching：Theory and Practice*，1995(2).

③ MacLure，M.，"Arguing for Yourself：Identity as an Organising Principle in Teachers"，*British Educational Research Journal*，1993(4).

解我们自己,此即自我理解。① 借助此种铺排行为和符号调节所形成的身份即叙事身份(narrative identity)。叙事涉及个体如何相对于他人和社会环境重建其个人经验,如何选择、铺排经验来理解其生活中的重要事件和行为,以传递出某种身份信息。据此,叙事就是对自我的呈现,有助于理解个体的主观世界。就教师的道德提升而言,叙事可激发教师将其偏好置于身份的中心,体验与较高水平的道德化相连的道德情绪,如同情、气愤等。②

叙事的典型特征之一就是具有完整情节结构的丰富故事。教师专业生活中的一些"关键事件"往往成为教师叙事的重要内容。这些"关键事件"不但给教师的专业生活带来转折,从而给教师创造了深度反思的机会,并带给教师较强的道德情绪体验。教师识别与探究专业实践中基于道德敏感性的关键事件,体验道德情绪,接受、拒绝或转换情绪脚本,并在情绪的引导下反思自我的道德偏好,在审慎的反思中寻找专业生活的道德意义,从而建构起带有浓厚情绪色彩的自我认识和道德承诺。而此种带有强烈情绪的自我理解即教师的道德身份。③ 反之,对关键道德事件的沉默、轻视乃至无视,遮蔽了教师工作的道德复杂性,阻滞了教师对专业实践道德维度的深度反思,妨碍了教师道德敏感性的持续发展。

## 第二节　教师道德身份的建构

教师的道德品格和专业自我不可分离。教师的道德品格影响着教师道德推理的趋向,引导着其与他人的互动。一位教师即谈道:"关键看教师是一个什么样的人,对自己有一个把握,该做的事做,不该做的事不要做,得自我衡量、自我约束。"

作为一个位于道德发展和身份形成交汇处的概念,"道德身份"是教师专业身份的核心向度,也是影响教师专业实践和教师专业道德建构的内在要素。

---

① Ricoeur, P. , "Narrative Identity", In Wood, D. , *On Paul Ricoeur*:*Narrative and Interpretation*, London & New York, Routlege, 1991, pp. 188-189.

② Lovett, B. J. & Jordan, A. H. , "Levels of Moralisation:A New Conception of Moral Sensitivity", *Journal of Moral Education*, 2010(2).

③ Cheung, H. Y. , "Measuring the Professional Identity of Hong Kong In-service Teachers", *Journal of In-service Education*, 2008(3).

这主要体现在道德身份之于教师的道德动机、道德行动的价值。"有较强的道德身份感的人更可能做他们认为正确的事情，更可能表现出持久的道德承诺。"①换言之，道德身份是教师道德责任、道德行为的推动力，可有效激发、预测教师的道德行动。故阿奎诺（Aquino）也明确指出，道德身份与特定的信念、态度和行为结合在一起，是激发个体道德行为的自我规控机制，是个体道德行动的理想原则。② 这就有效弥合了教师的道德认知、道德判断与道德行动之间的鸿沟。

当前，很多教师表现出不同程度的道德焦虑、道德困惑乃至道德迷失、道德失范。这固然难以排除社会转型的加剧、道德价值的多元、道德秩序混乱等外在因素的影响，但更为根本的原因则在于教师的道德身份问题。因此，教师道德身份的建构，无论是对教师群体的专业道德建设还是对教师自身精神方向的探索、生活世界的重构，无不具有重要的现实意义。本节即在揭示道德与教师专业身份的逻辑关联、阐释教师道德身份内涵与结构的基础上，探讨教师道德身份的叙事建构策略，以便教师道德品性的提升与道德行为的改进。

## 一、身份的界定与特征

长期以来，人类不断地追问"我是谁""我如何看我自己""别人怎么看我"等，在多元和变化的时代尤其如此。这些问题实际上就关涉人的"身份"问题。可以说，身份是人类无法逃避的问题。身份是个体存在的核心，身份问题源自个体对自我生存处境、生命意义的深层理解。社会变迁经常伴随着有关身份遭受威胁的言辞。作为一个概念，"身份"已被置于一系列急迫的理论论争和政治问题的核心。③ 用詹金斯（Jenkins）的话来说，身份已经成为时代的象征，成为 20 世纪 90 年代知识论战的统一架构。④ 在中国文化与社会学界，身

---

① Hardy，S. A. & Carlo，G.，"Moral Identity"，In Schwartz，S. J.，*Handbook of Identity Theory and Research*，Springer，2011，pp. 495-513.

② Aquino，K.，"The Self-importance of Moral Identity"，*Journal of Personality and Social Psychology*，2002(6).

③ Gilroy，P.，"Diaspora and the Detours of Identity"，In Woodward，K.，*Identity and Differences*，Sage Publications and Open University，1997，pp. 299-346.

④ Jenkins，R.，*Social Identity*，New York，Routledge，1996.

份也是一个热门话题。

"身份"本身就是一个模糊和复杂的词语，处于个人生命史、个体心理学与个人的文化历史、实践社群的交汇处①，具有很强的历史和文化属性，是哲学、社会学等学科共同的研究对象。关于身份，社会学家、人类学家、政治学家、心理学家、地理学家、史学家、哲学家，每个人似乎都有话要说。②因此，在不同的语境中、在不同的文化背景下，人们对身份的理解迥异。不同的学科，如社会学、哲学和心理学等学科对其内涵的解读也各不相同。甚至同一学科在不同发展阶段，对身份关注的侧重点也存在很大差异。

以社会学为例，在 20 世纪 70 年代，人们对身份的研究主要是从微观视角（如社会心理学、符号互动论）来审视个体的，关注"客我"（me）的形成。从20 世纪 80 年代开始，身份研究从个体转向集体，呈现出三大趋向：其一，过去 30 多年的社会和民族运动使学者关注群体的能动性和政治行动，身份带有集体和政治意味；其二，对能动性和自我导向的关注重新引起了人们对身份变化过程的研究，学者开始关注集体层面的独特性是如何被创造、维持和改变的；其三，新的通信技术的发展使学者开始关注"主我"与"客我"（I & me）的实质、心灵社群的建立和虚拟身份等。而且，身份的个人与集体取向也在不断走向新的、更高层次的融合。③

## （一）身份的界定

从词源学的角度看。根据《牛津英语词典》(*Oxford English Dictionary*)，identity（"身份"）一词可追溯到拉丁词 identitas，主要有两种意思：一种是绝对同一，另一种是指具有超越时间的一致性或连续性的独特状态。可见，"身份"这一概念包含两种关系：类同（similarity）和差异（difference）。换言之，身份给事物或人分类，同时让自己和某物或某人有所关联。身份的动词形式identify 则指对标志对象的确证或意义解释的认定。④

据此，身份可理解为我们对自己是谁和他人是谁的理解，以及反过来，

---

① Enyedy, N., Goldberg, J. & Welsh, K. M., "Complex Dilemmas of Identity and Practice", *Science Education*, 2006(1).

②④ Jenkins, R., *Social Identity*, New York, Routledge, 1996, p. 7, 4.

③ Cerulo, K. A., "Identity Construction: New Issues, New Directions", *Annual Review of Sociology*, 1997.

他人又是如何理解他们自己及其他人的。① 换言之，身份就是人们对"某人是谁"的理解，是人所赋予自己的以及被别人所赋予的各种意义。② 透过身份，人们既能认识自己，同时也能被别人所认识。基卡斯（Gecas）对身份的理解也基本表达了类似的意思，即身份将自我置于社会系统中，给自我理解以结构和内容。③ 在此意义上，身份不可一劳永逸地获得并维持，而是个体利用可获得的资源努力去建构的东西。亦即身份并不是人类的固有特征，也不是社会赋予过程的产物，而是个体试图理解自己，理解过去、现在和未来正在做的或经历的事情的持续的活动，是一个不断变化的过程。④ 作为一个分析工具，身份是"一种我们对世界的主体性经验与这种微妙的主体性构成的文化历史设定之间相互作用的理解方式"⑤。查尔斯·泰勒也认为，身份基于承诺，回答"我是谁"的问题就是理解什么对"我"具有关键的重要性，"知道我是谁，就是知道我站在何处"⑥。通过对自我的个体化、本体性阐释，在类同、差异的互动与张力中，个体确证自我的归属方式，建构起自我存在的核心意义。透过身份，个体既能认识自己、协调自我主观性，同时也能被别人所认识、与外界有所关联。

## （二）身份的构成

身份主要由个人与社会两个层面构成。⑦ 其中，个人身份指个体赋予自己的自我描述、自我形象或自我观念、对自己角色的自我确认等，是个人一

① Jenkins，R.，*Social Identity*，New York，Routledge，1996，p. 5.

② Beijaard，D.，Verloop，N.，& Vermunt，J. D.，"Teachers' Perceptions of Professional Identity：An Exploratory Study from A Personal Knowledge Perspective"，*Teaching and Teacher Education*，2000(7).

③ Gecas，V.，"Self-concept"，In Kuper，A. & Kuper，J.，*The Social Science Encyclopedia*，London，Routledge，1985，pp. 739-741.

④ Geijsel，F.，& Meijers，F.，"Identity Learning：The Core Process of Educational Change"，*Educational Studies*，2005(4).

⑤ Gilroy，P.，"Diaspora and the Detours of Identity"，In Woodward，K.，*Identity and Differences*，Sage Publications and Open University，1997，pp. 299-346.

⑥ ［加］查尔斯·泰勒：《自我的根源：现代认同的形成》，韩震等译，37 页，南京，译林出版社，2001。

⑦ Tsang，W. K.，"Schoolteachers' Professional Status and Identity：Perspective of Comparative Institutionalism"，Paper Presented at A Seminar in March，2009.

系列个性的同一、一个人区别于另一个人的整体标志，凸显的是差异。社会身份则指个体诉诸的或者被别人、社会成员期待的社会角色表现，是某个集体的共同身份，强调集体成员之间的相似性，以及集体成员相信他们之间所具有的某些共通性和相似特征。里克尔也将身份划分为作为共性的身份（identity as sameness）和作为自我的身份（identity as selfhood）。[①] 身份的这两个向度也不是彼此不相干，而是相互渗透、交互作用。二者的区别只是对差异和类同的不同强调。学者对身份的研究基本上是围绕这两个方面进行的，只是研究的角度和侧重点不同而已。我国学者也持类似观点。例如，就身份的具体构成来说，身份并不是单一的，而是由多个层面构成的。身份是对我是谁、从何而来、到何处去等问题的追问，可分为四类：个体身份、集体身份、自我身份、社会身份。[②] 个体与集体身份都可归为社会身份。

　　近年来，有关身份的理论研究呈现出一种综合化的趋势，即身份同时是内在的和外在的，在同一个类同与差异的互动过程中产生，因此，社会身份的理论架构也应同时包含个人身份和集体身份。[③] 在某种意义上，所有的人类身份都是社会身份。因为身份牵涉了意义，在某种程度上总是共享的，是可以协商的。正如布尔迪厄的"习性"（habitus）概念，身份既是个人的，也是社会的，但身份既不是个人的，也不纯粹是社会的或制度的，它在根本上属于一种"关系型现象"。

　　吉（Gee）则提出了一种认识身份的方式或视角。他根据身份形成的方式和影响因素，从四个角度来审视"某类人"：自然身份（nature-identity）、制度身份（institution-identity）、议论身份（discourse-identity）和相似身份（affinity-identity）。[④] 详见表 6-1。

---

① Ricoeur, P., "Narrative Identity", In Wood, D., *On Paul Ricoeur：Narrative and Interpretation*, London & New York, Routlege, 1991, pp. 188-189.

② 陶家俊：《身份认同导论》，载《外国文学》，2004（2）。

③ Jenkins, R., *Social Identity*, New York, Routledge, 1996.

④ Gee, J. P., "Identity as An Analytic Lens for Research in Education", *Review of Research in Education*, 2000（1）。

表 6-1  认识身份的四种方式或视角

| 类别 | 过程 | 权力 | 权力来源 |
|---|---|---|---|
| 自然身份 | 发展 | 自然力 | 自然 |
| 制度身份 | 授权 | 权威 | 制度 |
| 议论身份 | 认可 | 议论/对话 | 理性个体 |
| 相似身份 | 分享 | 实践 | 相似群体 |

具体来看，自然身份是一种既有的先天状态，而不是个体所达成的。这种状态来源于自然界的不可控力，权力运行的过程即为发展。但这种自然身份也需要人们认可。只有当自我或他人认识到自然身份表明了"我是某类人"时，它才真正变成身份。因此，自然身份的形成也有赖于制度、理性个体或相似群体的力量支持。

制度身份是一种位置，是个体自我达成的，并不是自然所赋予的。决定制度身份的力量是来源于制度的一系列权威。权力运行的过程即为授权。个体身处其位就要遵守相应的规则，拥有相应的权力，履行相应的责任，无论是积极接受还是被动服从。可见，制度身份更多地含有角色的意味。

议论身份是一种个体特征。它既不是先天的，也不是制度赋予的，但也不能完全靠个人达成，而是取决于理性个体的议论。议论运行的过程就是认可。很显然，制度身份的形成也要依赖议论力量的支持，但议论身份的建构未必需要制度的参与、支持。但同制度身份一样，个体在议论身份建构的过程中也有主动和被动之分。

相似身份是一种独特的经历。独特的实践决定了相似身份的形成。这些独特的实践主要来源于相似群体，即主动参与特定实践的个体。实践这种权力的独特运行过程即分享。

需要注意的是，这四种方式并不是将身份分为不同的种类，只是基于不同的理解系统而认识身份的四条线索，关注了身份形成及其表现的四个不同侧面。离开了理解系统，我们不可能获得任何一种身份。① 尽管不同的社会

---

① Taylor，C.，"The Politics of Recognition"，In Taylor，C. et al.，*Multiculturalism: Examining the Politics of Recognition*，Princeton，NJ，Princeton University Press，1994，pp. 25-73.

和历史时期会凸显一种身份方式，但各种方式是可以共存的。无论是在理论中还是在实践中，这四种方式常错综复杂地交织在一起。而且，尽管身份可随时间和情境的不同而改变，但每个人都拥有一种所谓超情境的核心身份（core identity）①或实质身份（substantive identity）②。这种核心身份或实质身份是稳定的，以区别于特定情境中的情境性身份。

温格（Wenger）将身份视为连接个人与社会的枢纽（pivot），指出了分析身份的五个向度：①身份与个人的生活史相关；②身份与既定的社会文化实践调整的个人经历有关；③身份与社群成员身份相关；④身份是个体多重社会身份统一的枢纽；⑤个人此时的身份是具体的和总体的环境相互作用的结果。③ 如此，身份的个人层面和社会层面得以贯通。萨克斯认为，这种观点指出了身份形成的社会、文化和政治的条件或者说宏观、微观、个人和群体层面的条件。④ 任何对专业身份的重新界定都要包含这几个层面。

## （三）身份的特征

吕曼（Luehmann）在考察了身份的诸种定义后，认为身份具有如下特征：①身份是社会建构的，即人在与别人的互动中被自我或别人所认可；②尽管核心身份的变化过程是长期的、艰苦的，但身份总是不断地被建构与再建构；③身份是多方面的，包含一系列的某人被认为是某类人的相关方式；④身份在经验的理解与叙事中被建构。⑤ 王莹在考察了西方有关身份研究的文献后，也概括出了身份的如下特点：①身份不是简单的个人心理过程，它反映了个人与社会、个体与集体的关系；②身份建构是一个过程，是不断变化而非一

①　Gee，J. P.，"Identity as An Analytic Lens for Research in Education"，*Review of Research in Education*，2000(1).

②　Ball，S. J. & Goodson，I. F.，"Understanding Teachers：Concepts and Contexts"，In Ball，S. J. & Goodson，I.，*Teachers' Lives and Careers*，London，Falmer Press，1985，pp. 1-25.

③　Wenger，E.，*Communities of Practice：Learning，Meaning，and Identity*，Cambridge & New York，Cambridge University Press，1998.

④　Sachs，J.，"Teacher Professional Identity：Competing Discourses，Competing Outcomes"，*Journal of Education Policy*，2001(2).

⑤　Luehmann，A. L.，"Identity Development as A Lens to Science Teacher Preparation"，*Science Education*，2007(5).

成不变的。①

因此，将身份放在一定的情境中加以考察，既要考虑到历史文化的影响，也要注意当下具体社会结构、社会情境的制约；身份产生于同他者的关系之中，不同的关系产生不同的身份，关系的变化也会带来身份的变化；个人的身份是多重的，对身份的界定也是多重的，对多重身份的管理是个体身份的重要任务之一。这些多重身份是分层次的，在不同的情境下会侧重不同的身份。

## (四)身份与角色的差异

需要注意的是，无论是在理论研究中还是在日常生活中，人们常常将"身份"与"角色"概念相提并论。在对身份进行理解和界定时，学者也多通过与角色的对照进行。不过，二者尽管有一定的关联，但属于很不相同的范畴。

一般认为，角色是社会分工的结果，是他人所期待某个人的行为方式。②作为被社会机构和组织结构化了的规范，角色在影响人们行为中的相对重要性取决于个体和这些机构、组织之间的协商与约定。③ 而身份是通过个体化的过程建立，是个体意义的来源，也是个体用来协调自我主观性的手段。角色可以被赋予、被指派，身份则需要个体的涉入。简言之，身份组织意义，而角色组织功能。④ 巴利(Barley)认为，身份与角色是一体两面：角色向外，身份向内，对角色的践履即产生了角色身份。⑤ 角色影响个人对身份的认识，但角色并不等于身份，因为自我附着于角色的程度并非总是一致的。

例如，钱超英认为，身份与差异相对而相关，是为人和他所生存的世界作为文化环境(即"文化历史设定")之间的被意识到的联系。⑥ 利用这种联系，个体可回答"我曾经是谁、现在是谁""我为什么如此生活"的问题，得以做出

---

① 王莹：《身份认同与身份建构研究评析》，载《河南师范大学学报(哲学社会科学版)》，2008(1)。

② Gerth, H. H., & Mills, C. W., *Character and Social Structure*: *The Psychology of Social Institutions*, London, Routledge, 1954, p. 83.

③④ Castells, M., *The Power of Identity*, Malden, Mass, Blackwell, 1997, pp. 6-7, 7.

⑤ Barley, S. R., "Careers, Identities, and Institutions: The Legacy of the Chicago School of Sociology", In Arthur, M. B., Hall, D. T. & Lawrence, B. S., *Handbook of Career Theory*, Cambridge, Cambridge University Press, 1989, pp. 41-65.

⑥ 钱超英：《身份概念与身份意识》，载《深圳大学学报(人文社会科学版)》，2000(2)。

关于其生活意义的解释，使自我和变化着的环境的有效联系得以重建。因此，身份既不是某种客观条件的天然限定，也不是某种主观幻觉支配下的随意假设，它是一种被环境所激发的认识和被认识所促动而表达在一定环境中的互动行为。

实际上，"身份"是中国人话语体系中常见的词，且包容性极强，"identity""status"都可涵盖在内。王力平认为，身份的概念在个体意义上与英语中的"identity"一致，而在社会意义上与英语中的"status"近似。① 在个体意义上强调身份与角色的区分，身份就是个体所有的关于他这种人是其所是的意识。而在社会意义上，身份是强调个体所处的文化认可的社会空间位置的标志或地位等级。身份与角色也存在一定联系。一般认为，角色是个体因占据一定的社会位置而产生的行为模式②，是社会对某一种特定从业人群的一种集体性预期，不具有地位高低的内涵。《中国大百科全书·社会学》卷中，社会角色被界定为与人的社会地位、身份相一致的一整套权利、义务和行为模式。它是对处在特定地位的人们行为的期待，也是社会群体或组织的基础。而身份既是结构性的，又是建构性的。结构表现了某一群体在整个社会结构中的阶层地位。建构则表现在其是一种人为的价值假设，使行动者的实践带有某种被强制性或自我强制性。身份的内涵是通过价值的正当性即"合体统"与非正当性即"有失体统"之间的差异体现出来的。就身份研究来说，角色理论的意义在于提示了人对自我的理解和表达在一定社会关系下出现的复杂性。

## 二、道德：教师专业身份的核心向度

### （一）道德：身份的终极框架

身份是人类无法逃避的问题。那么，个体究竟如何定义自我，意义所指究竟为何？鉴于晚期现代社会的持续、快速变化所导致的外部固定参照点的匮缺，吉登斯将自我界定的参照系设定在个体内部，认为身份是"一项自我反思性任务"，必须自反性地建构。自我身份"并不仅仅是被给定的，即作为个体动作系统的连续性的结果，而是在个体的反思活动中必须被惯例性地创造和维系的某种东西"，或者说"并不是个体所拥有的特质，或一种特质的组合。

---

① 王力平：《身份——社会学视野中的社会资本》，载《黑龙江教育学院学报》，2006(5)。
② 顾明远：《教育大词典》，843页，上海，上海教育出版社，1997。

它是个人依据其个人经历所形成的，作为反思性理解的自我"。① 这固然突出了个体身份中的内在参照，有助于个体在危机和不确定性情境中生成本体性安全，但过于内倾化、个体化的所谓"纯粹关系"导致自我与外部道德、文化传统相隔绝，面临着品格销蚀、抽离于社会脉络的风险，以及意义虚无的困惑。

在泰勒看来，自我并非抽象地、孤立地存在，而是无可选择地存在于道德问题空间。个体建构自我身份的参照系总是有其道德属性的。相应地，身份"属于存在于有关强势评价之善的问题空间中的人类特质"②。也正是该种深具道德内涵的身份，给予了个体根本方向感："知道你是谁，就是在道德空间中有方向感；在道德空间中出现的问题是，什么是好的或坏的，什么值得做和什么不值得做，什么对你是有意义的和重要的，以及什么是浅薄的和次要的。"③ 相反，丧失了道德的承诺或身份，个体即丧失了价值观问题采取立场的框架或视界，失却了道德方向感和稳定的生活目的、生活意义，从而身陷空虚、绝望、无助乃至对无意义无限恐惧的困境。这就深刻揭示了自我与道德、身份和善的内在关联。赋予生活以道德的合法性，成为建构身份的核心、关键，无可逃避。为此，泰勒坦言："我们不得不恰当地处于与善的关联之中。"④ "我在善以及确立与它的关系的过程中调整我自己。"⑤ 哈迪（Hardy）等学者也指出，尽管身份可基于各种事物，但基于道德是比较理想的，无论是对个人的幸福还是与之互动的他人的幸福而言。⑥

## （二）道德作为教师专业身份的核心向度

具体到教师，道德之于教师的专业身份更是有其逻辑必然性。教师专业有其道德品性。⑦ 道德位于教师专业实践的核心，道德问题可产生自课程或教育活动的任何领域。因此，责任等道德话语是理解教师实践和决策的关键，

---

① ［英］安东尼·吉登斯：《现代性与自我认同：现代晚期的自我与社会》，赵旭东、方文译，58页，北京，生活·读书·新知三联书店，1998。

②③④⑤ ［加］查尔斯·泰勒：《自我的根源：现代认同的形成》，韩震等译，42、38、65、73页，南京，译林出版社，2001。

⑥ Hardy，S. A. & Carlo，G.，"Moral Identity：What Is It，How does It Develop，and Is It Linked to Moral Action"，*Child Development Perspectives*，2011(3).

⑦ 王夫艳：《规则抑或美德：教师专业道德建构的理论路径与现实选择》，载《教育研究》，2015(10)。

教师专业身份的建构亦植根于道德话语体系。教师专业身份固然包含了教师的态度、行为、知识、信念等内容，但道德维度不可或缺。很多研究都表明，关怀学生、对学生负责等深具道德内涵的身份是教师专业身份的关键部分。例如，戴等学者就指出，基于道德价值观的身份是教师的核心身份。[①] 这种道德身份是教师最内在、最本真的专业身份，折射出教师的道德信念和人文理念。就教师这一道德性专业而言，基于道德的专业认同也是比较理想的。道德身份赋予教师专业生活以道德合法性，是教师职业幸福建构的重要基点。反之，丧失了道德的承诺或认同，教师即失却了专业实践的道德方向感和稳定的专业生活目的、生活意义。

笔者在调研中也发现，很多教师视教师职业为"良心活"，诸如"当老师，说到底是个良心活"，"教师本身就是个良心活，要对学生负责任"，"凭着良心干活"，"重要的是对得起自己的良心"，"我本着良心把工作干好"等道德话语，频繁出现在教师的实践叙述中。"良心活"这一道德隐喻集中表征着教师对学生的责任心、爱心。而且，对学生的责任与关爱被教师内化，成为教师专业身份的重要标的。"关怀者""有责任心的人"是诸多教师对"好教师"的诠释和自我定位。诸如此类的道德身份在教师工作中起到一个"枢纽"的作用。这主要体现在道德身份是教师对既往工作经验的呈现和理解，也影响着教师当前的专业实践状态和未来工作方向的选择。这实际上就凸显了道德身份之于教师专业实践的意义。例如，有教师认同民主、公正的道德理念。在此道德认同的引导下，该教师也希望发展学生的民主、公正信念与行为，并身体力行、以身示范，在课堂教学、师生互动中展示民主、公正的言语与行动。简言之，在民主、公正的道德认同框架中，教师遵从了期望学生养成的道德规范，从而增强了自我的道德能动感、责任感。又如，对于众多教师来说，以责任、关爱为标的的道德身份是影响专业实践的首要的、最为根本的因素："人的责任心、良心，还是占第一位的。"反之，失去内在道德认同的引导、衡量与约束，外在道德标准的规范效力就大打折扣："如果一个老师不想教好的话，外界用这些道德标准卡着他，他也不会好好教，他也不会犯大错误。"上述话语皆凸显了道德认同之于教师专业实践的重要意义。

---

① Day, C., Elliot, B. & Kington, A., "Reform, Standards and Teacher Identity: Challenges of Sustaining Commitment", *Teaching and Teacher Education*, 2005(5).

## 三、教师道德身份的内涵与结构

道德身份何以能成为教师专业道德建构的基点和关键推动力量之一，其激发教师道德行为的内在机制是什么，这与道德身份的内涵与结构不无关联。借鉴哲学、心理学等领域对道德身份的相关研究，结合笔者对一线教师的访谈，下文主要从品格和社会认知两个角度来审视教师道德认同的内涵和结构。

### (一)道德身份是道德与教师自我的融合

从品格的视角来看，特定的道德特征对个体的自我理解是基本的。道德身份是个体在道德向度上的自我理解，是围绕着一系列道德特质所组织起来的自我概念。[①] 道德身份的本质是道德价值观和道德主体通过我们的自我叙事而融合编织。[②] 具体到教师，教师围绕道德进行自我界定、用道德来标识自我。道德成为教师身份的核心内容，是教师核心自我的组成部分。作为道德与教师自我的统一体，道德身份代表了教师自我与道德的高度统一、与道德目标的广泛融合。例如，"我真是一个比较有责任心的人"这一道德身份，即揭示了教师个体的道德理想、道德承诺，表明了道德对教师自我意识的重要性或中心性程度。对于教师来说，道德并非简单的是非、对错，而是具有本体性意义和价值，关乎教师的职业幸福和生活世界的建构。

鉴于道德意识与个人目标的统一程度，教师的道德身份强度具有个体差异性。例如，道德典范型教师具有较强的道德信念，孜孜于道德上的正确。其自我旨趣、意愿与何为道德上的正确意识是同义的，能够将其承诺与个人关切无缝融合。[③] 教师身份的道德内容、范畴亦因人而异，有些教师重视关心，有些教师强调公正，有些教师则突出正直、诚实，但总有一些特质为大

---

① Aquino，K.，"The Self-importance of Moral Identity"，*Journal of Personality and Social Psychology*，2002(6).

② Pratt，M. W.，Arnold，M. L. & Lawford，H.，"Growing Towards Care：A Narrative Approach to Prosocial Moral Identity and Generativity of Personality in Emerging Adulthood"，In Narvaez，D. & Lapsley，D. K.，*Personality，Identity，and Character：Explorations in Moral Psychology*，New York，Cambridge University Press，2009，pp. 295-315.

③ Colby，A. & Damon，W.，*Some Do Care：Contemporary Lives of Moral Commitment*，New York，Free Press，1992，p. 300.

多数教师所认可，如责任、敬业、尊重。从存续性讲，教师的道德身份也会随时间而变化，但具有跨越时空的相对稳定性。作为教师核心自我的表达，道德身份犹如教师的特质，比较持久、稳固。具有道德身份的教师表现出对道德理想的持久承诺，视道德地行动为自我的道德责任。例如，"所以说当老师，说到底是个良心活。自上而下的要求的确让我们有压力，但我们可以干也可以不干，可以干好也可以干不好。拍拍良心，还是应该干好"。戴蒙和哈特(Damon & Hart)即强调，无论基于理论还是经验，我们都有足够的理由认为道德对于自我的中心性或许是道德判断和道德行为协调一致的唯一的、最强有力的决定因素。那些自我概念围绕着道德信念来组织的人，极有可能把道德信念付诸生活实践。①

道德身份作用于教师道德行动的内在机理则在于教师的自我一致。当个体以道德关切为核心进行自我界定时，其将感到被迫以与道德自我解释相一致的方式行动。② 也就是说，融合个人与道德目标、维持道德信念与道德行为的一致性、实现核心自我的意愿，链接了教师的道德身份与道德行动，成为教师道德地行事的内在动机和驱动力。例如，为寻求内心的"问心无愧"，有教师明确将"对学生负责任"的道德信念置于外界评价之上。

也唯有建基于个人身份，受自我一致的倾向性推动时，教师才会毫无迟疑地表现出较强的行为确定性、道德能动性和道德责任感，教师的道德判断才可有效地预见和导向道德行为。这就表明，追求道德上的自我一致、在行动中忠诚于核心的道德自我，并非自我牺牲，而是教师生活世界所必需的，表明教师道德自我的实现和道德成熟。相反，未依循道德意识而行动，则意味着教师的自我怀疑与自我拒绝，给教师带来较强烈的消极情感体验，侵蚀着教师的职业幸福感和主观价值体验。

### (二)道德身份是教师的道德图式

从社会认知的视角来看，图式是道德身份的核心，认知上可获得的道德

---

① Damon, W., & Hart, D., "Self-understanding and Its Role in Social and Moral Development", In Bornstein, M. H. & Lamb, M. E. (Eds.), *Developmental Psychology: An Advanced Textbook*, Hillsdale, NJ, Erlbaum, 1992, pp. 421-464.

② Blasi, A., "Moral Identity: Its Role in Moral Functioning", in Kurtines, W. M. & Gewirtz, J. L., *Morality, Moral Behavior, and Moral Development*, New York, John Wiley & Sons, 1984, pp. 128-139.

图式网络构成道德身份的基础。所谓图式，指的是表明自我、关系和经验的不同方面的组织化的、独特的知识结构。① 道德图式包含原形（如个体对作为一个道德的人意味着什么的认知形象）、行动脚本、对特定道德相关行为事件的呈现。② 道德身份是个人社会图式的一部分，关涉一个道德人的所想、所感、所为的清晰认知形象。③ 循此，则教师的道德身份就是对教师的道德形象、道德价值观、道德行为及其脚本的认知呈现。这些道德图式是可获得的，有助于教师在道德情境中处理相关社会信息。例如，对身为教师的"典范形象"的道德认知影响着教师的行为选择："老师跟其他人不一样，要往好的方向影响学生一辈子。"

依内在与外在的分类框架，道德身份包括内化和符号化两个维度。④ 内化维度指向教师对道德的自我意识，是教师道德自我的认知呈现，表明了道德之于教师私人生活和自我存在的重要性，旨在表征道德身份位于教师自我存在的核心。例如，教师对道德之于教师工作根本性的认识："道德非常重要，有时候这个老师哪怕教不好知识，都没有缺乏道德那么严重。"符号化维度指向教师的道德行动，是教师道德自我在行动中的呈现，内含着教师道德身份的社会指涉。换言之，教师将自我置于社会脉络和公共场域，通过其行动将道德象征性地投射到社会中，来表明教师在行动中对道德自我的忠诚。正是在此意义上，教师的道德身份可谓一种对自我至关重要的社会身份，内蕴着教师对其所扮演的社会角色的道德承诺。例如，教师对"以身施教"进行强调：

> "再比如说诚信，我在我们班只要答应孩子的，即使再困难，我也会履行自己的诺言，给孩子树立一个好榜样，不能说话不算话啊！"

---

① Fiske, S. T., "Schema", In Kazdin, A. E., *Encyclopedia of Psychology* (Vol. 7), Washington, DC., American Psychological Association, 2000, pp.158-160.

② Hardy, S. A. & Carlo, G., "Moral Identity: What Is It, How does It Develop, and Is It Linked to Moral Action", *Child Development Perspectives*, 2011(3).

③ Kihlstrom, J. F. & Klein, S. B., "The Self as A Knowledge Structure", In Wyer Jr. R. S., & Thomas, K., *Handbook of Social Cognition* (Vol.1), Hillsdale, NJ, Erlbaum, 1994, pp.153-208.

④ Aquino, K., "The Self-importance of Moral Identity", *Journal of Personality and Social Psychology*, 2002(6).

身份亦具有时间深度。依演变递嬗的分类框架，教师道德身份分为追溯和前瞻两个向度，分别对应个体道德记忆的再呈现与道德方面的理想自我。前者描述了教师对个体道德记忆的认知再现，包含教师对过去的自我道德意象的认知、评价和情绪记忆等要素，以及所经历的道德事件的时间、地点、人物等的记忆，对既往道德经历的内心体验和感悟等。这些道德记忆构成了教师道德叙事的资源。前瞻向度则指向教师的道德理想和对道德自我的未来构想、展望和探索，蕴含着想成为某种教师的道德信念和价值观，是对应该的、可能的、期望中的道德自我的认知图式。例如，有教师阐述了其作为一个"有责任心的人"的道德追求："绝不能让想学习的学生失望，绝不能耽误学生的前程，绝不能马马虎虎地工作。"这类道德图式深蕴着教师的未来承诺，并作为目标导向，通过激发意欲的道德行为、规避非道德行为来指引教师未来的道德行为方向："我总想凭我的热情，或者凭我的真诚，或者凭我的善意引导他们。"

作为道德图式的道德身份作用于教师的道德行为的条件有二：道德图式之于个体身份的重要性，道德身份的可获得性，二者缺一不可。首先是道德图式之于个体身份的重要性。这是道德身份发挥功能的可能和前提条件。道德身份在自我界定中的重要性程度固然存在个体差异，但道德身份之于自我的重要性是其道德功能发挥的关键。教师实际上拥有多重专业认同，例如，一名中学教师可被称为初中教师、音乐教师、负责的教师等。道德身份越是居于教师自我存在的核心，其规控教师道德行为的作用就越大。道德身份中心性、自我一致性与品格视角异曲同工，前已述及，此不赘述。其次是道德身份的可获得性。这是道德身份发挥作用的支持性条件。道德之于教师个体的重要性只是为道德身份功能的发挥提供了可能和前提条件。教师的道德行为是具体的，总是处在特定的情境脉络中。情境线索激发或抑制道德自我概念的知识结构。道德身份的可获得性使个体对情境的道德层面更为敏感，根据其道德承诺，对这些情境的理解和反应更为迅速，道德行动表现出高度的确定性和毫不迟疑。[1] 教师多重的亚身份与教师所处的不同情境密切关联。在某一特定的时刻和情境，通常只有一个亚认同被激发，即此时此刻的认同、

---

① Hardy，S. A. & Carlo，G.，"Moral Identity"，In Schwartz，S. J.，*Handbook of Identity Theory and Research*，Springer，2011，pp. 495-513.

工作中的自我。所以，在特定的情境中，道德身份是不是可获得以帮助教师处理社会信息，或者说，教师的道德身份能否被激活及激活的程度，直接影响着其对教师道德行为的影响力。相关道德身份的可获得性、可激活性越高，对教师道德行为的影响力越大。否则，道德身份也就失去了激发教师道德行为的效力。简言之，此时此刻教师所能获得的道德身份即工作中的道德自我才是教师重要的乃至核心的身份形式。正是在此意义上，可获得性可谓道德身份发挥作用的支持性条件。例如，重视成绩、绩效评价的现实情境降低了教师道德认同的重要性，生存的压力束缚着教师责任心的践履："老师可能就会去压制学生，这样就很难使老师真正地从良心上去教育他。"

上述两种视角对教师道德身份的界定相互补充。品格视角有助于解释教师的道德模范行为，突出了道德承诺的持久性、道德行为的稳定性、教师道德自我的独特性，以及教师的审慎思考和深思熟虑。而社会认知视角则有助于理解教师带有明显的自动性、缄默性特征的日常道德行为，突出了教师道德身份的多元性、动态性，以及道德实践的情境性、即时性。

## 四、教师道德身份的叙事建构

### (一)身份的形成

#### 1. 一般层面的理解

从学术传统的角度讲，关于身份形成的研究主要有两种传统的理论视角。一种是心理学、哲学的身份形成观，关注个体，强调通过人性之镜的自我反思过程，此即个人身份。另一种传统是社会学、人类学的身份观，强调个体与文化之间的互动，此即社会和文化身份。① 而两种理论研究传统可归入两种身份形成观：本质主义(essentialism)和建构主义(constructionism)。

就本质主义的身份形成观而言，一些学者从个体内部的视角来审视身份，认为人的身份就是个体的自我认知，是个体必不可少的组成部分和区别于别

---

① Zembylas，M.，"Interrogating 'Teacher Identity'：Emotion，Resistance，and Self-formation"，*Educational Theory*，2003(1).

人的标志，强调个人建构稳定的独特观念系统的能力。① 而且，这种自我是单一的、完整的，也是不可改变的，较少受环境或生命历程的影响。这种对身份的理解主要见于较早期的研究文献。与此相对，一些学者则强调社会文化、制度、他人观点等外部因素塑造了一个人。由此，身份即某种情境下的某种人，如同外部所贴上的标签，与人的内部状态无关。不难发现，上述两种研究视角尽管各执一端，也有微观与宏观之分、内部与外部之别，但有一个共同的特征：身份可以是统一的、单一的、确定的。这是一种对身份的本质主义的认识。这种观点虽然曾获得广泛认可，但也不断受到挑战。

人们越来越认识到，身份既不是人类固有的特征，也不完全是社会赋予的东西。认同（identification）作为身份的必要附属物，体现出积极能动性的一面，说明身份并非原本就在那里，而总是必须被建构。身份是通过个体与社会的交互作用②、类同与差异之间的互动③而形成的，文化和个体的能动性共同塑造了人的多重身份。④ 因此，身份的形成过程也是个人试图理解自己，同时也被他人或环境所理解的一种持续的建构过程。

实际上，对身份的建构性认识早在库利（Cooley）和米德（Mead）那里就已初现端倪。两人最早将"身份"这一概念引入社会学研究，也都认为身份即自我，是固定不变的。但库利逐渐认识到，自我认识和对别人观点的选择是影响身份形成的重要因素，个体主要通过这种"镜中我"（looking glass mirror）来认识自我、建构自己的身份。⑤ 米德则将身份置于社会情境，认为身份源于社会互动，最早提出个体可对社会经验进行不同的建构，并详细阐述了自我

---

① Day, C., Kington, A., Stobart, G. & Sammons, P., "The Personal and Professional Selves of Teachers: Stable and Unstable Identities", *British Educational Research Journal*, 2006(4).

② Berger, P. L. & Luckmann, T., *The Social Construction of Reality: A Treatise in the Sociology of Knowledge*, London, Penguin, 1967, p. 94.

③ Jenkins, R., *Social Identity*, New York, Routledge, 1996, p. 25.

④ Enyedy, N., Goldberg, J. & Welsh, K. M., "Complex Dilemmas of Identity and Practice", *Science Education*, 2006(1).

⑤ 转引自 Cerulo, K. A., "Identity Construction: New Issues, New Directions", *Annual Review of Sociology*, 1997, vol 23。

是怎样通过与情境的相互作用而得以发展的。① 这也是以往十多年对身份的研究中，诸多学者援引米德著述的原因。

**2. 教师专业身份的形成**

作为身份的一个"次领域"，教师专业身份形成的讨论也脱离不了上述两种身份形成观。上文提到的特质论的专业性取向、要求的专业性等，都明显受制于技术认知旨趣和工具理性的思维范式，建立在功能主义和基质主义之上。作为专业性具体表现形式的教师专业身份则追求客观性和科学确定性，具有明显的外控性、统一性、规范性等特征。一些学者甚至认为教师在社会制度和文化环境中是完全被动的，"教师就像一团被环境塑造的黏土，他们的身份通过日常生活烙刻在其身上"②。

而上文对教师专业身份的诸多理解已明显表达了建构主义的意味。在这一思想脉络下，教师专业身份不是什么固定的或外部强加的东西，其发展是持续的、动态的过程，个体在其中理解和重新理解个人的价值和经验。③ 因此，教师专业身份可被视为个体的经历和日常工作与其中的社会、文化和制度环境之间交互作用的产物，既受个人及专业群体，尤其是同事的影响，也受制于社会政治背景、历史文化、教育制度、学校组织和课堂环境等诸多因素及其之间的互动。教学情境、教师经验和个人生活史都会影响到教师对自己专业身份的理解。教师的角色与责任，以及教师与家长、学生和同事的关系在塑造教师专业身份过程中也起重要作用。简言之，人们对教师的期待、教师所接纳的影响都影响到教师的专业身份。亦即身份的变化受教师学校内外的经历、教师对作为教师的意义和想成为的教师类型的信念和价值观所调节。

综合相关研究，戴等人概括指出，尽管学者对教师专业身份的变与不变还在争论，但对影响教师专业身份建构的因素基本达成一致：①宏观结构，体现在社会多样性或政府政策的社会、文化特征中；②中观结构，学校与教

---

① Mead，G. H.，Mind，*Self & Society from the Standpoint of A Social Behaviorist*，Chicago，The University of Chicago Press，1934.

② Waller，W.，*The Sociology of Teaching*，New York，Wiley，1965，p. 380.

③ Thomas，L. & Beauchamp，C.，"Learning to Live Well as Teachers in A Changing World：Insights into Developing A Professional Identity in Teacher Education"，*The Journal of Educational Thought*，2007(3).

师教育的社会、文化和组织构成；③微观结构，与同事、学生和家长的关系；④个人生命史：价值观、信念和思想意识。① 这几个方面是密切结合在一起的，存在交互作用，共同塑造了教师的专业身份，从而使教师专业身份不断地解构和重构。这些因素亦可理解为教师用来建构专业身份的不同资源，能产生身份的不同侧面，甚至能发展起不同的乃至相互冲突的身份。

还有学者从学习的角度来理解教师专业身份的建构过程。例如，贝森特（Bateson）将教师专业身份的形成、维持或改变视为一个不断学习的过程。② 从社会文化的视角，学习被视为一种社会文化情境中的建构性活动，学习者本人必须能够理解并赋予学习内容以意义，而不只是获得知识和认知能力。因此，学习与身份形成是密切联系在一起的。身份学习就意味着个人身份的转变，即从一个"自我"变成另一个"自我"。盖吉塞尔和迈耶尔什（Geijsel & Meijers）则更进一步，不但将教师专业身份的建构视为一种循环的学习过程，甚至将教师的身份学习视为教育改革的核心过程，认为教育变革的目标能否实现、教育变革中教师能否走出身份危机，从根本上都取决于教师的身份学习。③ 将身份转变视为一种学习过程，就意味着身份不是偶然遇到的东西，而是个体借助可获得的资源建构的东西，包含了意义的赋予与意义的创生。

当前，课程改革的诉求、绩效文化、现实条件的限制，以及过去专业社会化历程中所注重的意义、社会规范对于好教师的定义、专业主义的论述，都构成对教师身份的影响因素。④ 变动的社会情境给个体的能动性、社会责任和伦理定位提出了很多的要求，专业身份在这种变动的社会情境中、在与其他人的复杂的和有意义的互动中共同建构。⑤ 专业身份即反映了社会和政

---

① Day, C., Kington, A., Stobart, G., Sammons, P. & Kington, A., "Variations in the Work and Lives of Teachers: Relative and Relational Effectiveness", *Teachers and Teaching: Theory and Practice*, 2006(2).

② Bateson, M.C., *Peripheral Vision: Learning Along the Way*, New York, HarperCollins Publishers, 1994.

③ Geijsel, F. & Meijers, F., "Identity Learning: The Core Process of Educational Change", *Educational Studies*, 2005(4).

④ 周淑卿：《我是课程发展的专业人员？——教师专业身份认同的分析》，载《教育资料与研究》，2004(57)。

⑤ Assaf, L.C., "Professional Identity of A Reading Teacher: Responding to High-stakes Testing Pressures", *Teachers and Teaching: Theory and Practice*, 2008(3).

策对好教师的期待和教师的教育理想。

而且，在教育变革中，随着外在压力的变化，教师专业身份也经历不同的变化阶段。凡登伯格和洛斯（Van den Berg & Ros）就发现，在改革的不同阶段，教师的主观现实是不同的，而有不同主观现实的教师，其专业发展也是不同的。① 卡莱尔和伍兹（Carlyle & Woods）则更具体地探讨了教育变革压力下教师身份变化的三个主要阶段。第一阶段，在压力前，教师享有稳定的身份，教师的角色要求和个人价值观是一致的。压力开始后，教师所重视的自我层面受到攻击，丧失了自主，也不能有效处理与同事、学生的关系，自我反思的空间受到压缩，甚至逐渐迷失了方向，失去了对"我是谁"的认识。但教师也逐渐发展起应对策略，同时寻找重建身份的途径。第二阶段是转型期。教师尽管仍然持有很大的恐惧，但也看到了重生的希望，开始了身份重建。重要他人的支持和帮助是非常重要的。第三阶段是完全的自我更新阶段，教师完成了身份的重建。教师力图平衡环境与自我之间的张力，教师的自信和自主也逐渐显现，重新获得赋权感。② 尽管由于该项研究所选取的对象是已经有严重的身体和心理疾病的教师，因而比较极端，不能代表大多数教师，实际上，身份变化的这几个阶段并非如此泾渭分明，而是充满了多种可能性③，但是，这对研究教育变革中教师专业身份的转变阶段还是有一定的启发意义的。

这些都说明，教师不能完全自由地创造身份，但也不是完全被既存的或先前的社会结构所制约，角色期待和个人协商之间的张力是教师身份的核心。④ 换言之，身份表明了被指派的身份（assigned identity）和确认的身份

---

① Van den Berg，R. & Ros，A.，"The Permanent Importance of the Subjective Reality of Teachers During Educational Inovation：A Concerns-based Approach"，*American Educational Research Journal*，1999(4).

② Carlyle，D. & Woods，P.，*The Emotions of Teacher Stress*，Stoke-on-Trent，Trentham，2002.

③ Glaser，B. G. & Strauss，A. L.，*Status Passage*，London，Routledge & K. Paul，1971.

④ Cohen，J. L.，"'That's Not Treating You as A Professional'：Teachers Constructing Complex Professional Identities Through Talk"，*Teachers and Teaching：Theory and Practice*，2008(2).

(claimed identity)之间的关系。① 斯法尔德和普鲁萨科(Sfard & Prusak)认为教师身份包含实际的身份(actual identity)和指派的身份(designated identity)。② 教师身份的形成不只是对角色标准或指定身份的占有,也包括对其意义的积极协商,尽管新教师的身份发展是角色占有多于角色协商。③ 因此,身份的重建不仅要找到表现新角色的方式,还要放弃旧角色。④ 既存的身份可谓持续斗争的场所。而当教师根据所处工作情境的要求和自我赋予情境的意义来接受专业特征时,教师专业身份本身就意味个人与情境之间的互动。科德伦和史密斯(Coldron & Smith)也认为,教师身份部分是被赋予的,部分是通过积极参与社会空间而获得的。⑤ 社会空间是人与他人的一系列可能关系。其中,一些关系是社会结构所固有的,而另一些则是由个体选择或创造的。通过选择一些而放弃另一些,教师强化依附、做出区分,这些构成其专业身份的重要组成部分。周淑卿也形象地指出:"身份并非朝圣式地符应客观标准,而是旅行式的——经由与所处社会关系中的人互动、磋商,而建构自己作为专业教师的内涵。所以教师应在生活故事中反思其行动的意义,并参与对于专业的论述,方才有助于建构其专业身份。"⑥因此,尽管身份部分地植根于人们的个人生活和生活史,但在工作场所与别人的互动也同样重要。⑦

实际上,这种个体与情境之间的关系本身就是结构与能动性的关系。教师专业身份就在这种结构和能动性之间的张力中得以建构、形成。其中,社会结构是作为行动背景的外部影响,而能动性则指人们超越或塑造其环境的

---

① Varghese, M., Morgan, B., Johnston, B. & Johnson, K. A., "Theorizing Language Teacher Identity: Three Perspectives and Beyond", *Journal of Language, Identity, and Education*, 2005(1).

② Sfard, A. & Prusak, A., "Telling Identities: In Search of An Analytic Tool for Investigating Learning as A Culturally Shaped Activity", *Educational Researcher*, 2005(4).

③ Forbes, C. T. & Davis, E. A., "The Development of Preservice Elementary Teachers' Curricular Role Identity for Science Teaching", *Science Education*, 2008(5).

④ Chreim, S., Williams, B. E. & Hinings, C. R., "Interlevel Influences on the Reconstruction of Professional Role Identity", *Academy of Management Journal*, 2007(6).

⑤ Coldron, J. & Smith, R., "Active Location in Teachers' Construction of Their Professional Identities", *Journal of Curriculum Studies*, 1999(6).

⑥ 周淑卿:《课程发展与教师专业化》,129页,台北,高等教育出版社,2004。

⑦ Busher, H., "Being A Middle Leader: Exploring Professional Identities", *School Leadership and Management*, 2005(2).

能力①或个人追求其所重视目标的能力②。具体到教师专业身份，教师的能动性则意味着教师在结构框架内，积极、有目的地引导其工作的个体和集体的权力③或能力，强调这些身份的实现及必要时的重建，管理各种可能威胁其身份或需要被管理的关键事件和趋势。学者对教师专业身份形成的探讨也多着眼于形成过程中个人与情境之间的张力，并认为结构和能动性是研究教师专业身份的比较好的理论基础，但二者之间的关系尚不明确。关于教师社会化的文献也强调了个人和情境变量影响教师成长的过程。教师专业身份建构过程中的结构与能动性之间的关系可用图 6-4 来表示。④

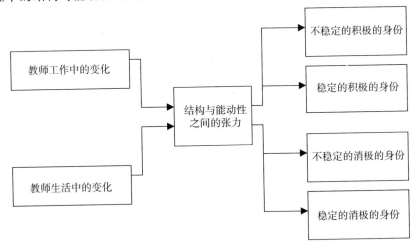

图 6-4　结构与能动性之间的张力中的身份建构

综上所述，身份是人们对"某人是谁"的理解，是人所赋予自己的以及被

①　Bourdieu, P., *Outline of A Theory of Practice*, Cambridge & New York, Cambridge University Press, 1977.

②　Archer, M. S., *Being Human*: *The Problem of Agency*, Cambridge & New York, Cambridge University Press, 2000.

③　Hilferty, F., "Theorizing Teacher Professionalism as an Enacted Discourse of Power", *British Journal of Sociology of Education*, 2008(2).

④　Day, C., Kington, A., Stobart, G., Sammons, P. & Kington, A., "Variations in the Work and Lives of Teachers: Relative and Relational Effectiveness", *Teachers and Teaching : Theory and Practice*, 2006(2).

别人所赋予的各种意义。① 在建构主义的视野中，身份是社会建构的关系性表现，而不是个体稳定的内在品行。教师专业身份也并非外赋、统一、凝固的，而是教师个人和诸多情境之间通过交互作用而形成的"复合结构"②，经由客观赋予与主观占有身份之间的互动而形成的一种主观现实。③ 角色期待和个人协商之间的张力是教师身份的核心，个体通过占有社会中的特定角色来理解他们是谁。④ 因此，教师专业身份的形成实际上是教学的个人与集体层面相互融合的过程，本身就暗含着个人和情境，体现着结构和能动性之间的张力。

教师专业身份的建构是植入工作情境的，而影响教师专业身份建构的专业工作情境是多维的、变化的。如果将教师专业身份的形成理解为不但是对此刻"我是谁"这一问题的回答，也是对"我想成为谁"这一问题的回答，则其与终身学习的教师专业发展观一致。盖吉塞尔和迈耶尔什则直接将教师专业身份的形成或建构视为一种学习过程。⑤

在建构专业身份的过程中，教师也是能动的主体。其中，教师的年龄、自我发展、道德发展、人际发展、认知发展、职业发展和动机发展等都是影响教师专业发展的主观因素。戴等人尤其强调教师的价值观、信念和思想意识在教师专业身份建构中的重要性。⑥ 教师对变革的自然情绪反应在其中的

---

① Beijaard, D., Verloop, N. & Vermunt, J. D., "Teachers' Perceptions of Professional Identity: An Exploratory Study from A Personal Knowledge Perspective", *Teaching and Teacher Education*, 2000(7).

② Gu, Q., *Teacher Development: Knowledge and Context*, London, New York, Continuum, 2007, p. 9.

③ Berger, P. L. & Luckmann, T., *The Social Construction of Reality: A Treatise in the Sociology of Knowledge*, London, Penguin, 1967.

④ Cohen, J. L., "'That's Not Treating You as A Professional': Teachers Constructing Complex Professional Identities Through Talk", *Teachers and Teaching: Theory and Practice*, 2008(2).

⑤ Geijsel, F. & Meijers, F., "Identity Learning: The Core Process of Educational Change", *Educational Studies*, 2005(4).

⑥ Day, C., Kington, A., Stobart, G. & Sammons, P., "The Personal and Professional Selves of Teachers: Stable and Unstable Identities", *British Educational Research Journal*, 2006(4).

作用也不可忽视。①

因此，在不同的专业工作情境中，教师面临不同的角色期待，处理不同性质的角色关系。但教师也并不是简单地接纳来自外界的期望和要求，而是通过其主观性赋予不同的情境因素以殊异的价值，从而形成不同的亚身份。反过来，不同的情境也常展示身份的不同侧面。这些亚身份的影响力及变革的难易程度存在很大差异。一些亚身份影响广泛，可被视为教师专业身份的核心，而其他的亚身份则处于边缘地位。越是处于核心的亚身份，改变或丧失它的代价就越大。而且，国家要求的专业性、来自各利益相关者规定的专业性和教师在实践中所真实践履的实践专业性之间会存在各种矛盾和偏差。②这也必然导致各亚身份之间存在张力。亚身份之间的兼容和谐对教师专业身份的建构至关重要，因此，多重身份之间的协调也是教师身份建构的一部分，本身就体现了教师在其中的能动性和对教师的一种赋权。

## (二)教师道德身份的建构性

道德身份并非单一的、完整的、确定的，而是受外部环境或个体生命历程的影响，它也不是有或无的二元现象。教师道德身份作为一种主观现实、一种关系型现象，经由个人与情境的交互作用而得以建构，与个人特征、发展情境和道德行动的机会密切相连。所以，尽管道德对一个人的身份的重要性可能是相当稳定的，但在某种程度上道德身份的认识每时每刻都在被建构，在特定的情境中或多或少地被激发。③ 共时地看，道德作为教师自我认识的核心或基本特征存在个体差异性，可获得的道德图式在处理社会信息与引导行动方面随情境而变化，尤其是与他人的互动，在教师道德身份形成中起关键作用。历时地看，受个体生命历程的影响，道德身份在教师职业生涯中不断动态地发展。例如，受教师的道德能动性和责任感的影响，道德之于教师个体的重要性会发生变化，教师的道德动机强度也会发生变化。

这些都说明，教师的道德身份并非原本就在那里，而总是基于教师可获

---

① Reio Jr., T. G., "Emotions as A Lens to Explore Teacher Identity and Change: A Commentary", *Teaching and Teacher Education*, 2005(5).

② Evans, L., "Professionalism, Professionality and the Development of Education Professionals", *British Journal of Educational Studies*, 2008(1).

③ Hardy, S. A. & Carlo, G., "Moral Identity: What Is It, How does It Develop, and Is It Linked to Moral Action", *Child Development Perspectives*, 2011(3).

得的资源不断地被建构，贯串教师的整个职业生涯。教师道德身份的建构本质上是一种持续、动态的社会活动，是教师围绕"我是谁""我想成为谁""我如何生成""我将走向何方"等问题，不断理解和再理解道德自我、道德经验、道德期待的过程，故教师道德身份的建构也是教师道德主体的生成、专业道德提升的过程。

### （三）叙事之于教师道德身份建构的适切性

#### 1. 身份的叙事建构

叙事对身份的获得至关重要。布鲁纳曾指出，人类要组织和管理对于世界的知识，有两条途径：第一条途径是逻辑—科学思维，其处理的是物理性的东西；第二条途径是叙事思维，其处理人和处境。[①] 人类经验本质上是叙事的。个体植根于自我成长的历史，叙述性地看待自我的生活，通过讲述自身所经历的故事、铺排生活中貌似随意的行动和事件，从中把握生活、理解自己生活的意义和目的、辨识自我的实质，找寻自我的归属与承诺，建构起具有连续性、内在一致性的个人身份。换言之，身份被体验为一个故事，是叙事的产物，并通过叙事得以建构，在情节铺排中被理解。"个人的认同不是在行为之中发现的（尽管行为很重要），也不是在他人的反应之中发现的，而是在保持特定的叙事进程之中被开拓出来的。"[②]在此意义上，叙事是个体诠释自我、发现和表达意义的媒介。这种通过叙事中介所获得的身份被利科等学者称为"叙事身份"。[③]

#### 2. 叙事的道德性

叙事天然具有道德性。自我存在于道德空间。叙述者总是基于特定的道德基点来理解自我的生活，讲述生命故事，赋予自我的生活以道德合法性，确证自我所持身份的道德。"我们善的视野与我们的自我理解是联系在一起

---

①　[美]杰洛姆·布鲁纳：《教育的文化——文化心理学的观点》，宋文里译，189页，台北，远流出版事业股份有限公司，2001。

②　[英]安东尼·吉登斯：《现代性与自我认同：现代晚期的自我与社会》，赵旭东、方文译，60页，北京，生活·读书·新知三联书店，1998。

③　[法]保罗·利科：《作为一个他者的自身》，佘碧平译，172～207页，北京，商务印书馆，2013。

的……通过我们对我们处于善的何处的理解，我们理解了我们是谁。"①利科也称，"并不存在什么伦理上中立的叙事"，叙事是"道德评判实验室"，一旦在人类时间中展开，就已包含着或隐或显的价值判断。②

不独如此，叙事亦具有生产道德价值的功能，是反映、创造或维持道德价值的手段。从个体层面而言，叙事可推动道德自我的发展，叙事者在讲述日常生活故事中建构道德。个体所持身份的道德是所欲的、期望拥有的理想道德。在叙事者看来，叙事所塑造的这种道德形象也是有价值的、可接受的。因此，个体要为自我的叙述描述负责，即忠诚于该种道德、依循该种道德而行动。换言之，叙事增强了个体的道德能动感、责任感。被建构了的叙事给个体记忆提供了结构，推动着个体把握自己成为认为所是的那种人。从社会层面而言，叙事起到反映和创造道德传统的功能。个人生活是社会生活的组成部分，个人生活史穿插于社会历史、传统中。"我发现自己是一个历史的一部分，并且一般而言，无论我是否喜欢它，无论我是否承认它，我都是一个传统的承载者之一。"③因此，个体的叙事不只是一种话语实践，作为一种社会行为样式，叙事更是构成道德社群的基础，维系并强化着特定社会的道德传统。

### (四)教师道德身份的叙事建构策略

叙事对教师道德身份的获得至关重要。在教育研究中，作为质化研究的一种重要方法，叙事研究因其对生活和教育品质的重视而被广泛用于探究教师职业和教师专业性。④ 教师的道德身份在经验的理解与叙事中被建构。教师植根于个人的生活史，叙述性地看待自我的专业生活，通过讲述自身所经历的道德故事，铺排专业生活中貌似随意的道德行动和道德事件，描述未来

---

① [加]查尔斯·泰勒：《自我的根源：现代认同的形成》，韩震等译，159页，南京，译林出版社，2001。

② [法]保罗·利科：《作为一个他者的自身》，佘碧平译，172～207页，北京，商务印书馆，2013。

③ [美]阿拉斯戴尔·麦金太尔：《追寻美德：道德理论研究》，宋继杰译，281页，南京，译林出版社，2011。

④ Connelly, F. M. & Clandinin, D. J., "Narrative Inquiry", In Keeves, J. P. & Lakomski, G., *Issues in Educational Research*, Amsterdam & New York, Pergamon, 1999, pp. 132-140.

的道德意象，把握专业生活的统整性，理解专业实践的道德意义和目的，找寻自我的道德归属与承诺，建构起具有连续性、内在一致性的主观道德现实和整合性的道德自我。

不过，叙事并非平铺直叙地交代在特定的时间、地点发生了什么样的故事，而是对以往生活史的选择性重构。教师生活本身也很少由孤立的事件构成叙述故事，教师须确立所追求的价值目标和评估架构，据此择取并排列不同的事件，进而建立事件与道德目的之间的因果联系。在对"什么样的生活值得过，什么是充实和富有意义的生活，什么构成高尚的生活"等问题的审思中，教师重建过往的生活经历，描述未来的道德意象，不断理解道德自我、道德经验、道德期待，确立自我与道德的关系，赋予个体行为以道德意义，探索"我是谁""我想成为谁""我将走向何方"的道德含义。借此，教师的专业生活获得统整性、目的与意义。教师解释了自我的道德承诺，为自我的道德身份提供了辩护，亦描绘出可能的道德行动方向。换言之，建构道德认同的任务要求教师扮演小说家而非秘书的角色，其工作是讲述一个好的故事，而不是确切地报告会议中发生了什么。① 在此意义上，"行为者不仅是演员而且还是作者"②。

就叙事的形式和结构而言，西扎尼阿乌斯卡（Czarniawska）认为叙事至少包含三个要素：事情的原初状态，行为或事件，事情的后续状态。而情节将此三要素串成一个有意义的整体，此即为叙事。③ 怀特（White）将叙事定义为对历史材料的一种铺排方式，包括如下要素：以时间顺序排列的一系列事件；中心主体；情节，即关系结构，借此包含于叙述之中的事件通过被视为一个有机整体的组成部分而被赋予意义；结尾，通常含有道德意义。④ 布鲁纳也认为，在个人叙事中，故事结构由能动者、行为、目标、场景、工具和难题

---

① McAdams, D. P., "Narrative Identity", In Schwartz, S. J., *Handbook of Identity Theory and Research*, Springer, 2011, pp. 99-114.

② ［美］阿拉斯戴尔·麦金太尔：《追寻美德：道德理论研究》，宋继杰译，270 页，南京，译林出版社，2011。

③ Czarniawska, B., *A Narrative Approach to Organization Studies*, Thousand Oak, Sage Publication, 1998.

④ White, H., *The Content of the Form: Narrative Discourse and Historical Representation*, Baltimore, John Hopkins University Press, 1987.

构成。① 难题产生于两个或两个以上构成要素之间的不协调。其中，能动者是被赋权的主导者，即故事中的主角，其能通过充分地利用工具和场景，在过程中克服困难，为故事提供一个具有内在一致性的结局，从而改变事件的过程，达成目标。能动性即故事线中的能动者有目的的、英雄式的计划行为。在叙事结构中，情节即为主题，而类型（genre）可被理解为蕴含于有内在一致性的叙事整体中的意义，如悲剧、喜剧、浪漫剧、讽刺剧。索梅尔和吉布森（Somer & Gibson）认为，社会叙事的构成要素包括部分之间的关系、选择性地占有、时间、顺序、地点和因果铺排。② 叙事包含四个方向：向内即内在条件，如感情、希望、道德特征；向外即外在条件，如环境；向前、向后即时间维度，如过去、现在和未来。与本研究相对应，向内主要关注的是教师的内在因素，如情绪、信念、价值观等；向外主要是各种工作情境；时间维度主要关注的是在改革的不同阶段教师专业身份的变化。换言之，一个较为完整的叙事包含了情节、人物、场景、时间、地点等要素。因此，比较理想的叙事包括：一个故事，即持续的情节；明确界定的目的；以目的为旨归的一系列事件；事件间的顺序和因果关系。鉴于教师叙事的特点，下文着重从叙事形式、叙事方向与叙事路径三方面来阐述教师道德身份的叙事建构策略。

**1. 叙事形式：呈现何种故事主线**

教师并非抽象地、孤立地存在，而是无可选择地存在于道德问题空间。教师总是基于特定的道德基点来理解自我的生活，讲述生命故事，赋予自我的生活以道德合法性，解释自我的道德承诺，确证自我所认同的道德。基于叙事的价值意图，格根（Gergen）主张故事中的事件在一个二维的评价空间运行。根据事件是否向所珍视的目标行进，叙事可分为三种基本形式：稳定叙事、进步叙事、回归叙事。③ 每种叙事形式深含不同的道德意义，教师在其中建构殊异的道德身份。

---

① Bruner, J., "Life as Narrative", *Social Research*, 1987(1).

② Somer, M. R. & Gibson, G. D., "Reclaiming the Epistemological 'Other': Narrative and the Social Construction of Identity", In Calhoun, C., *Social Theory and the Politics of Identity*, Oxford, Blackwell, 1994, pp. 37-99.

③ Gergen, K. J., "Narrative, Moral Identity, and Historical Consciousness: A Social Constructionist Account", In Straub, J., *Narration, Identity, and Historical Consciousness*, Berghahn Books, 2005, pp. 99-119.

稳定叙事中，事件叙述的轨迹是平稳的，相对于价值目标而言未发生变化。为展示个体的道德特征、探究长期珍视的道德价值，教师可借助稳定叙事形式，叙述专业生活中类似的道德事件，表明自我的道德信念和对特定道德价值观的持守，塑造一贯的道德形象。例如，一位教师在叙述专业生活故事时，一直强调自己的"崇高教育理想"即"人的教育"。为此，该教师讲述了专业实践中的诸多典型事件：作为新手教师在"现实冲击"下对教育理想的珍视与秉持，在新课改中的"得心应手"（新课改"恰恰符合我的理想"），面对考试束缚时的"窝心"与"感伤"（"我讲得最顺手的恰恰是那些不考试的"），"厚德载物"的强烈使命感和未来期望。这些具有内在一致性的事件，反映出该教师对"人的教育"这一本真教育价值的不变传承与深切承诺。

进步叙事和回归叙事则展示着转变中的自我，表明了教师道德身份的动态发展。进步叙事中，事件叙述的轨迹朝着所期望的道德目标前进，指向个体道德生活的进步。借助进步叙事，教师可呈现出不断进取的道德形象，进而精进专业道德。例如，一位教师讲述了从"对一些孩子偏爱"（"成绩好的学生我爱，成绩不好的学生我不爱"，"这个性格我爱，那个性格我不爱"）到"教师必须有大爱"（"大爱就是无选择"，"什么样的孩子我都爱"，"来到这个班里，只要你是我的学生，我就对你有爱心"）的师德感悟。这一叙事转折既传递出该教师对"教师是一个良心活"的职业追求，也体现出教师道德身份的积极变化，表征着教师的道德成长，如对学生多样性的日渐包容、对学生发展的责任感增强等。

回归叙事意味着个体生活的退步，即事件叙述的轨迹与所追求的道德价值渐行渐远。有教师分享了入职后的"挫败"感："不知道什么事就会伤害学生。比如，控制不住自己的情感，火气上来了，说了一些话，伤害了几个学生，所以工作两年以后，还是很痛苦。"不过，回归叙事具有较强的补偿功能，即消极体验的积极转化。教师叙述专业生活中的消极故事，不是为了宣泄"痛苦"情绪，也不是为了引起关注与同情，而是为了表明对既往专业实践行为的后悔与自责，以及对自我道德提升的期许：怎么样"干一行爱一行"，"把这个干好，对得起自己的良心"。这也说明，回归叙事实际上为教师道德身份的重塑提供了新契机。

**2. 叙事方向：利用何种叙事资源**

道德身份由教师利用可获得的资源建构而成。根据建构道德身份所运用的资源，教师叙事可依向内、向外两个方向进行。向内叙事基于影响教师道德认同的内部条件。教师的专业实践是个人性的，需要教师个体的投入，如教师个体的道德情感、价值观、信念和思想意识等。这些因素内嵌于教师的个人生命史。向内叙事可有效透视教师的心理世界，展露教师的内心体验和感受，探寻教师心灵深处的道德图景。例如，情感的识别在决定教师道德认同中非常关键。情感表达决定了道德认同的品格。① 在专业实践场域，教师会体验大量复杂的情感，这些情感与道德理想、自我认识的融合对教师道德认同的建构至关重要。可以说，教师是带着情感进行自己的道德认同建构的。很多教师都谈到在个人的教育理想与外界的教育评价之间的矛盾导致较低的"职业幸福指数"。"士气磨没""职业幸福感越来越低""幸福指数越来越低""太痛苦"等消极情感体验，固然描绘了教师情绪地图的部分内容，但更传递出教师的道德诉求和理想中的、期望中的自我道德形象，如关心学生、对学生负责、帮助学生全面发展与快乐成长等。需要注意的是，教师情绪本身是一种社会表现。情绪话语能获得意义，不是依赖其与内部世界的关系，而是借助其在文化关系样式中呈现的方式。② 这实际上指出了教师道德身份建构的情境性、社会性。

向外叙述基于影响教师道德身份的外部条件、社会结构。教师道德身份的建构与社会结构是密切结合在一起的，既包含当前的教育制度和教育政策，更植根于特定的历史和文化脉络。"个人认同被设置或蕴含于历史叙事中，因此道德存在被历史叙事所维持（或阻碍）"，"我们都存在于并被特定的历史叙事所建构"。③ 特定的社会历史、文化传统构成了一种独特的文化图式和理解系统，为教师建构自己的经验提供了一个可接受的故事架构和文化参照，从而为教师可能成为谁提供了背景与可能。教师呈现文化记忆、讲述道德故事，意味着其参与到文化传统中，在传统中获得生活意义、建构道德身份。在此意义上，道德身份是教师个人社会图式的一部分。有美德的自我是社会的自我。例如，前文中主张"教师必须有大爱"的教师叙述了我国传统文化的道德认同意蕴。

---

①②③ Gergen, K. J., "Narrative, Moral Identity, and Historical Consciousness: A Social Constructionist Account", In Straub, J., *Narration, Identity, and Historical Consciousness*, Berghahn Books, 2005, pp. 99-119.

"师德包括公民道德，这应该吸取传统文化的精华。首先是做好人。不做好人的话，怎么做好事，好人好在哪里。我们的传统文化，如'仁者爱人''己所不欲，勿施于人'，这些都非常好。还有儒家文化倡导的孝。只有孝，一个家才能和睦。一个人能够把家治理得和谐，在单位才能很好地定位，思考如何对待学校领导、对待自己的学生。我对我女儿说，人的一生就像一棵大树，树根就是道德。道德必须深深扎进中国这片土壤里，才能立足大地上。枝叶就意味着人要向外获取，同时向外付出。从事任何一个行业都能为社会做贡献，但是一定要打好根基。一个人品德不行，能力越大，危害越大……要思考我为什么要这么做，我这么做有价值吗？老师都希望自己做的事情对社会有价值，最起码能给学生留下点什么。"

该叙述运用普遍的文化规范和道德意象、道德隐喻，将个人的道德认同与中国传统文化价值观和道德联系起来，将个人生活史穿插于社会历史、传统中，表明了教师的社会观念、历史意识，回应了社会、制度等对教师的规定和角色期待。诸如此类的历史叙事既为教师道德社群的建构提供了传统文化资源，也有助于提升教师个体的传统美德意识，传承和弘扬中国的道德文化传统。

**3. 叙事路径：运用何种反思方式**

反思是教师在叙事中理解自我、建构意义的路径与方式。自我认同"并不仅仅是被给定的，即作为个体动作系统的连续性的结果，而是在个体的反思活动中必须被惯例性地创造和维系的某种东西"，"是个人依据其个人经历所形成的，作为反思性理解的自我"。① 讲述故事本身就是一个反思性的意义理解过程。教师总是需要反思性地审视、评价自我，理解既往经历和事件，赋予生命故事以意义，进而不断修订生命故事，不断建构起新的道德认同。在此意义上，反思即为教师道德认同建构的内在机制。

其一是教师个体的独立反思。鉴于教师专业实践的个体化特征，教师可通过书写个人回忆、报告个体历史来识别道德自我。在新媒体时代，越来越

---

① ［英］安东尼·吉登斯：《现代性与自我认同：现代晚期的自我与社会》，赵旭东、方文译，58页，北京，生活·读书·新知三联书店，1998。

多的教师通过博客等网络平台记录日常教育生活，呈现个体的实践感悟与理性反思，从而个性化地表达自我，塑造自我的公众形象。例如，教师马丛丛坚持通过网络教育日志的形式来记述自己的教育故事和实践体悟，探寻教育的本真与意义，撰写了十几万字的"小蜗牛日记"。① 日记内容涵盖了学科教学、班主任工作等方方面面。一个个真诚、真实、细腻、触动心灵的故事既展现了该教师的专业成长轨迹，更塑造出一个"用智慧和爱去滋养孩子""静待花开""超越自我""孜孜前行"的积极教师形象，帮助教师建构起"以师爱关注学生"的道德认同。尤其值得注意的是，教师在专业生活中总会经历一些重大转折，总有一些违背期待或常规的道德事件、牵涉道德的麻烦与两难。这些所谓"关键事件""刻骨铭心的事情"为教师提供了重新理解道德意义、重塑道德自我的机会。对这些经历的深度反思可让教师批判性地审视道德与自我。一位教师回忆了其在学校的一段痛苦经历：在追求成绩而层层压制学生、缺少关爱的学校氛围中，"我当时的感觉就是学生不是学生，老师不是老师……这样一种观念让老师的心理变得扭曲……所以学生犯了小错误，老师不愿宽恕他"。这使该教师在工作中找不到成就感，没有工作热情，出现明显的职业倦怠感，感觉自己根本就不是一个"正常的人"。"我要继续在这里，我就活不下去了""一定要走"等话语表明，正是对过去艰难经验的体悟、对道德实践中的不一致甚或矛盾的反思与解决，推动着教师开启了道德身份重构与道德自我重塑之旅。这也是"通向美好生活的艰难之路"②。

其二是教师的集体反思。教师要在专业实践社群中、在与同事的互动与对话中建构道德认同。本质而言，自我是被嵌入在"对话网络"中："一个人只有在其他自我之中才是自我。在不参照他周围的那些人的情况下，自我是无法得到描述的。"③语言是社会交流的衍生物。就其社会功能来说，叙事也必然具有一种关系属性，内含人际要素。"叙事建构总是假定了一个听众和共同

① 马丛丛对自身教育故事的梳理、提炼，以及教育日志如何促进其道德成长的反思，详见其硕士学位论文《教育日志促进教师自我发展的叙事研究》（山东师范大学，2014）。
② King, L. A., "The Road to the Good Life: The Happy, Mature Person", *Journal of Humanistic Psychology*, 2001(1).
③ ［加］查尔斯·泰勒：《自我的根源：现代认同的形成》，韩震等译，48～49页，南京，译林出版社，2001。

建构的可能性。"①实际上，在进行独立反思时，教师也总是就某些道德事件
与他人展开想象性的对话。"小蜗牛日记"的作者即表达了撰写日志与同行对
话和交往的初衷：日志最初的记录，除了满足自己对低年级儿童天真无邪的
内心世界及其成长背景的好奇心，最重要的目的在于弥补自身低年级班主任
经验的不足，希望有经验的老师们支支着，以达到与同事沟通的目的。② 在
专业实践社群中，教师将个人记忆中的、发生于专业实践场域的重要道德事
件与同事分享，将个体的故事移到外部世界，展示自己的真情故事与心路历
程。一方面，听众的情感抑或行为反应、共鸣抑或歧见，皆直接影响故事主
线的后续展开。例如，"小蜗牛日记"吸引了同行的讨论和交流，教育博客成
为教师对话、沟通、分享、互动、合作的新场域、新平台，"日志得到了区内
很多同事的经验分享和教育共鸣，在你来我往的交流中，自己对低年级的孩
子越来越关注和喜爱，观察和记录的热情也越来越高"，"达成了'静待花开'
的教育共识，形成了'不急不躁'的教育合力"。③ 这表明，同事不只是"我"的
道德故事的倾听者，更是故事的参与者乃至协同创作者。另一方面，教师叙
事的有效性亦获得了同行的认可，获得了合法性。"小蜗牛日记"的作者谈道：
"在我的日记后面，伴随着学科老师们的点评——数学老师说：'不愧是亲妈
啊，吃喝拉撒啥都管！'兄弟班班主任老师说：'马老师真是细致，这么琐碎的
生活在你的笔下都能有滋有味，向你学习！'"④ 这说明，个人叙事所引发的同
行感慨、共鸣与鼓励，更是确证、坚定了教师个体的道德身份，升华了教师
个体的道德理念，亦有助于教师专业实践社群的道德文化塑造。

---

① Lapsley, D. K., "Moral Agency, Identity and Narrative in Moral Development",
*Human Development*, 2010(2).
②③④ 马丛丛：《教育日志促进教师自我发展的叙事研究》，硕士学位论文，山东师
范大学，2014。

# 参考文献

[1] CARBTREE B F, MILLER W L. 最新质性方法与研究[M]. 黄惠雯，等译. 台北：韦伯文化国际出版有限公司，2007.

[2] MAXWELL J A. 质化研究设计：一种互动取向的方法[M]. 高熏芳等，译. 台北：心理出版社股份有限公司，2001.

[3] [英]安东尼·吉登斯. 现代性与自我认同：现代晚期的自我与社会[M]. 赵旭东，方文，译. 北京：生活·读书·新知三联书店，1998.

[4] [法]保罗·利科. 作为一个他者的自身[M]. 佘碧平，译. 北京：商务印书馆，2013.

[5] [加]查尔斯·泰勒. 自我的根源：现代认同的形成[M]. 韩震，等译. 南京：译林出版社，2001.

[6] [美]埃·弗洛姆. 为自己的人[M]. 孙依依，译. 北京：生活·读书·新知三联书店，1988.

[7] [美]莱茵霍尔德·尼布尔. 道德的人与不道德的社会[M]. 蒋庆，等译. 贵阳：贵州人民出版社，1998.

[8] [加]迈克·富兰. 变革的力量——透视教育改革[M]. 中央教育科学研究所，加拿大多伦多国际学院，译. 北京：教育科学出版社，2000.

[9] [加]迈克尔·富兰. 教育变革新意义(第3版)[M]. 赵中建，陈霞，李敏，译. 北京：教育科学出版社，2005.

[10] [美]阿拉斯代尔·麦金太尔. 伦理学简史[M]. 龚群，译. 北京：商务印书馆，2003.

[11][美]A.麦金太尔.追寻美德:道德理论研究[M].宋继杰,译.南京:译林出版社,2011.

[12][美]阿拉斯戴尔·麦金太尔.谁之正义?何种合理性?[M].万俊人,吴海针,王今一,译.北京:当代中国出版社,1996.

[13][美]乔纳森·H.特纳.社会学理论的结构[M].邱泽奇,张茂元,等译.杭州:浙江人民出版社,1987.

[14][德]雅斯贝尔斯.什么是教育[M].邹进,译.北京:生活·读书·新知三联书店,1991.

[15][古希腊]亚里士多德.尼各马可伦理学[M].苗力田,译.北京:中国社会科学出版,1990.

[16][美]约翰·I.古德莱德、罗杰·索德、肯尼思·A.斯罗特尼克.提升教师的教育境界:教学的道德尺度[C].汪菊,译.北京:教育科学出版社,2012.

[17][美]约翰·杜威.民主主义与教育[M].王承绪,译.北京:人民教育出版社,1990.

[18][美]约翰·罗尔斯.正义论[M].何怀宏,等译.北京:中国社会科学出版社,2009.

[19][日]佐藤学.课程与教师[M].钟启泉,译.北京:教育科学出版社,2003.

[20]荷姆斯小组.明日的教师[M].台北:师大书苑有限公司,1995.

[21]周淑卿.课程发展与教师专业化[M].台北:高等教育出版社,2004.

[22]操太圣,卢乃桂.伙伴协作与教师赋权:教师专业发展新视角[M].北京:教育科学出版社,2007.

[23]任大川.道德困境与超越——精神秩序及私欲[M].南昌:江西人民出版社,2011.

[24]孙彩平.教育的伦理精神[M].太原:山西教育出版社,2004.

[25]檀传宝,等.教师德育专业化读本[M].北京:教育科学出版社,2012.

[26]檀传宝,等.走向德育专业化——学校德育100问[M].上海:华东师范大学出版社,2012.

[27]徐向东．美德伦理与道德要求[M]．南京：江苏人民出版社，2007.

[28]宣兆凯，韩震．中国社会价值观现状及演变趋势[M]．北京：人民出版社，2011.

[29]赵永刚．美德伦理学：作为一种道德类型的独立性[M]．长沙：湖南师范大学出版社，2011.

[30]李彬．走出道德困境[M]．长沙：湖南师范大学出版社，2011.

[31]李佑新．走出现代性道德困境[M]．北京：人民出版社，2006.

[32]刘捷．专业化：挑战21世纪的教师[M]．北京：教育科学出版社，2002.

[33]曹刚．伦理学的新维度：道德困境中的三类道德难题[J]．哲学动态，2008(11).

[34]曾荣光．教学专业与教师专业化：一个社会学的阐释[J]．教育学报，1984(1).

[35]操太圣，卢乃桂．论教学专业化的理论挑战与现实困境[J]．教育研究，2005(9).

[36]卢乃桂．教学质素及教师专业——对香港一个职业群的反思[J]．教育曙光，1994(35).

[37]万俊人．人为什么要有道德？[J]．现代哲学，2003(1).

[38]钟启泉．教师"专业化"：理念、制度、课题[J]．教育研究，2001(12).

[39]周淑卿．我是课程发展的专业人员？——教师专业身份认同的分析[J]．教育资料与研究，2004(57).

[40] ARCHER M S. Being human：The problem of agency[M]. Cambridge & New York：Cambridge University Press，2000.

[41] ARTHUR M B，HALL D T，LAWRENCE B S. Handbook of career theory[C]. Cambridge：Cambridge University Press，1989.

[42]BALL S J，GOODSON I. Teachers' lives and careers[C]. London：Falmer Press，1985.

[43] BEIJAARD D，MEIJER P C. MORINE-DERSHIMER G，TILLEMA H. Teacher professional development in changing conditions[C]. Dordrecht：Springer，2005.

[44]BOURDIEU P. Outline of a theory of practice[M]. Cambridge & New York: Cambridge University Press, 1977.

[45] BUSHER H, SARAN R. Managing teachers as professionals in schools[C]. London: Kogan Page, 1995.

[46]CAMPBELL E. The ethical teacher[M]. Maidenhead, UK: Open University Press, 2003.

[47]CARLYLE D, WOODS P. The emotions of teacher stress[M]. Stoke-on-Trent: Trentham, 2002.

[48]CARNOY M, ELMORE R, SISKIN L S. The new accountability: High schools and high-stakes testing[C]. New York & London: Routledge Falmer, 2003.

[49] CARR D. Professionalism and ethics in teaching [M]. London: Routledge, 2000.

[50]CASTELLS M. The power of identity[M]. Mass: Blackwell, 1997.

[51] CONNELLY F M, CLANDININ D J. Shaping a professional identity: Stories of educational practice[M]. New York: Teachers College Press, 1999.

[52] DAY C, SACHS J. International handbook on the continuing professional development of teachers [C]. Maidenhead: Open University Press, 2004.

[53] ELLIOTT J. Reconstructing teacher education: Teacher development [M]. London & Washington, D. C. : Falmer Press, 1993.

[54] FREIDSON E. Professionalism reborn: Theory, prophecy, and policy[M]. Cambridge: Polity Press, 1994.

[55] FULLAN M, HARGREAVES A. Teacher development and educational change[C]. London & New York: Falmer Press, 1992.

[56] FURLONG J, BARTON L, MILES S, WHITTY G. Teacher education in transition[M]. Buckingham: Open University Press, 2000.

[57]GIDDENS A. The constitution of society: Outline of the theory of structuration[M]. Berkeley: University of California Press, 1984.

[58]GOODLAD J I, SODER R, SIROTNIK K. The moral dimensions of

teaching[C]. San Francisco: Jossey-Bass, 1990.

[59]GOODSON I, HARGREAVES A. Teachers' professional lives[C]. London & Washington: Falmer Press, 1996.

[60]GREEN B. Understanding and researching professional practice[C]. Rotterdam: Sense, 2009.

[61]HARGREAVES A. Teaching in the knowledge society: Education in the age of insecurity[M]. New York: Teachers College Press, 2003.

[62]HARGREAVES A, EARL L, MOORE S, MANNING S. Learning to change: Teaching beyond subjects and standards[M]. San Francisco: Jossey-Bass, 2001.

[63]HARGREAVES A, LIEBERMAN A, FULLAN M, HOPKINS D W. International handbook of educational change[C]. Mass.: Kluwer Academic Publishers, 1998.

[64]HIGGENS C. The good life of teaching: An ethics of professional practices[M]. Chichester: Wiley-Blackwell, 2011.

[65]HOBAN G F. Teacher learning for educational change: A systems thinking approach[M]. Philadelphia: Open University Press, 2002.

[66] HOLLAND D C, LACHICOTTE W, SKINNER D, CAIN C. Identity and agency in cultural worlds[M]. Mass.: Harvard University Press, 1998.

[67] HOUSTON W R, HABERMAN M, SIKULA J. Handbook of research on teacher education[C]. New York: Macmillan, 1990.

[68]KOMPF M, BOAK RT, BOND W R, DWOREK D H. Changing research and practice: Teachers' professionalism, identities and knowledge [C]. London: Falmer Press, 1996.

[69] KURTINES W, GEWIRTZ J. Handbook of moral behavior and development[C]. New Jersey: Lawrence Erlbaum Associates, 1991.

[70]LARSON M S. The rise of professionalism: A sociological analysis [M]. Berkeley, CA: University of California Press, 1977.

[71]LICHTMAN M. Qualitative research in education: A user's guide [M]. Sage Publications, 2005.

[72] LORTIE D C. Schoolteacher: A sociological study[M]. Chicago: University of Chicago Press, 1975.

[73] LOUIS K S, KRUSE S D, ET AL. Professionalism and community: Perspectives on reforming urban schools[C]. Thousand Oaks, CA: Corwin Press, 1995.

[74] MCCULLOCH G, HELSBY G, KNIGHT P. The politics of professionalism: Teachers and the curriculum[M]. London: Continuum, 2000.

[75] MCDONALD J P. Teaching: Making sense of an uncertain craft [M]. New York: Teachers College Press, 1992.

[76] NARVAEZ D, LAPSLEY D K. Personality, identity, and character: Explorations in moral psychology[C]. New York: Cambridge University Press, 2009.

[77] NUCCI L, NARVAEZ D. Handbook of moral and character education[C]. New York: Routledge, 2008.

[78] OAKLEY J, COCKING D. Virtue ethics and professional roles[M]. Cambridge: Cambridge University Press, 2001.

[79] PETERS R S. Ethics and education[M]. London: George Allen & Unwin, 1966.

[80] PHILLIPS R, FURLONG J. Education, reform and the state: Twenty-five years of politics, policy and practice[C]. London: Routlege Falmer, 2001.

[81] REST J R, NARVAEZ D. Moral development in the professions: Psychology and applied ethics[C]. Hillsdale: Lawrence Erlbaum Associates, 1994.

[82] RICHARDSON V. Handbook of research on teaching[C]. Washington, DC: American Educational Research Association, 2001.

[83] ROSE N S. Governing the soul: The shaping of the private self[M]. London: Free Association Books, 1999.

[84] SCHÖN D. Educating the reflective practitioner: Towards a new design for teaching and learning in the professions[M]. San Francisco: Jossey-Bass, 1987.

[85] SCHÖN D. The reflective practitioner: How professionals think in

action[M]. New York: Basic Books, 1983.

[86] SCHUTZ P A, ZEMBYLAS M. Advances in teacher emotion research: The impact on teachers' lives[C]. Springer, 2009.

[87] SCHWARTZ S J. Handbook of identity theory and research[C]. Springer, 2011.

[88] SOCKETT H. The moral base for teacher professionalism[M]. New York: Teacher College Press, 1993.

[89] STRIKE K A, SOLTIS J F. The ethics of teaching[C]. New York & London: Teachers College Columbia University, 2009.

[90] STRIKE K A, TERNASKY P L. Ethics for professionals in education: Perspectives for preparation and practice[C]. New York: Teachers College Press, 1993.

[91] TRIPP D. Critical incidents in teaching: Developing professional judgement[M]. London: Routledge, 1993.

[92] ZUBAY B, SOLTIS J F. Creating the ethical school: A book of case studies[C]. New York: Teachers College Press, 2005.

# 后　记

　　历经数稿，《教师专业道德及其建构》一书终于行将付梓，心中顿时如释重负。尽管研究、写作过程中的困顿、焦虑乃至挣扎的情绪仍犹在心头，书中的遗憾暂时也难以补阙，但自己对师德建设和教师发展的新认识、新理解弥足珍贵。教师专业道德及其建构是一个重大的、具有鲜明时代意义的课题。本书若能对师德建设及教师发展的理论研究和实践探索有些许的启示，必将深感欣慰。

　　本研究得到了全国教育科学规划领导小组办公室、华东师范大学教育学部国际与比较教育研究所以及山东师范大学社科处领导的大力支持，北京师范大学出版社郭兴举、鲍红玉、周鹏、段立超等诸位老师为书稿的出版付出了大量心血。在课题研究和书稿撰写过程中，戚万学教授、唐汉卫教授曾多次垂询课题进展并给予了一些具体指导和切实建议，许多同行专家、华东师范大学教育学部国际与比较教育研究所、山东师范大学教育学部的同人也提出了一些中肯的意见和建议，调研学校的教师于繁重的工作中抽出宝贵的时间耐心接受我的访谈，在此一并表示诚挚的谢意。

　　因学识和精力所限，书中定有不少纰漏、偏误、不周、不妥之处，敬请学界前辈和专家、同行指正！

王夫艳

2019 年 12 月 19 日